电子发票的理论与实践

——电子商务税收征管新思维

蔡　磊　主编

中国财政经济出版社

图书在版编目（CIP）数据

电子发票的理论与实践：电子商务税收征管新思维／蔡磊主编．—北京：中国财政经济出版社，2014.12

ISBN 978-7-5095-5920-8

Ⅰ.①电…　Ⅱ.①蔡…　Ⅲ.①电子商务-税收管理-研究-中国　Ⅳ.①F812.423

中国版本图书馆CIP数据核字（2014）第298489号

责任编辑：王芝文　　责任校对：胡永立

封面设计：陈宇琰　　版式设计：汤广才

中国财政经济出版社出版

URL：http：//www.cfeph.cn

E-mail：cfeph@cfeph.cn

社址：北京市海淀区阜成路甲28号　邮政编码：100142

营销中心电话：010-88190406　北京财经书店电话：64033436　84041336

北京中兴印刷有限公司印刷　各地新华书店经销

880×1230毫米　32开　8印张　190 000字

2014年12月第1版　2014年12月北京第1次印刷

定价：35.00元

ISBN 978-7-5095-5920-8/F·4772

（图书出现印装问题，本社负责调换）

本社质量投诉电话：010-88190744

打击盗版举报热线：010-88190492，QQ：634579818

顾问委员会成员

刘强东　　黄宣德　　李大学　　沈皓瑜
隆　雨　　蓝　烨　　马健荣　　李　曦

本书编委会

主　　编：蔡　磊
委　　员：赵　涛　　张建设　　吴　婧

出　　品：京东集团政策研究室

序一

规范电子商务的营商环境

全国人大财政经济委员会副主任委员　郝如玉

京东集团税务和资金副总裁蔡磊，是我在中央财经大学时的学生。师生情谊，忘年之交，师生二人偶尔小聚，常常谈起税制改革和经济结构调整，谈起电子商务和互联网经济。最近一年多来，"电子发票"一词频繁地出现于我们的交谈中。

如今，他拿来《电子发票的理论与实践》一书书稿，请我作序。甚是欣慰。一方面是因为以京东为代表的电子商务企业，创造性地开展了"电子发票"、"电子工商注册"等有益的尝试，形成了一股自下而上的税制改革创新力量。另一方面是因为以电子商务为代表的新业态，不仅自发地探讨新型分配关系、社会诚信体系和市场秩序建设的新模式，而且自觉地总结经验，升华成新技术、新模式、新产业的共性理论。

借此机会，我就电子商务发展和应用，谈三点认识。

一是推进消费扩大和升级，离不开电子商务。改革开放三十多年来，我国经济保持了接近两位数的高速增长，GDP 平均增长率是 9.8%。但是，这两年经济增速开始放缓，2014 年前三季度为 7.4%，"十二五"期间的规划目标也只有平均 7%。这符合世界发达国家经济发展的一般规律。20 世纪 50 年代之后，日本经济也经历了长达25年的高速增长阶段，GDP增长率达到9.8%，随后回落到4%。这意味着中国经济进入稳增长、促转型的“新常态”。

在中国经济“新常态”下，电子商务成为满足群众多样化需求、增加有效供给的重要力量。2014年上半年，我国电子商务交易总额达到5.9万亿元，同比增长了29.8%。其中，网络零售总额1.15万亿元，同比增长36.7%，相当于社会消费品零售总额的9.2%。京东的财报数据也显示，2014年第三季度，实现交易额达673亿元，同比增长111%；净收入290亿元，同比增长61%。订单消费、移动商务，已经成为当前最活跃的经济活动之一，已经成为最重要的消费方式之一。

二是促进经济提质增效，离不开互联网经济。“新常态”下，我国经济增长的动力正在转换，经济发展方式正在转变。从“三驾马车”的构成来看，2014年上半年，消费对GDP增长贡献率达到54.4%，投资为48.5%，出口则是负2.9%。另外，我们不能忽视的是，反映收入差距状况的基尼系数依然偏高。

收入落差大、对外依存度高、城镇化水平低等问题，为促进社会公平和区域协调发展、缩小城乡差距和增强公共产品供给均衡化，创造了巨大的市场空间。互联网经济的无边界性、逆城市化性，为开发内需市场、倒逼产业升级提供了不竭动力。据中国互联网信息中心统计，截止到2014年6月，我国网民人数达到6.32亿，互联网普及率提高到46.9%。其中农村网民人数达到1.78亿，占到网民总数的28.2%。与此同时，基于云计算、大数据、物联网、移动互联网等新一代信息技术的大规模定制模式方兴未艾，基于能源物联网、数字化制造、“两化深度融合”的新一轮工业革命风起云涌。可以说，互联网及其所承载的技术和思想，正在推动着生产方式和生产关系的深刻变革，已经成为经济提质增效的重要力量。

三是建构信息经济的市场秩序，离不开电子发票。互联网经济也好，电子商务也罢，都是一种新技术、新产业，不可避免地带来了一些新情况、新问题，为市场秩序建设、税收等分配机制建设提出了新要求、新课题。我们发现，部分传统流通业体制机制，与互联网经济的跨界融合精神不相适应；部分企业尊重知识产权的自觉性，与互联网产业的开放创新本质不相适应；部分中小微企业和农村相对落后的生产方式，与互联网技术的先进生产力特性不相适应。

国务院《关于促进内贸流通健康发展的若干意见》明确提出，“加快推进电子发票应用，完善电子会计凭证报销、登记入账及归档保管等配套措施”，“落实跨地区经营企业总分支机构汇总纳税政策”。京东在20个省市区推广“电子发票”以及在江苏试点“电子工商注册”的实践证明，面对较为普遍的“无址化”、“无纸化”现象，用信息技术和信息化手段，解决互联网经济和电子商务税收征管难题，有利于创造公平、规范、诚信的市场环境，避免“劣币驱逐良币”现象的发生。

当前，互联网是新一轮科技革命的典型应用，是创新驱动发展的先导力量。电子商务是生产和生活方式深刻变革的主要推手，是互联互通、共享共治的桥梁纽带。唯改革者进，唯创新者强，唯改革创新者胜。我们要拿出“敢为天下先”的勇气，扎扎实实地做好电子商务立法工作；要拿出为新技术、新模式、新业态、新产业“培土施肥”的魄力，以电子商务税制创新改善营商环境。

2014 年 12 月

序二

建构新常态下的分配关系

北京市国家税务局党组书记局长　李亚民

习近平总书记在中央财经领导小组第七次会议上指出："创新始终是推动一个国家、一个民族向前发展的重要力量。我国是一个发展中大国，正在大力推进经济发展方式转变和经济结构调整，必须把创新驱动发展战略实施好。"改革开放30多年来，科技创新对经济社会发展的支撑和引领作用日益增强。当前，新技术替代旧技术、智能型技术替代劳动密集型技术趋势明显。在经济新常态下，将创新驱动发展确立为国家战略，意义重大，影响深远。正是在这样的时代背景下，电子发票作为创新驱动发展的成果，应运而生。

《电子发票的理论与实践》这本书，引发了我们构建现代化税收征管格局、主动适应经济新常态的思考。新常态下，经济增速换档回落、从过去两位数的高速增长转为目前的中高速增长，经济结构发生全面、深刻的变化，不断优化升级，服务业逐步成为主导产业，经济将从要素投入、投资驱动、环境代价转向创新驱动，作为"三驾马车"之首的消费支出将突显其拉动作用，以电子商务为代表的新技术、新模式将成为经济增长的新引擎。电子发票是信息时代的产物，在经济新常态下，促进的是流通，拉动的是消费，提升的是经济交易活动的效率和效益。

经济新常态，蕴含发展新机遇。新常态，是经济增长动力的转换和经济发展方式的转变；新常态，带给税收工作更多新的机遇和挑战。法国著名经济学家托马斯·皮凯蒂在其专著《21世纪资本论》中指出："税收不是一个技术问题。它很大程度上是一个政治和哲学问题，也许是最重要的政治问题。没有税收，社会就没有共同命运，集体行为也就无从谈起，这是常理。"经济"新常态"客观上决定了税收"新常态"，带来税收工作新特征、新规律、新要求，只有认真贯彻创新驱动发展战略，主动适应，科学把握，积极作为，才能抢占先机，推动税收工作取得新发展。

——以新认识主动适应新常态。经济决定税收，税收反作用于经济。在经济新常态下，经济增速从高速转向中高速，增长结构由中低端转向中高端，发展动力从传统增长点转向新增长点，将带来税收增长的行业分化和区域分化。我们必须历史、辩证地看待这些阶段性特征和趋势性变化，做到观念上适应、认识上到位、方法上对路、工作上得力。

——以新思维主动适应新常态。站得更高，才能看得更远。要坚持"跳出税收看税收"，用全局意识、战略思维和世界眼光，认识税收工作新常态，切实领会中央精神，认真贯彻税务总局税收现代化工作部署，以新一轮思想大解放推动新一轮大发展；要用"心"常态来面对新常态，保持战略定力，将依法行政作为首都国税工作的生命线，让税收权力在法律和制度的框架内运行，使各项税收工作始终沿着法治化轨道前行。

——以新发展主动适应新常态。新常态，新阶段，发展仍是第一要务。2014年是税务系统推进税收现代化的第一年，各项改革积极有序推进，成就可圈可点。北京国税系统认真落实国家税务总局王军局长提出的"北京等经济发达地区要在推进税收现代化的新征程中走在前列"的重要指示，按照"优化服务促征收、风险监控找重点、强化稽查防偷税"的工作思路，一手抓"便民办税春风行动”，减少行政审批，规范行政执法行为；一手抓“分级分类管理”，加强风险管理、推进重点稽查；出台了一系列制度规范，抢抓新机遇，落实新举措，加速推进首都税收现代化进程，在新常态下取得工作新发展。

——以新作为主动适应新常态。主动才能把握先机，主动才能大有作为。推进税收征管改革，要在服务大局上谋创新，围绕热点问题，发挥“以税咨政”作用，为政府决策提供智力支持；要在简政放权上做文章，坚决落实深化税务行政审批制度改革的各项部署，不做选择、不打折扣；要在加强监管上下功夫，实现税源管理向“分级分类＋专业协作”风险管理模式的“新常态”转变，实现传统管理向现代治理根本转变。要在优化服务上求突破，以最大限度便利纳税人，推进纳税服务规范，提供优质、高效、便捷的服务。

翻阅这本书，纵观电子发票试点推广的路径，可以体会到：今天，电子发票助推电子商务交易量实现了大幅跃升；未来，电子发票将在经济领域展现更宽广的前景。京东，作为电子商务等新兴业态的代表，在北京电子发票的历史上，写下了两个“第一次”。2013 年 6 月 27 日，京东首家上线并应用电子发票；2014 年 6 月 27 日，京东在试点一周年之际，再次引领行业之先，成功开具首张对公可报销电子发票，“对公电子发票入账”实现了北京国税电子发票服务平台与企业电子会计档案系统对接。这是国内首次实现电子发票的电子化入账，成为电子发票推广应用的重要里程碑。目前，电子发票试点从电子商务领域逐步推广到大型零售、电信和金融保险等线下领域。试点以来，京东等电商累计开具电子发票 4100 万份，金额 248 亿元。

实践证明，北京电子发票试点，取得了预期成效：一是便于监管，税务机关可以实时监控纳税人交易过程；二是降低成本，试点企业已开具的四千余万份电子发票累计为企业节约综合成本 1200

余万元；三是节能环保，按全国一年发票使用量测算，若全部使用电子发票，将节约纸张 13 万吨，减少森林砍伐 3 万亩，减少二氧化碳排放 10 万吨；四是便捷高效，发票申领手续在网上自助完成，实现纳税人和税务基层干部的“两个减负”；五是减少风险，受票方可直接从税务机关的电子发票服务平台接收发票，减少了收到假发票的风险。

面向未来，从创新驱动发展战略中走来的电子发票，将成为财税政策创新的新起点；我们坚信，这一创新驱动力，将为主动适应经济新常态、构建税收征管新格局、率先实现税收现代化、打造中国经济升级版奠定坚实的基础。

2014 年 12 月

序三

让生活变得简单快乐

京东集团 CEO　刘强东

世界互联网大会刚刚落幕，京东新一年战略全面启动，公司税务和政策研究室呈送了一份厚厚的书稿——《电子发票的理论与实践》。我清楚地记得，在国家有关部委和北京市政府的关心和支持下，京东研发、税务等团队挑灯夜战，于 2013 年 6 月 27 日成功地使京东开具了内地第一张电子发票。一年半的时间里，伴随着京东业务的高速增长，电子发票已经覆盖了全国近 20 个省区市，其内涵得到了不断的深化和丰富。

电子发票让“正品行货，不卖假货”的信念更加坚定，更加具有技术保障。创业之初，京东人坚守了“正品行货，不卖假货”的底线，立下了“让生活变得简单快乐”的誓言。2014 年 1 月 1 日，京东率先平贯彻“新消法”和“网络交易管理办法”；主动开展“加强第三方网络商品交易平台的监管”课题研究，主张建设“网络商家数据中心”。

2014 年以来，在北京、上海、广州等重点城市和区域，京东倡导电子商务企业签署了《网络零售行业加强商品质量管理自律公约》，发布了《网络零售行业商品质量管理控制操作指南》，发起了“电子商务企业质量诚信共同宣言”。在这个过程中，电子发票成为有力地保证商家、供应商和交易平台依法纳税和保障消费者合法权益的重要工具，成为“自律公约”、“共同宣言”落地的重要指标，得到了同行的积极响应和行业的广泛认可。

电子发票加速“数字鸿沟”的缩小，促进农村经济社会发展。智能物流是京东核心竞争优势之一。截至2014年9月30日，京东配送网络已经覆盖全国1855个行政区县，为130个区县提供211服务（上午11：00前下单，当日送达；晚上11：00前下单，次日15：00前送达），为815个城市提供次日送达服务。2014年11月11日，京东移动端订单量（移动客户端、微信购物和手机QQ购物）占总订单量的比重超过40%，相当于上年同期的8倍。

在农村“最后一公里解决”方案方面，2014年以来，京东共在农村刷墙8 000多块，在150多个城镇的中心地带树立了大广告牌。10月5日，京东启动露天电影项目，已经在250个县放映了1 000场电影。京东鼓励经验成熟的员工回乡创业，带动家乡电子商务和物流业发展，共建“京东物流先锋站”200多个。11月20日全国首家大家电“京东帮服务店”在河北省赵县正式开业。

伴随着移动互联网的普及和移动端的应用，伴随着渠道下沉和农村电商的拓展，电子发票成为连接商家与消费者的数字纽带，成为消费者“能”消费、“敢”消费、“愿”消费的保障。电子发票承载的“信任”，扮演着缩小数字鸿沟、促进城乡公共服务均衡化等重要职能。

电子发票助推“绿色消费”，显著提升供应链效率。截至2014年年底，京东共开具电子发票超过3 000万张，占总发票数量的30%以上。初步统计，电子发票开具一年多来，在发票纸张、耗材等方面的成本节约超过千万元，同时减少了大量冲红、运输、保管等繁琐、低效的重复工作，企业生产效率大幅提高。经估算，京东如能全面推广电子发票，在纸张、人工、设备、耗材、仓储、递送、冲红等多方面纸质发票的综合使用成本方面，每年有望节约上亿元的成本。从环境保护层面看，使用电子发票相当于一年替代了300多吨纸张的消耗。如果全国推广电子发票，一年可节约纸张约12万吨，相当于少砍伐约86万棵成年树木，保护了近3万亩森林和土地，减少近10万吨的二氧化碳排放量。

2014年的12月27日，《电子发票的理论与实践》一书付梓出版。时间甚是巧合，2013年的12月27日，汪洋副总理一行莅临京东调研，嘱咐我们，充分发挥电子商务扩消费、稳增长、调结构、促转型、增就业、惠民生中的积极作用；希望我们，携十年奋斗之成果、之勇气、之信心，迈向更加辉煌的成功。

2014年11月3日，我有幸出席了李克强总理召集企业负责人座谈会。在座谈会上，我提到“电商行业仍处于高速发展阶段，农村电商、食品生鲜、互联网金融是未来电商行业发展的驱动力”，李克强总理给予了充分的肯定，表扬我们“不仅拓展市场，也是在推进公平啊，村里人也应该与城里人享受同样的消费服务”，勉励我们为改善“发展背后的民生”做出更大的贡献。

面向未来，我们牢记重托，充分发挥电子发票在依法纳税、诚信经营和规范市场秩序中的积极作用，全力推进移动和大数据、渠道下沉、O2O、互联网金融、智能家居和国际化等各项业务，开拓创新，让生活变得简单快乐！

2014年12月

目　　录

第一章　我国电子商务的发展现状及其引发的税收问题

1.1　电子商务概述

1.1.1　电子商务的含义

电子商务的兴起和发展已经成为现代商业活动的重要标志。然而，对电子商务的定义，国际组织、各国政府、专家学者形成了不尽一致的看法，表 1－1 则列举了其中一些比较典型的观点。

表 1－1　　各界关于电子商务的不同定义

定义主体	定义主体的性质	定义内容
世界贸易组织（WTO）	国际组织	电子商务是通过电信网络进行的生产、营销、销售和流通活动。
经济合作与发展组织（OECD）	国际组织	电子商务是利用电子化手段所从事的商业活动，它以电子数据处理和信息技术为基础。
世界电子商务会议	国际组织	电子商务即贸易活动的电子化。所有以电子贸易的方式进行的商业交易活动均属于电子商务的范畴。

续表

定义主体	定义主体的性质	定义内容
美国政府	政府	电子商务是指通过因特网进行的各项商务活动，包括广告、交易、支付、服务等活动。
IBM 公司	企业	电子商务强调的是在计算机网络环境下的商业化应用，不单是硬件和软件的结合，而是在因特网、企业内部网、企业外部网下进行的业务活动，即：电子商务 EB = IT + Web + Business。
中国电子商务研究中心	研究机构	在全球各地广泛的商业贸易活动中，在因特网开放的网络环境下，基于浏览器/服务器应用方式，买卖双方不谋面地进行各种商贸活动，实现消费者的网上购物、商户之间的网上交易和在线电子支付以及各种商务活动、交易活动、金融活动和相关的综合服务活动的一种新型的商业运营模式。

从表 1 - 1 不难看出，尽管不同主体对于电子商务的定义各有侧重，然而这些定义之间存在着某种程度上的一致性。概括来讲，电子商务是传统商业模式与信息技术有机结合的产物，主要包括以下三层意思：第一，电子商务的实现需要借助互联网技术或其他信息技术；第二，电子商务涉及商业活动全流程的各个方面；第三，电子商务是一种新型的商业模式。

1.1.2 电子商务的模式

在现实中，电子商务有着多种多样的具体形式。人们习惯于根据交易主体的不同将电子商务划分为不同的模式。目前常见的电子商务模式主要包括以下几种类型。

1. B2B 模式

B2B（Business to Business，企业对企业）是指企业与企业之间通过互联网技术或者各种类型的商务网络平台实现产品、服务以及信息交换的电子商务模式。完成的 B2B 流程如图 1－1 所示：首先，卖方企业通过自建或第三方的 B2B 网络平台向其他企业发布关于产品或服务的信息；其次，买方企业通过 B2B 网络平台模式向卖方企业提出购买需求；达成买卖意愿后，买方企业通过支付平台或其他方式向卖方企业支付价款，卖方企业则通过物流企业或其他方式向买方企业交付货物或是提供劳务。B2B 属于发展较早的电子商务模式，因此也较为成熟。由于企业之间的交易往往具有数量多、金额大的特点，B2B 模式在当前的电子商务市场中占有最大的份额。在电子商务模式不断创新的今天，B2B 模式依然有着较强的生命力。

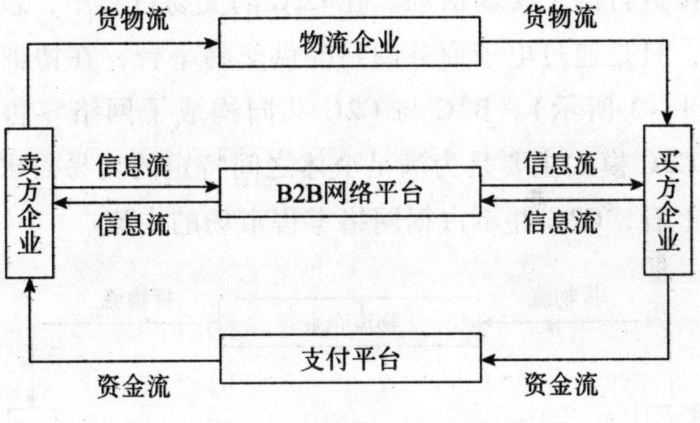

图 1－1　B2B 模式简化示意图

2. B2C 模式

B2C（Business to Customer，企业对消费者）是指企业直接面向消费者提供产品和服务所进行的电子商务模式。B2C 是网络零售的重要组成部分，在形式上主要表现为企业通过互联网为消费者提供购物环境，消费者则通过网络完成购物（如图 1－2 所示）。从发展趋势上来看，B2C 模式有着较大的增长潜力。

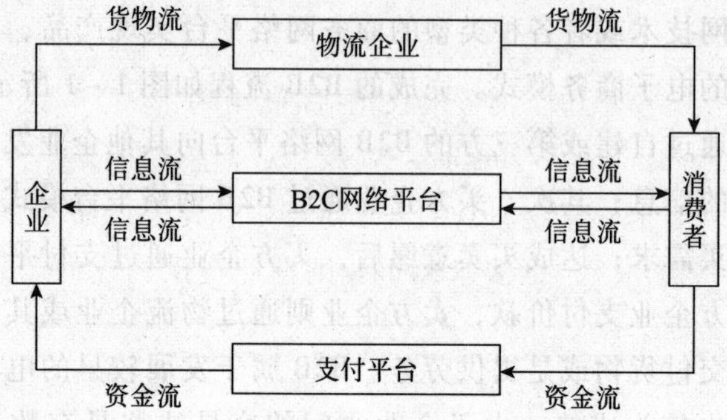

图 1-2 B2C 模式简化示意图

3. C2C 模式

C2C（Customer to Customer，消费者对消费者）指的是在消费者之间直接进行网上交易活动。在 C2C 的交易过程中，没有企业的直接参与，只是通过电子商务网站提供交易平台，在协商中达成交易（如图 1-3 所示）。B2C 与 C2C 共同构成了网络零售业务，然而，由于 C2C 模式主要是为满足个体之间特定的交易需求，因此从数量规模上看，C2C 并不占据网络零售市场的主流。

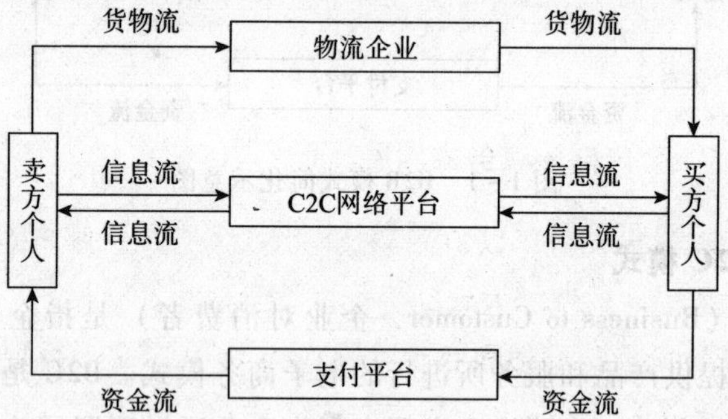

图 1-3 C2C 模式简化示意图

4. 其他模式

近几年来，伴随着信息技术的不断发展以及交易需求的日趋多样化，电子商务模式也在不断地推陈出新，许多新兴的电子商务模式应运而生。这些电子商务模式包括但不限于：

C2B（Customer to Business 消费者对企业）模式——在这种模式下，消费者能够根据自身的需求定制个性化的产品和服务，甚至可以对价格提出一定的要求，企业则据此提供相应的产品和服务，从而满足消费者的需求。

B2G（Business to Government 企业对政府机构）模式——即政府和企业借助互联网技术所进行的交易活动，当前主要指的是政府部分在进行采购时，就所需要的产品和服务在网上进行公开招标。

O2O（Online To Offline 线上对线下）模式，即消费者在进行实地消费时，预先通过网络平台对产品和服务进行筛选，从而使互联网成为传统线下交易活动的前台，这不仅提高了传统交易活动的效率，也为线下交易规模的扩大提供了更多商机。

相对于 B2B、B2C 和 C2C 等传统的电子商务模式，这些新兴模式的交易规模有限，市场地位较低。然而，这些模式是顺应市场需求的产物，富有旺盛的生命力，可以预期，未来的电子商务将以更为多样化的形式出现，从而可以更好地满足人们对于交易方式日益多元化的需求。

1.1.3 全球电子商务的发展历程

电子商务的起源可以追溯到 20 世纪后期，总体来看，电子商务在全球范围内的发展大致经历了以下阶段。

1. 第一阶段：酝酿和起步阶段（约 1970—1996 年）

20 世纪 60 年代，电子数据交换（简称“EDI”，electronic data interchange）技术在美国本土出现。由于该技术能够实现信息在不同计算机之间的标准化传送，因而逐渐被企业用以实现商业电子数据的共享，这可以视作电子商务的雏形。然而，电子数据交换技术的使用成本非常高，操作流程也比较复杂，因此真正应用其进行交易活动的企业数量较为有限。

以互联网在全球范围内的迅速普及为主要标志，信息技术在20世纪90年代再次取得了突破性进展。在此基础上，依托于互联网技术的电子商务开始出现并得到发展。

2. 第二阶段：迅速膨胀阶段（1996—2000年）

电子商务自产生伊始就受到了商界及政府的广泛关注。在商业领域，美国的信息产业巨头IBM敏锐地洞察到电子商务现象对传统贸易规则的冲击，并于1996年以“Electronic Commerce”① 一词对传统贸易过程的电子化进行了概括。国际组织及各国政府则为电子商务的规范和发展进行了一系列工作：1996年，联合国颁布了《贸易法委员会电子商业示范法及其颁布指南》（以下简称《电子商业示范法》），该文件对电子商务活动中的各类具体行为进行了明确的规范，因此对全球电子商务的发展有着极大的促进作用，此后各国政府在开展电子商务立法工作时多以此为参照。当年年底，世界贸易组织达成了《信息技术协议》——该协议成为首个促进电子商务发展的国际协议。1998年10月，经济合作与发展组织（OECD）在加拿大的渥太华召开了以电子商务为主题的部长级会议，该会议由各国政府所主导，对电子商务发展有关的若干重大问题进行了深入探讨并形成了相应结论，被认为是“全球电子商务的里程碑”。

在各界共同重视和大力推动的良好环境下，电子商务在全球范围内得到迅速发展，在经济活动中扮演着愈发重要的角色——从图1-4可以看到，全球电子商务交易额从1996年的13亿美元增长至2000年的3000亿美元，发生了井喷式的增长。

① 1997年，IBM又提出“ElectronicBusiness”，被作为电子商务的广义概念。

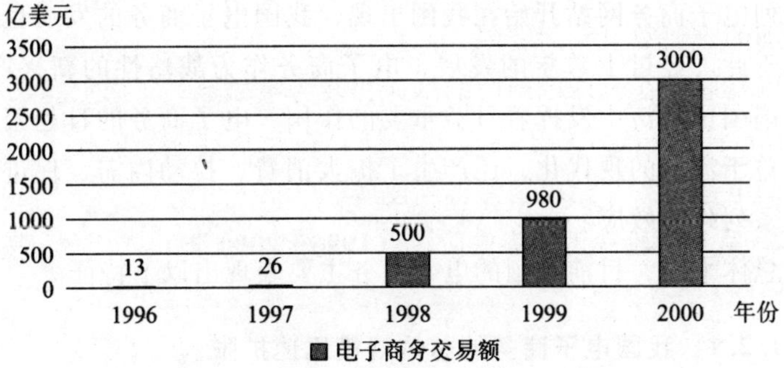

图 1-4　全球电子商务交易额[①]（1996—2000 年）

3. 第三阶段：稳步发展阶段（2000 年至今）

全球电子商务高速膨胀的背后蕴含着潜在的危机。进入 21 世纪，这一危机迅速爆发——美国纳斯达克指数暴跌，网络股价格的缩水使人们开始质疑互联网经济是否存在严重泡沫。除此之外，亚马逊公司经营状况发生恶化，更加使人们对电子商务的前景忧心忡忡。面对这样的情况，联合国和 OASIS（结构化信息标准发展组织）于 2001 年通过“ebXML 标准”，致力于建立统一的全球性电子商务交易市场。各国政府也相继出台政策以鼓励支持电子商务的健康发展。

经过国际组织和各国政府的努力调整，全球电子商务进入了稳定发展的新阶段。2006 年全球电子商务交易额为 12.8 万亿美元，占全球商品销售的比重是 18%，而在 2011 年该数字为 40.6 万亿美元——互联网交易开始成为绝大部分国际贸易的实现形式[②]。

1.2　我国电子商务的现状

伴随着电子商务在全球范围内的迅速蔓延，从 1997 年开始，

① 数据来自联合国贸易和发展会议的统计。

② 数据来自联合国贸易和发展会议的统计。

一系列电子商务网站开始在我国出现，我国电子商务的发展也大致开端于此。经过十数年的发展，电子商务作为战略性的新兴产业，在我国国民经济中发挥着日益重要的作用。电子商务的日趋繁荣不仅有益于流通的现代化，还产生了扩大消费、拉动内需、促进就业等一系列外溢效应。

总体来看，目前我国的电子商务主要表现出以下特征。

1.2.1 我国电子商务的总体规模迅速扩张

互联网是电子商务的重要媒介，互联网的普及是电子商务迅速发展的基本前提。进入 21 世纪以来，我国互联网普及工作成效显著。目前我国网民总数约为 6.32 亿，占我国人口总数的比重达到 46.9%[①]（见图 1－5）。

图 1－5 我国网民总数和互联网普及率[②]

① 数据来自中国互联网络信息中心第 34 次《中国互联网络发展状况统计报告》。

② 数据来自中国互联网络信息中心第 34 次《中国互联网络发展状况统计报告》，2010—2013 年为年末数据，2014 年为 6 月 30 日数据。

值得一提的是，我国互联网普及工作的成效不仅表现在网民数量的增多，还表现在网民对网络的利用程度不断加深。近年来，与电子商务密切相关的商务交易类网络应用在我国得到了迅速推广——2014 年上半年末，我国网络购物用户数量达到 3.32 亿，占网民总数的 52.5%；我国团购用户数量达到 1.48 亿，占网民总数的 23.5%；我国使用网上支付的用户数量达到 2.92 亿，占网民总数的 46.2%；我国互联网理财产品用户数量达到 6383 万，占网民总数的 10.1%；进行在线旅行预订的网民数量达到 1.90 亿，占网民总数的 30.0%。①

随着互联网的日益普及以网民对网络的利用程度不断加深，我国电子商务总体规模持续、快速扩张。如图 1－6 所示：2010 年，我国电子商务交易额为 4.5 万亿元，而仅在 2014 年上半年，这一数字就达到了 5.85 万亿元，预计全年能够实现 13.5 万元的交易额，是 2010 年的三倍。

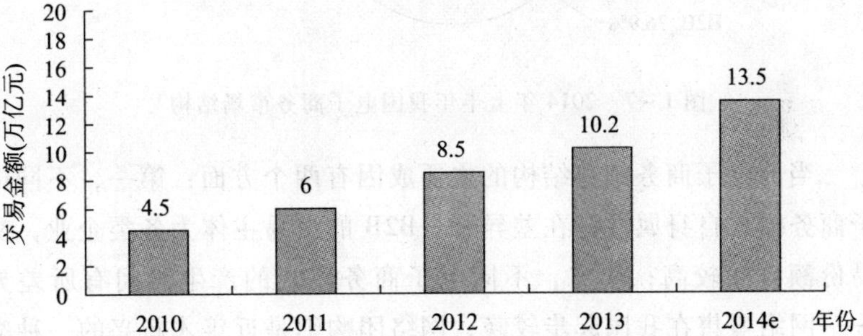

图 1－6　2010—2014 年我国电子商务交易金额②

① 数据来自中国互联网络信息中心第 34 次《中国互联网络发展状况统计报告》。

② 数据来自中国电子商务研究中心：《2014 年（上）电子商务市场监测数据报告》。

1.2.2 我国电子商务的细分结构不断调整

我国电子商务的发展不仅表现在总体规模的扩张，也表现在电子商务模式的创新以及由此造成的电子商务细分行业结构的不断变化。截至2014年6月30日，我国B2B电子商务交易额在全部交易额中所占的比重最高，为76.9%；其次是网络零售（包括B2C和C2C），在全部交易额中占比18.5%；网络团购所占比重较小，仅为0.5%，除此之外的其他电子商务模式占比共计4.1%（见图1-7）。

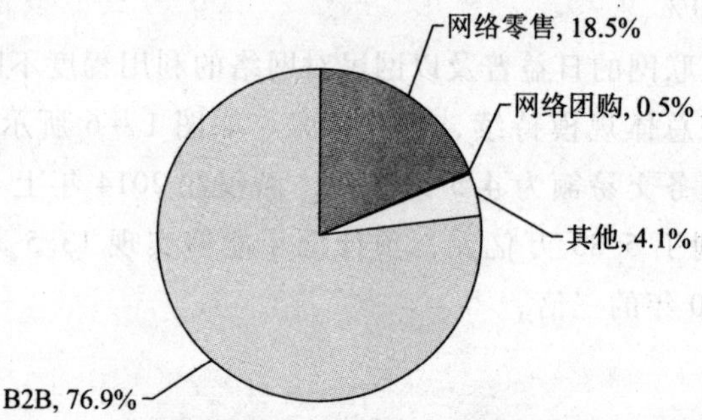

图1-7 2014年上半年我国电子商务市场结构①

当前电子商务细分结构的主要成因有两个方面：第一，不同电子商务模式自身属性存在差异——B2B的交易主体为各类企业，交易份额自然较高；第二，不同电子商务模式的产生时间有所差异——网络零售在我国起步较晚，网络团购则是近年才新兴的一种交易方式，因此交易份额相对较少。从长期来看，随着信息技术的进一步创新（例如移动电商的迅速发展），网络零售和其他电子商务模式的市场潜力必将得到充分开发，当前的电子商务市场结构也会

① 数据来自中国电子商务研究中心：《2014年（上）电子商务市场监测数据报告》。

随之变化。实际上，2014 年上半年我国 B2B 的交易比重较于上年同期已经有所下降。

具体来看，当前我国电子商务各细分领域的发展状况如下：

1. B2B 电子商务

作为电子商务市场的重要组成部分，我国 B2B 电子商务发展势头良好。2014 年上半年，我国 B2B 交易额为 4.5 万亿元，预计全年能达到 10.8 万亿元，较之上年增长 31.7%（见图 1－8）。此外，受到世界经济形势下滑的影响，近年来我国外贸 B2B 业务的增长比较有限，因此 B2B 的总体增长主要源自于内贸 B2B 规模的迅速扩张。

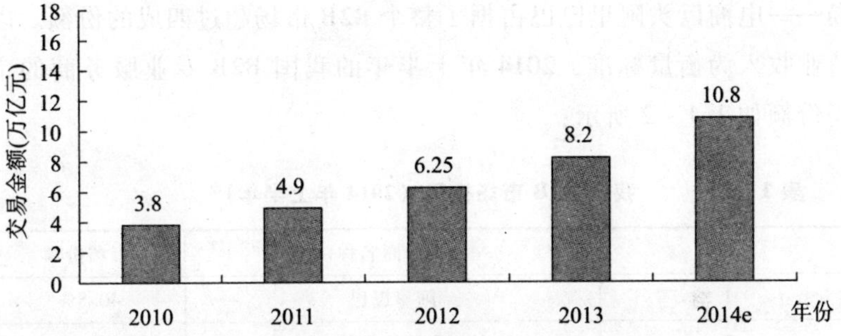

图 1－8　2010—2014 年我国 B2B 交易规模[①]

B2B 电子商务网站的迅速发展，为我国 B2B 内贸市场规模扩大提供了有利条件。到 2014 年 6 月 30 日为止，我国 B2B 电子商务服务网站的数量为 12030 家，预计到年底这一数字约为 12550，比 2013 年底增长 4.3%（见图 1－9）。目前我国许多地区的企业对电子商务的依赖度和重视程度愈发提高，这在一定程度上助推了电子商务服务企业的增加。

① 数据来自中国电子商务研究中心：《2014 年（上）电子商务市场监测数据报告》。

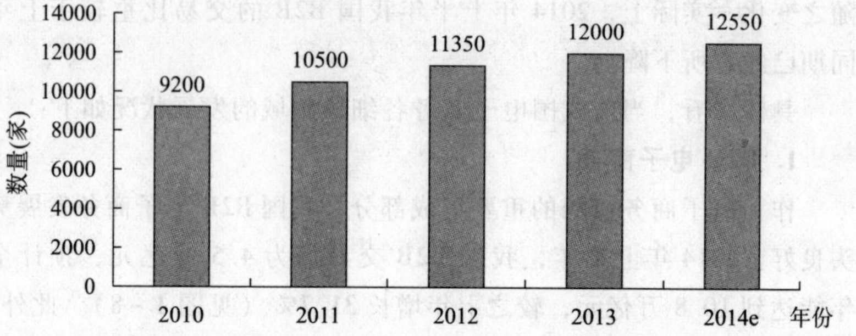

图 1-9 2010—2014 年我国 B2B 网站数量①

更进一步来看，我国 B2B 市场目前呈现出“一家独大”的格局——电商巨头阿里巴巴占据了整个 B2B 市场超过四成的份额。以营业收入为衡量标准，2014 年上半年的我国 B2B 专业服务商的市场份额如表 1-2 所示：

表 1-2 我国 B2B 市场格局（2014 年上半年）②

排名	服务商名称	市场份额
1	阿里巴巴	40.5%
2	我的钢铁网	8.0%
3	环球资源	5.7%
4	慧聪网	4.0%
5	中国制造网	2.3%
6	环球市场集团	1.6%
7	网盛生意宝	1.0%
	其他服务商合计	36.9%

① 数据来自中国电子商务研究中心：《2014 年（上）电子商务市场监测数据报告》。

② 数据来自中国电子商务研究中心：《2014 年（上）电子商务市场监测数据报告》。

2. 网络零售

网络零售是指借助因特网或其他信息技术直接向最终消费者销售商品或者提供服务的电子商务活动，因此，前述的 B2C 和 C2C 均可以划入网络零售的范畴。当前，我国的不少传统企业有意进军电子商务，中小城市的网络购物仍有较大增长潜力。因此，我国的网络购物市场将会维持快速的增长趋势。

统计数据显示，2014 年上半年我国网络零售的交易总额为 10856 亿元，预计全年能够达到 27861 亿元，较 2013 年增长 47.8%，增长速度快于 B2B 电商（见图 1－10）。可见，网络零售作为我国重要的商品与服务流通方式之一，在现代流通体系中发挥越来越重要的作用。

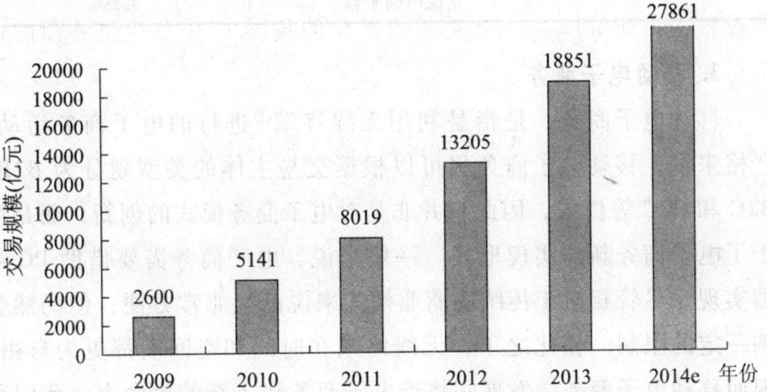

图 1－10　2009—2014 年我国网络零售交易规模①

而在市场格局方面，我国网络零售市场的集中化程度更高。以 B2C 网络零售市场为例，天猫和京东两家电商巨头一共占据了我国网购市场近八成的份额。2014 年上半年我国 B2C 网络购物平台的

① 数据来自中国电子商务研究中心：《2014 年（上）电子商务市场监测数据报告》。

市场份额如表 1－3 所示。

表 1－3　我国 B2C 市场格局（2014 年上半年）

排名	服务商名称	市场份额
1	天猫	57.4%
2	京东	21.1%
3	苏宁易购	3.6%
4	国美在线	3.3%
5	唯品会	1.9%
6	亚马逊中国	1.5%
7	当当网	1.2%
8	腾讯电商	0.8%
	其他网购平台	9.2%

3. 移动电子商务

移动电子商务，是指是利用无线终端①进行的电子商务活动。严格来说，移动电子商务仍可以根据交易主体的类型划分为 B2B、B2C 和 C2C 等模式，因此它并非是对电子商务模式的创新，而是赋予了电子商务新的实现形式。一般来说，电子商务需要借助 PC 终端实现，尽管相对于传统的商业模式来说已经非常方便，但仍然受到一定的限制。相比之下，无线终端在时间和空间上都更为自由，因而移动电子商务的发展必将给电子商务注入新的生命力。我国移动电子商务 2014 年上半年的市场规模为 2542 亿元，已经超出 2013 年全年的水平，预计全年能达到 6324 亿元，接近 2013 年的 3 倍（见图 1－11）。

① 手机、PDA 及掌上电脑等。

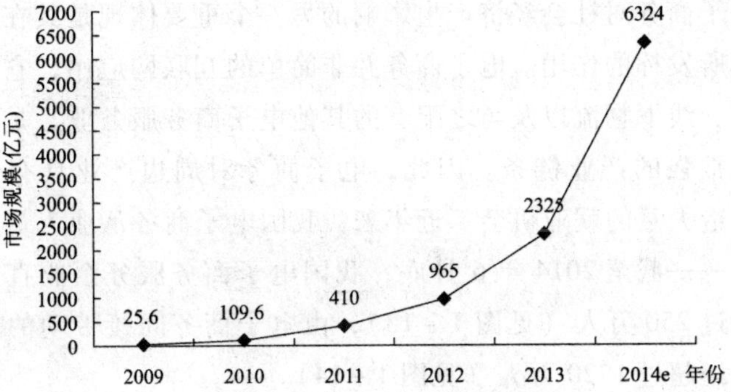

图 1－11　2009—2014 年我国移动电子商务增长速度

1.2.3　我国电子商务对社会经济的影响日益深刻

作为一种全新的商业模式，电子商务的不断发展，给社会经济的各个方面带来了广泛的影响。例如，在商品流通领域，电子商务所扮演的角色日益重要。我国 2014 年上半年的网络零售市场交易额为 10856 亿元，占社会消费品零售总额的 8.7%，较之于 2013 年同期增长 28%。预计该比例将在 2014 年底突破 10%，并且在未来还将继续保持扩大的趋势（见图 1－12）。这意味着电子商务与传统零售的融合将进一步扩大，从而使网络零售成为拉动消费的重要方式，在扩大内需、拉动经济等方面发挥着积极作用。

图 1－12　2009—2014 年网购规模占社会消费品零售总额的比重①

① 数据来自中国电子商务研究中心：《2014 年（上）电子商务市场监测数据报告》。

电子商务对社会经济产生影响的另一个重要体现是其在促进就业方面所发挥的作用。电子商务并非简单的互联网应用，它涉及支付结算、线下物流以及与之配套的其他电子商务服务业，是一条延伸性非常强的产业链条。因此，电子商务对周边产业具有带动作用，创造大量的就业机会。近年来，我国电子商务从业人员规模迅速扩大——截至2014年6月底，我国电子商务服务企业直接从业人员超过250万人（见图1－13），由电子商务间接带动的就业人数则已经超过1720万人（见图1－14）。

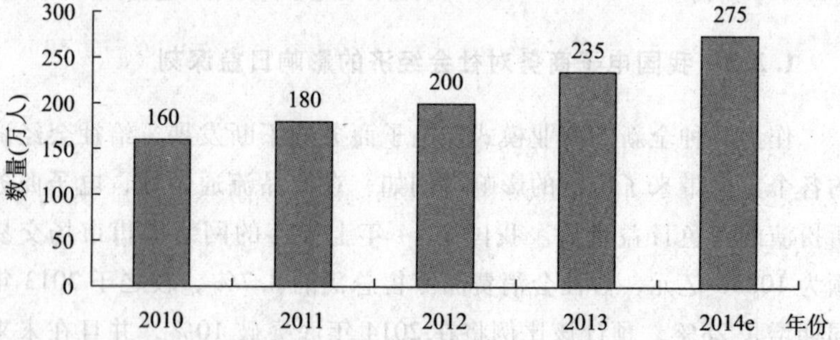

图1－13　2010—2014年中国电子商务服务企业直接就业人数规模①

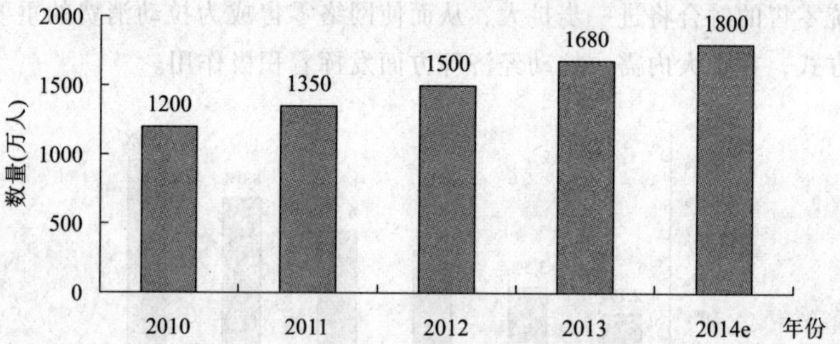

图1－14　2010—2014年中国电子商务服务企业带动从业人员规模②

① 数据来自中国电子商务研究中心：《2014年（上）电子商务市场监测数据报告》。
② 数据来自中国电子商务研究中心：《2014年（上）电子商务市场监测数据报告》。

1.2.4　我国跨境电子商务得到迅速发展

跨境电子商务是指位于不同关境的实体之间所进行的电子商务活动。电子商务能够借助互联网在虚拟环境下实现交易活动，几乎不受地理空间的限制。因此，借助电子商务达成跨境贸易具有天然的优越性。实际上，跨境电子商务符合电子商务发展的一般规律，其对密切全球经济联系的作用不言自明。

我国的跨境电子商务起步相对较晚，但发展速度非常快。2008—2013 年间，我国跨境电商交易金额的复合年均增长率高达 31.1%，2013 年已经达到 3.1 万亿元，其增长速度远远高于同时期的外贸增速。①

目前，国内高度重视跨境电子商务的发展——党的十八届三中全会已经明确提出“将放开商贸物流、电子商务等服务业领域外资准入限制，加快电子商务新议题谈判”；商务部随后出台了一系列针对跨境电子商务的扶持政策，包括建立电子商务出口新型海关监管模式并进行专项统计，解决目前零售出口无法办理海关监管统计的问题；与此同时，部分跨境电商的试点城市——上海、重庆、杭州、宁波已经开始建设跨境电商平台。

1.2.5　我国电子商务发展过程中存在的问题

虽然我国电子商务发展总体势头良好，但在发展过程中仍然存在着很多问题，这些问题主要包括：

第一，电子商务的发展对实体经济造成冲击。在国外，电子商务与传统贸易往往是相辅相成、互为补充的，大部分电子商务是企业销售的线上、线下结合。与国外的情形不同，我国电子商务的发展对传统的商业经济造成巨大冲击。C2C 和网络团购等新兴网络购

---

①　中国电子商务研究中心（100EC.CN）监测数据。

物方式的异军突起显示了电子商务的发展空间，但是如此巨量的交易额也正颠覆着我国的传统零售行业——部分实体店正沦落变为网络购物的展示厅和试衣间。

第二，网络购物环境的治理问题突出。任何新事物在产生伊始都会暴露出一些不足。随着我国电子商务的迅速发展，其自身存在的问题也在不断暴露，主要表现在网络购物环境有待改善。近年来，有关网络购物平台缺乏诚信的报道层出不穷，网络购物中的假冒伪劣产品和网络欺诈成为电子商务无法回避的问题。更为严重的是，由于网络购物的虚拟性，一旦消费者的利益受到损害，其通过合法途径进行取证、维权是比较困难的。

根据统计资料，2014 年上半年，我国通过各种途径进行的电子商务投诉近 50180 起，同比增长 21.32%（见图 1－15、图1－16）。就投诉领域来看，这些投诉主要集中在网络购物、O2O、移动电子商务和物流快递；就投诉的具体问题来看，网络购物中存在的问题类型多样，集中表现在网络购物诚信的缺失以及售后服务的不足。实际上，当前电子商务存在的弊端的深层次原因是当前网络市场信用体系尚未建立和完善，如何加强网络交易的动态、及时的信用监管对于监管机关而言仍然是一个巨大的挑战。

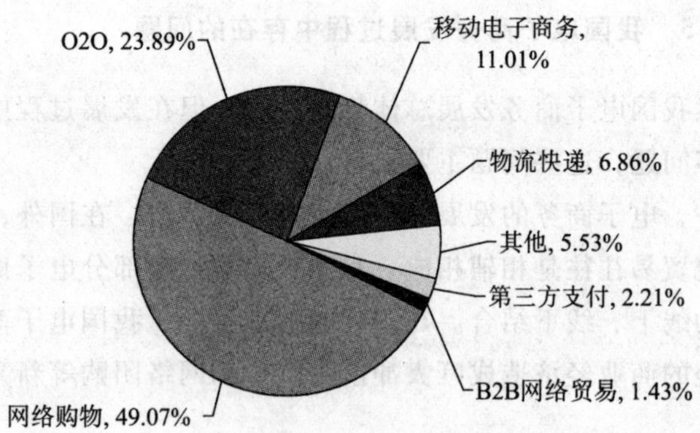

图 1－15　2014 年上半年我国电子商务投诉领域分布

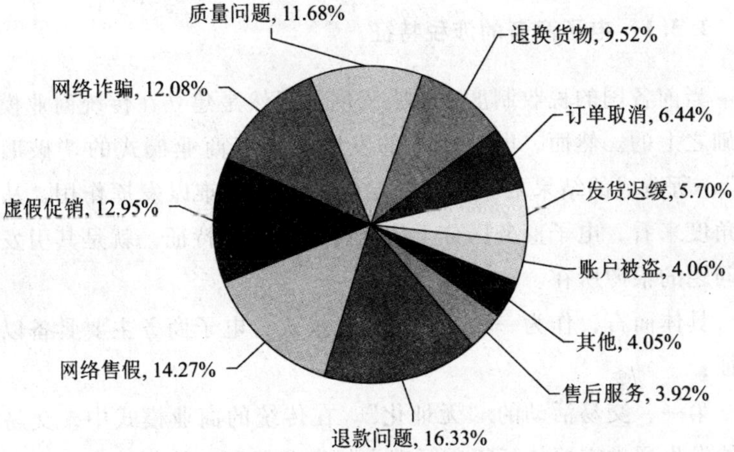

图 1－16　2014 年上半年我国电子商务投诉问题分布

综上所述，近年来我国电子商务发展势头良好，主要体现在总体规模的持续扩大，细分结构的逐渐调整，在国民经济中的地位日益重要，跨境电商逐渐兴起等各个方面。随着我国“十二五”发展规划的实施，电子商务这一战略性产业必将得到更进一步的发展，其对国民经济发展的支持作用也将愈发明显。在此背景下，充分认识到伴随电子商务的发展所产生的问题，并提出相应的解决方案，是非常有必要的。

1.3　电子商务发展引发的税收问题

电子商务在世界范围内的蓬勃发展，对当今的社会经济生活产生着广泛而深刻的影响。电子商务的发展是时代进步的印证，其所引发的税收问题，也正受到各界日益密切的关注。

1.3.1 电子商务的涉税特征

当前各国的税收制度在很大程度上仍然是建立在传统商业模式基础之上的。然而，电子商务的发展意味着商业模式的“破旧立新”，所造成的结果之一就是既定的税收制度难以发挥作用。从这个角度来看，电子商务区分于传统商业模式的特征，就是其引发税收问题的根源所在。

具体而言，作为一种新兴的商业模式，电子商务主要具备以下特征：

第一，交易活动的“无址化”。在传统的商业模式中，交易活动的发生通常需要依托于实际存在的经营场所。然而，电子商务使参与交易的各方能够借助互联网就交易达成一致，从而使交易活动不再受到空间上的限制。相应地，交易活动也就不再具有非常明确的地理位置。

第二，交易活动的“无纸化”。在传统的商业模式中，交易活动的顺利实现通常需要借助于书面的合同、单据以及其他交易资料。然而，电子商务使参与交易的各方在虚拟的网络平台订立数字合同，支付结算也多在网上进行，从而使交易资料不复存在。

第三，产品服务的“无形化”。电子商务与传统商业模式的另一个不同在于，前者能够借助信息技术提供虚拟无形的数字产品或服务。此时，包括商品使用权转移在内的全部交易流程将全部通过虚拟的互联网平台完成，与传统的商业模式迥异。

1.3.2 电子商务造成的征税困境

上述电子商务的涉税特征，将直接对现行的具体税制和税收征管造成冲击，从而导致电子商务的征税困境。

1. “无址化”易成避税手段

首先，我国实行工商和税务登记制度，而在电子商务模式下，经营者能够直接借助互联网这一虚拟环境开展交易活动。在这种情况下，工商登记和税务登记将更容易被经营者逃避，从而使税收征管缺乏前提和依据。

此外，基于传统商业模式所建立的税收制度，往往将机构所在地或是经营活动地等“地理概念”作为确定纳税人纳税义务或是进行税收征管的重要依据。例如，我国增值税暂行条例规定，固定业户应当向其机构所在地主管税务机关申报纳税；又如，我国营业税制规定，在中国境内提供应税劳务的单位和个人应为营业税纳税人。然而，电子商务的“无址化”使这些“地理概念”变得没有实际意义，与之相关的税种就面临着难以有效征收的问题。例如，随着电子商务的发展，以劳务提供地和消费地的分离为特征的远程劳务（远程医疗、咨询、拍卖等）将愈发便利。一般来说，这些远程劳务的交易额较大，并且其规模也在日益增长，若继续按照我国劳务提供地原则判定劳务所得来源地的话，必然造成营业税的流失。

除此之外，跨境电子商务的发展也成为了国际税收所面临的一个难题。它直接对国际税收协定的“常设机构”概念提出了挑战。例如，如果一个企业借助海外服务器在境外开展应税经营活动，由于其在海外并未设立常设机构，对其征税将显得缺乏依据。电子商务还使一国税收管辖权的行使出现困难。例如，“管理中心”和“控制中心”是判断法人的居民身份的常用标准，但电子商务的出现使对其认定变得不再清晰，这些都造成了国际税收中必须解决的问题。

2.“无纸化”使税款征收和税务稽查缺乏证据

如前所述，“无纸化”是电子商务在交易流程中所体现出的一个重要特征，即传统商业模式中的合同、票据、结算单据等重要交易资料在电子商务过程中完全被转化为数字信息。这些交易资料具有隐蔽、易于修改、保密性强等特点，从而使税务机关难以获取其实施税款征收和税务稽查所需的真实交易资料。

具体而言，在税款征收方面，查账征收是最为常用的税款征收方式。而电子商务交易所形成的数字信息在没有必要的技术控制下很容易修改，由此对税款的足额征收产生十分不利的影响。而在税务稽查方面，掌握纳税人的大量有关纳税事实的信息和重要准确的证据是进行税务稽查工作的前提。然而，电子商务交易的电子化使传统的以追踪纸质凭证进行税务检查的方法失效，而当前又缺乏能够保证电子商务交易数据信息真实性的有效技术，这必然使税务稽查难以达到监控税源的目的，也难以发现企业的问题。此外，境外电子支付的愈发普遍，难以对企业开户银行的往来款项进行监控检查，无疑使稽查的效率更为降低。

3. “无形化”对现行税制的适用性提出挑战

电子商务的出现催生了虚拟无形的数字产品，这些产品能够以电子信息形式在互联网上进行销售而无需通过线下的实体交易。因此，如何适用传统的以实物产品为征税对象的税法对其征税就遇到了难题。

例如，通过网络销售电子书籍、音像制品、软件产品等常见的数字产品时，将定性为销售商品还是提供服务是一个非常重要的问题，这涉及其适用增值税还是营业税的规定，因而对其税负有着重要影响。然而，这却是一个较为模糊的问题。事实上，即使经营者能够主动申报，或是税务机关能够通过其他方式识别数字化产品的销售行为，对这类产品的真实交易情况进行核查也是非常困难的。

电子商务的离线交易中，货物是有形的，需要通过运输达到海关，现行的关税制度不需做出调整。但电子商务的在线销售中，用户可以从互联网上直接下载到客户的计算机上，一方面，使原来正常渠道进口货物和劳务数量受到影响；另一方面，对互联网的国际间传输，各国当局都难以控制，因此会造成关税的流失。

另外，由于电子商务的发展，数字产品的跨境交易已经非常简单易行。尽管，从实质上看，跨境的数字产品交易符合征收关税的实质条件，即境外产品确实通过某种渠道完成过境。然而，由于这些产品是无形的，海关根本无法获得具体的交易信息，更不用说对其进行常规检查，海关征税的前提条件根本不复存在，因此当前数字产品跨境交易的关税征管是个非常重要的问题。

1.3.3　电子商务导致税收风险

通过分析电子商务的涉税特征及由此引发的征税困境，我们可以合理地推断并得出如下结论：面临着电子商务的快速发展，传统的税收征管手段已经落后，这产生的直接后果就是日益严重的税收遵从风险[①]，各国政府应对此保持警觉并尽快采取措施。

我国作为电子商务大国，既应毫无保留地肯定电子商务对于现代经济生活的积极意义，同时也应意识到电子商务给现有的税收管理体制，尤其是发票管理体制带来了挑战。在无纸化的交易方式下，如何通过发票、通过何种发票来监控税收，是税务机关不断思索的问题。因此，从另一个角度讲，电子商务的发展也为我国发票管理制度的改革提供了思路。本书所探讨的电子发票管理制度问题，将对丰富我国电子商务税收问题的研究，提出有实际可操作性的政策建议大有裨益。

---

① 尽管电子商务造成的税收流失问题已非常明显，然而，对税收流失的规模进行精确计算是较为困难的。有学者尝试对我国电子商务造成的税收流失规模进行估算，取得了不尽一致的结果，但总体来看该问题不容乐观。

第二章 我国发票管理的历史沿革与发展思路

2.1 我国发票管理的历史脉络

最早的发票是伴随着剩余产品的出现而产生的，发票的历史源于炎帝时期的“书契”，用于商品经营活动中，是交易双方验证的凭证。商代的“记事刻辞”，不仅有交易的数量，还有时间、地点等内容，功能与现代发票相似，是我国发票史上的里程碑。随着经济社会不断发展，发票的功能也在不断完善。到了民国时期，发票已经成为国家控制收支的重要原始凭证。这里主要介绍我国近代时期，发票在不同经济发展阶段发挥的作用。

2.1.1 我国发票的不同发展阶段

清代之后，我国发票的管理和使用大致经历了以下几个不同的阶段。

1. 民国时期

民国时期，北洋政府颁布了《普通官厅簿记》，其中确认了各类凭证在会计方法体系中的地位与作用，把国家规定使用的各类原始凭证看作控制财政收支的重要手段，并明确提出凡账面记录必须以合法原始凭证作为依据的这一原则。当时对原始凭证的运用与控制，开始贯穿于会计核算的始终。

此后，在原始凭证的基础上产生了记账凭证。记账凭证一方面能够起到证实经济事项的完成及明确会计事项经济责任的作用；另一方面又是进行科学分类的合法依据，通过它能够把种类繁多、内容不同、格式不一的原始凭证按科学分类的要求组合起来，以便正确地做出会计分录。民国政府在“统一会计制度”、“会计法”以及“一致规定”中对原始凭证与记账凭证的种类及记账方法等都做出了明确的规定。同时，对凭证的编号、装订、保管与销毁等也都有具体规定，从而使会计核算的水平得到提高。

2. 新中国成立初期至改革开放前

这个时期，发票还没有统一的名称和格式。常见的有“销货证明书”和“发货票”。由于发票在税务稽查中具有重要的地位和作用，新中国成立后，各级政府根据当时的经济状况和本地的实际情况，都非常重视发票的管理工作，制定了一些制度和办法，狠抓了发票的统一管理工作。如1950年3月，辽宁省人民政府在《建立工商组织及建立账簿与发货票制》中，就明确规定，凡建立发票事宜，均须呈请税务机关批准。为了统一发票管理办法，健全发票管理制度，1950年，中央税务总局专门发出通知，要求各地实施《坐商销货证明书》制度。1951年，全国第一次直接税业务会议再一次对发货票的管理提出具体要求：①坐商、行商和摊贩，必须建立统一的发货票；②凡一次营业额在5000元（指旧币，相当于新人民币0.5元）以上者，必须开立统一的发货票；③发货票由业户自定格式交税务局统一印刷，并由税务局加盖戳记统一编号。这样，各地使用的发票在管理、格式和内容要素上都保证了相对完整和统一。当时由于经济体制的原因，我国发票管理工作的重心还是私营企业，全国国营、合营企业的发票管理工作在1957年资本主义工商业改造完成之后才得以加强。20世纪50、60年代的发票按行业分类，如百货商业、摊贩业、自行车修理业等。

3. 改革开放之后

改革开放以后，发票管理工作得到恢复并全面加强，发票的相关法律法规几经修改，越来越严谨和规范。1986 年 8 月，财政部制定颁发了《全国发票管理暂行办法》，对发票管理的范围和内容、发票的开具和取得、发票的印刷和发放、发票的使用和管理、发票的检查和违章处罚等都做出了明确规定。发票管理工作逐步形成规范化、制度化和法律化。1993 年 12 月后，财政部、税务总局先后制定并发布《中华人民共和国发票管理办法》及其实施细则、《增值税专用发票使用规定》，进一步完善了我国的发票管理制度。2010 年 12 月 27 日国务院公布了修改后的《中华人民共和国发票管理办法》，该办法于 2011 年 2 月 1 日起施行，使我国发票和发票管理工作日趋完善和成熟。发票是为经济社会服务的，发票管理办法的不断修订，从侧面也反映了我国的经济发展和社会进步。1994 年增值税的开征，对于我国税制改革具有里程牌意义。随之诞生了增值税专用发票，并成为发票中的“宠儿”。增值税发票是纳税人重要的会计凭证，既可以证明销货方的纳税义务，又可以证明购货方的进项税额，在增值税计算中发挥重要的链条作用。增值税专用发票推行的目的是避免重复征税，使纳税人的税负更加合理。企业购进产品或商品时，取得注明“已纳税额”（进项税额）的增值税专用发票；出售产品或商品时，同样给购货方开具注明“已纳税额”（销项税额）增值税专用发票。企业只对增值的部分缴纳增值税，即销项税扣除进项税的余额。增值税这种环环相扣的特性，令发票管理的模式和手段也必须随之改进。目前，发票作为记账凭证、报销凭证、反映经济交易的合法凭证，在经济生活中发挥着重要的作用。今后，随着纸质发票、网络发票、电子发票的不断发展和应用，发票将在经济发展中发挥更加重要的作用。

2.1.2　我国发票管理体制的发展

发票管理是指税务机关对发票的印制、领购、开具、保管、检查、处罚等各个环节进行组织、协调、监督时所开展的各项活动的总称。我国发票的管理体制随着经济体制和经济环境的变化，也在不断地完善。

1993 年 12 月 12 日，我国财政部正式发布了《中华人民共和国发票管理办法》，同时废止 1986 年发布的《全国发票管理暂行办法》和原国家税务局 1991 年发布的《关于对外商投资企业和外国企业发票管理的暂行规定》，我国的发票管理模式从此逐步走向规范管理，发挥有效监督作用。

《中华人民共和国发票管理办法》自 1993 年 12 月发布施行以来，在加强税源监控、筹集税收收入方面发挥了积极作用。但随着经济社会的发展，发票管理办法在实际执行中出现了问题：一是制售和使用假发票、不依法开具发票等违法行为层出不穷，管理办法规定的防控措施亟待相应完善；二是对发票违法行为的处罚力度偏轻，难以有效惩处和制止发票违法行为。

2010 年 12 月国务院发布了关于修改《中华人民共和国发票管理办法》的决定，并于 2011 年 2 月 1 日起施行。《中华人民共和国发票管理办法》由财政部令上升为国务院令，实现了由“部门规章”向“行政法规”的升格，使发票管理办法在我国立法体系中的地位得到了提升。新修订的《中华人民共和国发票管理办法》中第三条规定：“发票，是指在购销商品、提供或者接受服务以及从事其他经营活动中，开具、收取的收付款凭证。”我国发票主要包括：增值税发票、普通发票和专业发票。发票作为经济业务活动过程中记载相关主体经济往来并凭以收付款项的商事凭证，不仅是会计核算的原始凭证，也是税务稽征的重要依据，其涉及面之广泛，作用之巨大，不仅关系到税收管理和财务监督，也是维护市场经济秩序的重要环节。

在逐年的发票管理体制改革和优化下，我国初步形成了“简并票种、统一式样、建立平台、网络开具”的新时期普通发票管理模式，促进我国税收收入逐年上升（见图2-1）。

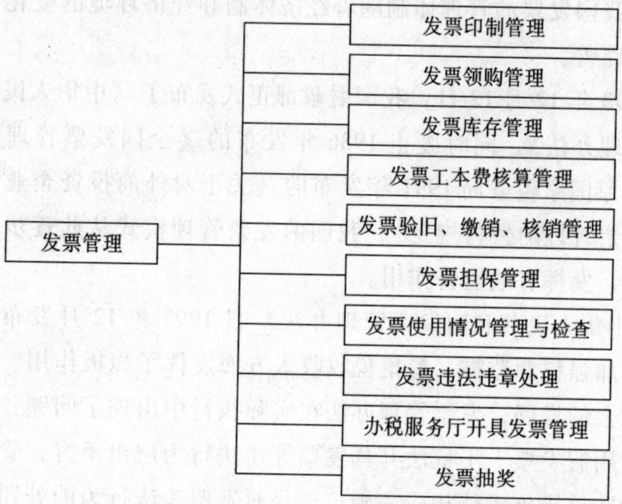

图2-1 中国发票管理基本内容

1994年之后，伴随着我国税制改革的不断深入，我国现代化的发票管理体制也逐渐形成，主要体现在以下几个方面：

第一，实施了“金税工程”。1994年，针对增值税发票使用过程中出现的问题，为了遏制假发票行为，我国启动了金税工程试点工作。金税工程是将全国各地的增值税一般纳税人填开和取得的防伪税控专用发票信息储存在计算机中，通过网络将全国各地的国税机关的计算机联系起来。通过开票、认证、稽核、协查四个子系统加强对增值税发票的管理。经过金税一期、二期的部署实施，积累了发票管理的经验。2003年，我国开始了“金税三期”的建设，金税三期进一步强化了征管工程，在发票的稽核等方面更显优势，它成为我国发票管理现代化的标志。

第二，推广电子税控装置。为了使用信息化的要求，配合金税工程的建设，我国积极推广电子税控装置的使用。2001 年，开具万元以上销售额增值税发票要使用电子税控装置；从 2003 年 1 月起，无论金额大小，增值税一般纳税人都要用电子税控装置开具增值税发票，至此全国废止手写版增值税专用发票；到 2006 年底，全国范围内均实现了机开增值税专用发票。至此，使用增值税专用发票逃税的现象得到了有效遏制。

第三，试开网络发票和电子发票。网络发票和电子发票是对普通发票实行现代化管理的探索。网络发票和电子发票的施行，可以大幅减少税务机关工作人员涉票检查工作量，通过试点积累经验后，将在未来得到广泛应用。

2.2　我国发票管理的现状与问题

2.2.1　现有发票管理存在的问题

经过多年的努力，税务部门现代化发票管理机制不断完善，“以票控税”措施不断深化。发票管理对税务机关实施税源监控、进行税源分析和组织税收收入方面都发挥了至关重要的作用。金税工程的建设和实施对于防范不法分子偷逃骗税取得了明显成效，也积累了非常有益的经验。但是，随着经济社会的转型和信息技术的发展，发票管理工作也面临了假发票、非法代开发票泛滥，“大头小尾发票”监控乏力，涉票信息采集利用水平不高等问题，现有的“以票控税”手段也面临着越来越大的挑战，现有发票管理主要存在以下几个方面的突出问题。

1. 外部使用问题

(1) 查处力度不足，供给需求两旺。发票由税务机关监制，纳税人自行开具。因单纯地依靠纸质防伪而不能有效鉴别其真伪，不法分子借机大量制售使用假发票、非法代开发票以及“大头小尾”开具发票，借开代开等，利用发票偷税问题愈演愈烈，严重扰乱发票管理秩序，成为发票管理的顽症。虽然税务机关不断加大打击力度，却始终难以从根本上遏制。纳税人不开发票、大头小尾、填开假发票，能直接减少需要申报的应税收入，从而减少了其需要承担的税负，对于纳税人来说就相当于增加了收入。同时，纳税人可以预期到税务机关的检查概率极低。他们从自身和其他纳税人的经营经验可以判断出税务机关对于发票的检查力度以及查出问题的概率。检查概率越低，越刺激不法纳税人选择瞒报发票信息。

假发票也存在着旺盛的需求。首先是部分企业纳税人具有虚增列支成本，增大税前扣除以减少所得税税负的需求。通过购买假发票或者获得虚开发票，部分企业可以虚增成本，从而增加所得税税前扣除。其次是一些具有职务消费的个人，通过购买假发票或虚开发票，能够通过报销套取现金。普通发票由于缺乏有效的数据链条比对核查，使假发票泛滥。

（2）缺乏查验手段，无从分辨真伪。随着税务机关加大对发票造假的打击力度，会计从业人员及普通消费者对普通发票真伪鉴别的呼声也越来越高；单位和个人维权意识增强，普通发票涉税咨询和举报逐步增多，但因为发票查询辨伪手段单一，查询、举报载体较少，查询、举报应对不及时，查询结果不清晰等，已无法适应信息化条件下外部的查询、举报需求。

在假发票的使用场景中，多数情况是受票人非恶意接受假发票，即受票人在无法分辨的情况下接收了开票人提供的假发票。受票人没有方便的途径查验真伪时，就只能被动接受。还有一类是受票人企图通过假发票职务侵占时，其个人取得假发票后，到财务人员处报销，财务人员没有便利的途径查验假发票，也只能被动接受。这两种情况下，如果税务机关能提供方便的发票真伪查验，本是可以有效遏制假发票的应用的。但由于发票的数据不能及时、全面地被采集和提供查询，假发票的泛滥有扩大的趋势。

（3）管理要求繁多，耗费成本巨大。在纳税人发票核定、领购、开具、取得、保管、缴销等使用过程中，纳税人需要频繁往返税务机关，承担了巨大的资金成本和人力成本。根据数据统计，全国的纳税人一年中用于领购普通发票的直接成本（普通发票工本费）超过30亿元，2009年11月至2012年10月底，纳税人购买普通发票大约往返国税税务机关（除上海和西藏外）3619万次。

在使用发票的过程中，开票人需要购置一整套专用设备，甚至还需要配备专门的人员来管理和操作这些设备，导致开票人的直接成本较高。同时由于对于开票违法的处罚相当严格，因为开票行为的疏漏导致纳税人付出成本的风险较高。比如发票遗失，纳税人就需要因此登报声明，并受到较高的经济处罚。还比如纳税人领用的发票用完却因为监管限制不能随时购买到新发票，导致纳税人正常经营受到影响。

2. 内部管理问题

（1）监管乏力，发票管理流于形式。发票品种繁多，使用广泛，涉及各行各业、众多纳税人，且用票量比较大。据统计，国税系统一年之内的普通发票开具量为90亿份，地税系统为200亿份，专用发票也达到7亿份，而基层税务机关征管力量有限，人员承担繁重的发售、验旧工作，完全依靠手工或者半手工，核对工作十分困难，工作环节流于形式，发票管理鞭长莫及，且易产生执法风险。

税务管理部门对发票的核查能力有限，究其原因是纳税人数量太多、使用的发票数量更是海量数据，而这些发票数据分散在一张张各式各样，互不关联、字迹不清、格式不一的发票纸张上，使有限的税务稽查人员根本无法对所有发票数据进行有效地检查。同时又没有有效的技术手段对海量的发票数据进行自动的比对、核查。

因此，税务管理部门对纳税人的发票行为上的不遵从行为检查概率极低。

（2）环节众多，人力工作量巨大。在发票计划、印制、保管、发售、开具、缴销等管理过程中，税务机关投入了大量的人力物力，在实行了网上申报、银行扣款、税库银联网等信息化手段之后，办理有关发票的领购、验旧等业务目前已经成为各办税服务厅的主要工作，且因工作量巨大，工作质量、效率不高。税务管理部门每年要花费巨资投入到发票纸面印刷防伪上，导致单份发票的印制成本居高不下（一般为0.2—0.3元一份），这些印制成本最终由财政承担或纳税人买单。税务管理部门为发票日常管理动用巨大人力，从发票印制管理、发票日常库存管理到发票发售管理都需要专人负责。税务管理部门打击假发票也需要耗费相当的人力财力，每年各省都要开展打击假发票的专项整治行动，需要调动公安、税务、工商等多部门联合行动。而日常税务稽查中发现发票存疑时，尤其是外省发票，税务稽查人员需要启动协查流程，由异地税务部门人员到开票人户上核查。

（3）链条缺失，造成税款大量流失。普通发票管理，缺少采集比对的环节，税务机关尚未能直接掌握纳税人发票开具和取得的明细信息，无法对纳税人的应税数据进行有效监控，部分纳税人在利益趋使下，利用税收管理链条的不完善，漏报收入或是虚列成本，偷、逃税款，造成国家税款大量流失。比如增值税普通发票，在增值税管理的逻辑链条中，增值税专用发票的开票方数据和受票方数据最终在税务机关数据库中汇总并逐一比对，但增值税普通发票却不能完成这一闭环。数据链条在普通发票这一环节断开。因为现行发票管理体系没有采集增值税普通发票数据的设置。因此，在增值税流转的最后一个环节，销售信息和发票信息不能完整全面的采集，使增值税管理的严密性出现了一个明显的漏洞。现实中，有大量的增值税普通发票涉假案件，都是不法分子利用这一漏洞造成的。

（4）只管理开票人，对受票人管理不足。发票管理的诸多政策和办法，绝大多数都是针对开票人而设的。开票人领发票要核准，领用新发票有限制，而且每一张发票都经过严格登记。开票人开票有严格要求，甚至需要为此购买价格不菲的一整套专用设备。开票人对发票要有严格的管理，开出的发票要逐张上报给税务管理部门。用过的发票还需要验旧缴销才能领用新票。但对于发票的接受方，却没有有效的手段和方法。很多接受和使用假发票的单位，往往是由审计部门查出。发票记录的是交易双方交易的信息，只有将交易双方都纳入到信息采集的范围，并对从两方面采集到的信息进行比对，才能有效地确保信息的真实性，防范恶意虚假信息。

2.2.2 增值税防伪税控体系与发票管理

1994年，我国实施了以增值税为主要内容的税制改革，并开始推行使用增值税专用发票。由于增值税发票可以抵扣税款，因此在实施初期不法分子利用虚开、代开、伪造专用发票等犯罪手段偷逃税款，造成政府税款的大量流失。为避免国家税款流失，并打击这些违法犯罪活动，国家从1994年起开始建设“金税工程”，利用信息化手段进一步加强专用发票的使用管理，从而堵塞了税收流失漏洞。增值税防伪税控系统是金税工程的重要组成部分，截至2003年7月已覆盖到全国所有增值税一般纳税人。

通过这十几年防伪税控体系的推行，税务机关初步实现了对增值税管理的规范化和系统化，有效防止了利用增值税专用发票偷骗国家税款的问题（虚开增值专用发票、制售假发票等）。

尽管防伪税控体系通过控制增值税专用发票，达到防止增值税的主要税收流失的目的，并且该体系也在发展过程中不断地升级改进，但体系本身所固有的一些缺陷和问题，仍无法有效解决。

1. 无法实现对增值税所有票种的管理闭环

增值税发票主要包括两类，一类可以用于抵扣，包括：增值税专用发票、公路、内河货物运输业统一发票、海关完税凭证、农产品收购凭证。其中增值税专用发票由防伪税控系统开具。一类不得用于抵扣这些主要是增值税普通发票。对于增值税普通发票，由于其不用于抵扣，因此无法采用增值税专票管理的方式（即从购货方获取发票的抵扣联，通过认证、交叉稽核的方式，发现发票中的问题）进行管理，防伪税控系统无法对此类发票的管理发挥作用。

随着防伪税控网络监控体系的完善和日常征管的加强，针对增值税专用发票违法犯罪活动已大大减少，而对于增值税普通发票，制售假发票、非法代开、借用发票、大头小尾开具发票等违法行为仍然较为普遍，扰乱了正常的税收管理秩序。

2. 防伪税控体系的管理成本过高

一般纳税人必须使用防伪税控系统才能开具增值税专用发票，防伪税控系统一般包括：专用金税卡、IC卡、读卡器、扫描仪、电脑、打印机等设备，据有关调查显示，一般纳税人使用专票时仅防伪税控系统的初装成本就接近万元，此外每年还要交纳服务费用，这样使增值税专用发票开具成本加大。与之相比较，目前各地推广使用网络发票的纳税人几乎不需要初装成本，年服务费用也比防伪税控体系的服务费用低很多。这一方面是由于防伪税控体系需要更多的硬件资源支撑系统运行，另一方面也由于防伪税控系统的承建服务单位全国仅一家，不存在竞争，服务单位没有提升服务质量同时降低服务成本的外在动力。此外，防伪税控系统采用的密文有可能被破解，因此不断采用新的加密手段或设备也造成了防伪税控系统成本的提高。

3. 发票开具采集的实时性不高，开具的方便性差

防伪税控系统采用的是开票金税卡记录的开票信息，开票信息还需要通过抄报税环节才能将发票开具的明细信息传递到税务机关，如果纳税人未能及时抄报发票信息，税务机关就无法获取企业开具的发票信息。尽管防伪税控体系升级后支持远程抄报（纳税人可不去税务机关进行抄报税，而是通过网络完成抄报税动作），发票开具信息仍不能实时传递给税务机关，可能造成企业真票虚开等违法行为的发生。另外，由于防伪税控系统需要防伪硬件的支撑，因此发票必须在专用的开票机上进行开具，对于交易场所不固定的纳税人，必须回到税控机所在地开票，造成企业经营活动的不便。

2.2.3 电子商务对现有发票管理体制的挑战

随着电子商务的迅速发展，单纯使用纸质发票呈现出如下问题：

1. 无法适应电子商务的发展需求

电子商务产生和发展极大地促进了世界经济贸易的发展，其他任何市场都难有电子商务市场这样高的增长率，因此，作为21世纪最具潜力和活力的贸易形式，其市场前景极为可观。它的出现使以传统商务为基础的税收领域受到强烈冲击，面临着严峻考验。首先，电子商务的发展方向是无纸化交易，这使作为税务会计基础的原始纸质凭证将不复存在，采用传统方式很难追踪交易信息，从而征税无所适从。其次，电子商务覆盖范围广泛，甚至可以跨国交易。通过电子商务网站可为全球网络用户提供商业服务，通过国际信用卡的结算，实现在线交易。从征税的角度来看，这种跨越地域的交易方式和传统的交易方式有着本质的不同。最后，电子商务交易是一种快捷的服务手段，其可实时发生，而纸质发票却无法为异地交易者实时提供交易凭证。所以，纸质发票不适应电子商务的长期发展。

2. 印制和管理成本居高不下

纸质发票符合人们的传统使用习惯，因为它是一个看得见、摸得着的实物，使用起来有一种安全感。但由于印制纸质发票要消耗宝贵的木材资源，不符合现代环保理念。美国森林及纸张协会统计得出了用纸量超速增长的规律：即年国民生产总值和用纸量存在正相关关系，年国民生产总值每增加10亿美元，用纸量就会相应增加 8 万吨。此外，纸质发票的管理成本较高。京东集团曾表示："传统纸质发票的存储、遗失和红字发票管理成本较高。发票的成本包括发票的纸张成本，发票的仓储、管理、快递，还有发票打印的设备、耗材，以及人员等。仅以发票纸张成本来看，京东北京公司 2013 年每月发票用量超过几百万份；而为满足开具发票需求，单北京地区就购买了近 300 台发票打印设备，并配备了 300 人进行发票打印、归整、分类、递送等工作，每年花费数百万元。如能全面采用电子发票，则将极大提高企业运营效率，成本也可降低。"

3. 违规使用发票难以避免

根据我国发票管理相关制度，发票使用者必须根据自己所从事的生产、经营类型来如实选择相应的发票类型，同时发票的内容需保证和交易信息一致，如收款单位、付款单位、经营项目、金额、开票日期等项目必须根据交易情况据实填写。但有的纳税人为了达到逃避税的目的，不按照实际交易内容开具发票，人为地造成经营项目、金额等实际发生与发票显示不一致的情况。而且社会上出现了不少虚开、代开发票的不法行为。由于我国第三方信息制度有待完善，税务机关无法通过银行来了解纳税人的资金往来情况，加之现金交易的大量存在，给税务部门的稽查工作带来了很大的困难。社会诚信体系的缺失，又为一些纳税人违规使用发票提供成可乘之机。因此，社会上违规使用发票的行为屡禁不止。2013 年 5 月至 10 月，公安部、国家税务总局组织全国公安、税务机关联合开展了为期 6 个月的打击整治发票违法犯罪专项行动，共破获各类发票犯罪案件 10043 起，涉案金额 519.57 亿元，累计查补入库税额 49.28 亿元。专项行动中，共破获虚开发票 6651 起，制售假发票犯罪案件 1385 起，缴获各类假发票 1.12 亿份。由此可见，我国违规使用发票的现象非常普遍和严重。

4. 税务检查实施难度大

纸质发票的局限性在于查询成本太高、查询的速度慢。数量巨大的纸质发票，不仅给税务检查工作中增加了大量的人力成本，而且如果收、付款双方不在同一地区的话，还不能实时取得相关证据。此外，面对如此大量的纸质发票，人工检查难免出现疏漏。上述情况的存在，使纸质发票给税务检查工作带来极大的挑战，有时甚至无法正常进行。这既影响了案件的检查质量，也是对"以票控税"征管模式的一种挑战。

5. 邮寄和保管成本高

《中华人民共和国发票管理办法》中规定："已经开具的发票存根联和发票登记簿，应当保存5年。保存期满，报经税务机关查验后销毁。"这要求纳税企业在发票的购买和保管环节投入人力和财力。此外，纸质发票不仅在收、发环节耗费了大量的邮寄成本，还在发票的比对、整理和入账环节耗费了大量的人工成本。

6. 不利于国际接轨

纸质发票的局限性和滞后性，成为我国与国际接轨的障碍。目前，国际上许多国家和地区，如美国、欧盟和中国台湾等国家和地区都在推广应用电子发票，欧盟修订《电子签名法》后，鼓励企业更多使用电子发票，并使电子发票成为欧洲企业的首选发票形式。美国从2013年也开始强推电子发票。我国企业要实施"走出去"战略，走向国际化市场，要与国外跨国公司进行经贸合作，就需要采用信息化、电子化的管理手段进行全流程优化，提升自身的竞争力。

2.3　我国网络发票的管理思路

针对纸质发票存在的局限性，为了更好地发挥发票在经济生活中的作用，我国在发票管理方面创新思路，推出了网络发票。

2.3.1 我国网络发票的试点运行

我国对增值税发票管理采取了多种措施，如金税工程建设和电子税控装置，增值税专用发票的征管得到了加强，利用增值税专用发票进行犯罪活动几乎绝迹。基于上述原因，普通发票逐渐成为违法分子从事发票犯罪活动的目标，通过制售假发票、非法代开、借用发票、大头小尾开具发票等，扰乱了正常的税收管理秩序。为了解决税收征管实践中存在的难题，有效地监控纳税人的财务信息，避免发票信息失真，我国推出了网络发票。网络发票是税务机关依托互联网，向社会提供开放式、数据化的发票管理服务平台，实现对涉票信息的自动采集和发票使用的实时监控，使之为税收征管提供基础信息，并衡量纳税申报是否真实准确。2009 年，网络发票开展试点工作，通过互联网即可完成发票领购、配号、开具、查询等一系列事项。各地地税机关核定开具发票的种类、限额等，纳税人无法随意更改。2011 年 2 月 1 日，我国施行修订的《中华人民共和国发票管理办法》中提到“国家推广使用网络发票管理系统开具发票”，这是发票管理的新变化之一。

网络发票主要适用于从事地方铁路、运输服务、搬运装卸、文化体育业、娱乐业、代理业、旅店业、饮食业、旅游业、仓储业、租赁业、广告业、转让无形资产及其他服务业等经营业务的纳税人使用。

2009 年 7 月 1 日，中国第一张网络发票由广东省东莞市地税局开出，这是全国首次以省为单位，统一开发、统一运用、全面推广的网络发票（见图 2-2）。网络发票为我国的税收管理由“以票控税”向“信息管税”转变成为可能。

网络发票是指纳税人通过互联网利用税务机关提供的发票在线应用系统开具的纸质发票。开具网络发票不需要特殊装置，仅需要普通办公所需的计算机和打印机。纳税人通过网络发票客户端开具

广东省地方税收通用发票（电子）　电子发票　手写无效

发　票　联

发票代码　244200907999

发票号码　08991168

开票日期　2009-08-28

防伪码	防伪码：43123051858322536576018 查询码：01820090799908991168	密码区	
付款方	（个人）叶某	身份证号/组织机构代码/纳税人识别号	44200019791200XXXX
收款方	广东　事务所	身份证号/组织机构代码/纳税人识别号	44200073216174X
项　　目		金　　额	备　注
其他服务业：劳务费		9,999.00	
合计金额（大写）：人民币玖仟玖佰玖拾玖圆整		（小写）：¥9,999.00	
说明：付款方为个人的发票可自动参加发票抽奖，请取得发票时认真核对票面信息。	主管税务机关及代码	中山市地方税务局城区税务分局 244203200	

测试专用

发票联　付款方付款凭证

NO：244000900611 00000087　开票人：B　收款方盖章：

图 2－2　中国网络发票样式

网络发票，然后将开具信息通过网络提交到税务部门发票综合管理平台，每开出一张发票即实时进入地税机关发票管理信息系统进行跟踪管理（见图 2－3）。

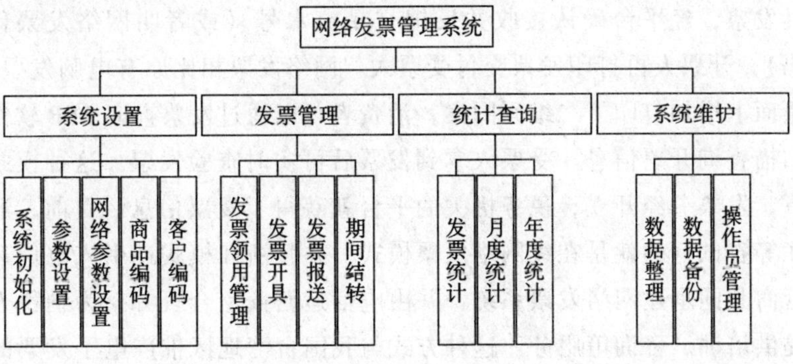

图 2－3　网络发票管理系统

2.3.2 网络发票的模式与成效

2013 年 2 月 25 日，国家税务总局公布了《网络发票管理办法》，进一步规范了各省网络发票的管理使用。

1. 网络发票模式及各地的做法

现行的网络发票根据发票信息的实时性，可以分为离线模式和在线模式。

离线模式是指发票开具后，网络发票信息先保存在本地，如硬盘、IC 卡、Ukey 等介质中。后续通过抄税、数据上传等方式报送到税务机关。离线方式下，要求在开票人端配置严格授权监制的税控装置，如防伪税控设备、税控收款机等。因为在这种方式下受票人无法实现查验发票，因此必须通过税控装置进行票面防伪加密，来防范假发票。目前部分省份推广的税控收款机模式大多是属于离线模式。有的省份采用税控收款机加装通讯传输模块的方式，实现发票信息实时上传到税务平台，初步实现了在线开具、传输网络发票，如重庆采用就是这种方式。

在线模式网络发票，可以实现发票信息实时报送税务机关，受票人实时查询。开票人直接登录税务机关指定的网络平台，在线开具发票，经平台确认接收并反馈交易流水号（或者叫网络发票代码），开票人再打印发票交付受票人。网络发票相比原有电脑发票，票面上增加打印了二维码图案，消费者可以通过发票查询 APP 软件扫描查询开票信息。受票人拿到发票后可实时查验发票。这种模式下，发票一经开立，税务机关的平台就获得了发票信息。目前，浙江等省试行的就是在线网络发票模式。并且浙江模式还引入电信运营商共同承建网络发票系统，并由电信运营商整合资源，为纳税人提供培训、咨询等服务。这种方式与我国台湾地区推广电子发票的方法有相似之处。

在线模式网络发票比离线模式的网络化程度明显更高，但对纳税人的网络环境提出了更高的要求。在线模式要求纳税人开具发票时，必须保持网络连接，并且保证网络环境安全。随着电信基础建设的发展，宽带网络基本普及，网络的要求基本可以实现。网络安全成为在线模式关注的重点，在线模式网络发票必须确保局端平台安全、纳税人发票信息传输过程的安全。在运行实践中，各地采用的方式不同，有的采用电信运营商提供的虚拟专网（VPDN）方式，有的采用公共互联网加CA身份认证和数字加密技术。相比较而言，虚拟专网技术，可以使网络发票管理平台不暴露在公共互联网上，更能有效地保护发票管理平台的安全，防止由于平台瘫痪导致的风险。

在网络发票的推广策略上，各地还积累了以下经验：①结合纳税人的实际情况，确定推广使用范围。我国推广运用网络发票的目的是杜绝假发票，因此在确定推广的范围和对象时，要从开具假发票情况较严重的行业入手，同时兼顾纳税人信息化软硬件条件。如使用建筑安装、销售不动产专用发票的自开票纳税人、已使用电脑开具发票的纳税人及出于企业形象有意将税控机转为网上开票的纳税人等都可以成为网络发票的推广对象。②正确宣传引导，营造融洽推广氛围。借助媒体的力量，加大网络发票的宣传力度，引导纳税人和社会各界充分认识索取发票和打击假发票的重要意义。向纳税人宣传相关税收政策和法律依据，引导其自觉依法安装和使用网上开票系统，形成积极和谐的推广使用氛围。③全面监控，实施全方位动态管理。对纳税人发票资格实施动态监控，根据纳税人税务登记以及纳税鉴定信息，税收管理员通过后台管理系统核清纳税使用发票的种类以及开具的项目。对纳税人经营活动实施动态监控，一旦发现纳税人经营活动出现异常，即对其开票数量、开具金额进行控制。对纳税人的开票信息实施动态监控，只要纳税人的人发票已经开出，所有开票信息都将实时传输到后台管理系统，税收管理员可及时比对申报信息和管户的开票信息，有效杜绝了“票表不符”等现象发生。

2. 各地取得的初步成效

各地推广网络发票开具和管理系统取得的成效，突出体现在加强税源管理和强化纳税服务两方面：

(1) 加强了税源管理，有利于实现信息管税。首先，网络发票开具和管理系统使信息采集完整，发票信息验证便捷，能有效提高发票管理水平。运用网络发票开具系统，税务工作人员和纳税人只要登陆税务局网站进入发票验证系统，即可实时查询验证发票信息，进行发票真伪辨别，是一条便捷、及时、权威的查询辨伪渠道。如广州地税于2012年8月至2013年6月，在全市范围内开展打击“虚假”网络发票专项行动，严厉查处违法用票企业678户，非法发票9287份，涉案金额17167万元，查补税款454万元①，有效遏止了制售假发票和非法代开发票等违法行为的蔓延，突破了人工鉴定发票难的瓶颈，提升了发票管理水平。其次，网络发票开具和管理系统能实施严密监控，大力夯实税源管理基础。网络发票系统的应用和推广，加强了普通发票的日常管理，为加强税源管理提供了新手段。一是通过技术条件限制，发票开具时收款方、收款项、付款方、开具时间等重要项目必须在指定范围内选择填写；二是通过与实际内容比对，有效防止发票虚开或非法为他人代开发票行为的发生；三是通过及时调整纳税人发票开具资格等手段，有效防止不符合条件的纳税人仍能够开具“形式合规”发票。通过提高发票信息采集的全面性和实时性，为税源监控以及税收管理提供实时、完整的信息。

经试点运行，网络发票应用工作已取得显著进展。2013年已有59个省级税务部门（31个国税部门、28个地税部门）应用推广了网络发票，其中浙江、陕西、江苏等地国税局，广东、江苏、重

① 数据来源：http：//finance. eastday. com。

庆等地地税局基本实现全省（市）全行业网络发票全覆盖，共有452.56万户纳税人开出了38.31亿份网络发票，开票金额19.55万亿元①。

（2）强化纳税服务，和谐征纳关系。网络发票开具系统采用“灵活管理，严密监控”的方法，有效提高了纳税服务质量。一是满足了纳税人多点开票的需求。原有的单机版开票软件针对一个纳税人只能设置一个开票点，这对于经营规模较大、需要多点开票的纳税人来说，非常不便。网上开票系统突破了这一限制，实现了多点开票功能，满足了纳税人的需求。二是满足了纳税人与行政机关的查询需求，用户的发票入账风险得到了有效规避。网络发票实现了发票真伪信息的及时查询，规避了发票的入账风险，并且为异地发票验证提供了可能，大量减轻了纳税人和税务机关的工作量。三是降低了纳税人的交通成本和时间成本。纳税人通过网络就可以及时将发票开具信息传送到税务机关，改变了纳税人一年多次向税务机关报送税控盘（卡）的状况。四是满足了纳税人个性化需求。针对房地产、餐饮服务行业开票量大、出票快的实际情况，通过发票开具信息预先批量导入功能，纳税人开具发票时只需点击鼠标，即可完成票面信息的输入，实现快速出票。

另外，网络发票开具系统安装简便，大幅降低纳税成本。此系统不需要纳税人增添任何软硬件设施，纳税人也无需承担任何费用，软件使用与维护费用完全由税务机关来承担。与原先使用国标税控机相比，可以节约不少成本。

---

① 数据来源：《中国税务报》，2014年3月24日。

第三章　我国电子发票的产生与发展

网络发票突破了纸质发票的局限性，它的推行是发票管理体制的一大进步，在很大程度上缓解了违规违法使用发票的现象。网络发票的推行也为电子发票奠定了良好的基础。但是网络发票还是要以纸质发票的形式表现出来，并没有完全实现无纸化，并且网络发票在国际化方面还存在局限性。基于上述原因，我国在网络发票的基础上，试点推广电子发票。

3.1　电子发票的内涵与特征

3.1.1　电子发票的内涵

电子发票[①]，是指发票内容信息的存在形式电子化，也包括发票使用管理过程的电子化，即发票的开具、获取、传输、保存、报送税务机关、税务机关的核查等过程的电子化。电子发票是独立以数据电文[②]形式存在的发票，不依托任何纸质凭证内容包含交易双方购销商品、提供或者接受服务以及从事其他经营活动中产生的所

---

①　参考《电子发票在我国的模式与推广研究》。

②　这里的数据电文，即我国合同法第11条规定的“书面形式是指合同书、信件和数据电文（包括电报、电传、传真、电子数据交换和电子邮件）等可以有形地表现所载内容的形式”。在电子发票的应用当中，电子数据交换是最主要的形式。

有细节信息，具备发票的完备形式，满足作为商事凭证、会计凭证和税务凭证的要求。

电子发票是一种信息化时代发票管理的理念和方法模式，即通过统一建设的电子发票服务平台，发票的发行、开具、接收、保存、查验等都以电子化、网络化的方式完成，发票的所有内容信息完整采集，发票的形式真实性和内容的不可篡改性不可抵赖性均由电子发票服务平台及系统管理保证。电子发票只是应现代经济发展的需要，对发票进行信息化管理的一种方式，在我国现行的法规下，电子发票和纸质发票并行存在，暂时还不能完全替代纸质发票。进一步讲，即使电子发票全面应用，也并不意味着纸质发票立即退出。全面采用电子发票后，纸质发票仍然可作为法定的支付交易凭证存在，只是防伪、控税功能可能会逐渐弱化。

关于电子发票的概念，理论界存在多种观点需要辨析。一种观点认为电子发票是电子商务过程中使用的发票，是专门针对现行的网络交易，尤其是 B2C、C2C 类型的在线交易中，供电子商务企业使用的发票。这种观点狭义化了电子发票的概念。电子发票绝非仅仅供电子商务类型的企业使用，仅仅用来规范网络交易行为的。电子发票在经过充分发展和基础建设后，是可以成为替代现有纸质发票为核心的发票管理体系的一种管理模式。当然，在电子发票的推进过程中，可以首先选择电子商务企业作为试点范围。另一种观点认为，电子发票就是发票的无纸化、完全电子化的存在形式。但本书认为，电子化的过程并不简单等同于无纸化，只要在这个过程中，相关信息实现了电子化存在，即信息不是仅存在于纸面上或其他形式上，同时也转化为电子化的存在形式，则这个过程就可以视为实现了电子化。首先，电子化形式是可以与其他形式同时存在的，并且这两种存在形式如果同时存在，则两者所记载的信息应该是完全一致的。即电子化存在的信息与纸质化存在的信息应该完全一致。其次，电子化形式存在的信息与记载于纸质形式的信息并非必须同时存在，即电子化信息可以在无纸化的情况下单独存在，即纯电子化。第三，纸质形式的信息与电子化信息的生成与存储不需要区分先后，可以先有纸质信息，后有电子信息，也可以先有电子信息，后有纸质信息。最后，也是最重要的是，随着电子发票的进一步发展，发票的电子化存在形式应该成为发票最基本的存在方式，纸质发票只是电子发票的一种输出表现。

3.1.2 电子发票的基本特征

电子发票是发票的电子化存在形式，包括发票使用、管理的全过程的电子化。应用电子发票的目的是更有效地实现精确、快捷的发票应用和管理，方便纳税人，防范假发票，加强税收征管。但发票的电子化是一个程度逐步深入的过程，从最初级的将手工发票录入成电子文档的简单电子化，到最终发票使用管理全过程的完全电子化无纸化，中间有着各种形式和各种状态。完整意义上的电子发票，应该是发票使用管理全过程的电子化。纳税人从发票核定开始，通过网络领购发票，在线开具发票，发票信息就同一时间通过网络报送给税务机关并发送到受票人的账户，受票人可以实时查询接收到的发票与后台数据库信息是否一致。发票开具后，开票人和受票人都可以通过财税一体化软件，直接生成准会计记账凭证，同时与最后的纳税申报表相关联。税务机关在进行纳税评定审核时，就可以通过系统直接稽核发票信息与申报信息是否一致。发票的缴销也是全程通过网络进行，首先在网上提交申请，系统审核确认与实物发票相符后准予缴销。由此看出，发票使用管理过程电子化程度越高，则电子发票的应用水平越高，就越能实现电子发票的功能。

因此可见，电子发票的发展和应用是一个系统工程，需要高度信息化水平的管理信息系统来支撑。电子发票一般应具备以下的特征。

1. 发票使用管理全过程的电子化

发票使用管理全过程的电子化，是电子发票最重要的特征。下面对发票管理使用的各环节进行逐一分析。

（1）发票发行印制的电子化。发票发行印制的一般流程是：税务主管部门制定印制计划，并将印制计划提交给授权指定的发票印刷机构，由其按照印制计划要求的发票种类、发票数量、发票本数、发票编码要求进行发票印制。待印刷完毕后，入库到税务机关发票库里供纳税人领用。在此过程中，税务主管部门利用以往发票使用情况的信息和对经济形势的判断，初步制定发票的印制计划，将盖章的纸质版发票印制计划提供给印制机构的同时，电子版也在信息系统里即核心征管系统里提交。同样，发票印制机构，在接到印制计划后，除了按照要求印制发票，各类印制信息也必须以电子化形式传输给税务机关的管理系统。即发票实物印制完成入库的同时，发票的相关电子信息也应入库。从发票印制的实践来看，我国各地税务机关基本已实现电子化，即电子信息与新印制发票实物信息同步产生，并保持一致。通常这个过程由发票印制管理系统实现。

发票发行印制的进一步电子化的方向，可以遵循以下思路：一是在发票开具后台管理系统完成的情况下，可以取消发票号码代码的预先印制，统一由发票开具后台管理系统在开具当时给予赋码。纳税人在开票时都统一登录到此系统进行发票开具，纳税人在开票当时提出申请，发票后台管理系统实时给出赋码，发票发行与发票开具同步。二是发票监制通过电子印章的方式，或者直接取消发票监制章，完全通过电子数据监管发票使用情况。

（2）发票领用领购的电子化。发票印制完成并入库后，纳税人即可进行发票领用。最初纳税人领购发票，需要携带税务登记证、发票领购本、领购人身份证明等材料，到税务服务大厅发票领购窗口进行领购。税务工作人员在审核纳税人的购票资格、历史领购情况、以前领用发票的验旧缴销完毕后，方可提供给纳税人新的发票。这个过程往往繁复冗长，导致税务大厅窗口的工作人员工作量较大，纳税人也得忍受长时间的等候。窗口审验人员在时间长、工作量大的情况下，人工审核的差错概率较高，无法保证对每一份发票存根联进行详细的检查。目前工作实践中，发票领用环节的电子化，已经能实现纳税人的领用信息电子化。即纳税人领用发票的信息在税务征管系统中保存，并与纳税人基本信息相互关联。可以实现通过发票号码代码查询发票由哪个纳税人领用。但验旧环节还没有实现电子化，仍然需要人工查验。部分省份能实现纳税人在线申请领购发票，经主管税务机关审批后，由发票印刷厂通过快递方式直接邮寄到户。如安徽、深圳等省市的税务局已经实现这一方式。

发票领用环节进一步电子化的趋势在于：一是实现发票验旧环节的电子化。纳税人原有发票的信息应已完成采集，在纳税人提出验旧申请后，系统自动生成验旧文件，并将相关比对结果，如与纳税人申报信息比对、与受票方申报信息比对、与第三方采集信息比对的结果列出，各方数据比对一致，即可完成验旧。由此可以看出，电子发票的验旧不再是对发票纸质的查验，而是对纳税人当期发票开具行为的查验，确定其不存在明显的开票信息与申报信息失真情况。如果发现存在比对不符情况，则即暂时停止开票人开票资格，税务部门展开后续的核查流程。二是实现发票领新环节的电子化。纳税人无需再提交各种资格证明文件，电子身份认证无误后，即可完成资格审核的工作。纳税人领用到的新发票，形式上就是发票开具后台系统提供的一串发票代码号码，而不需要到税务机关领取空白纸质发票。因此，发票的领新将与纳税人开具发票同时发生，即纳税人开具发票时，随开票申请即附带发票领新申请，电子发票后台即时发行即时赋码。原来的发票管理数个流程简化为一个电子发票号赋予的过程。

(3) 发票开具的电子化。发票开具的电子化有多种形式。最初形式是手工开具发票，然后将开票信息录入计算机，形成开票清单明细，并将该电子文档提交给税务机关保存，这种情况就是先有纸质发票，然后通过纸质发票录入生成电子信息。然后是直接通过计算机或者专用的开票机具开具发票，通过打印机生成纸质发票。这样发票信息先以电子化的形式产生并保存在计算机或专用开票机具的存储介质中，然后被打印出来，生成纸质发票。这种形式下，依然是以纸质发票为发票存在的核心方式。而电子发票则是发票的电子数据生成，即完成了发票的开具。当然，所指的发票的电子数据生成，包含三个前提，一是开票人电子身份通过认证，确认发票是由谁开具的，二是通过发票后台管理系统获得了所开具发票的赋码，以确保发票的唯一性，三是发票票面内容已经完整合规地填写提交并为电子发票后台所保存。电子发票的开具，与是否存在纸质发票无关联，即可以没有纸质发票的存在，电子发票依然构成完整的发票。而如果发票使用者需要纸质凭证，可随时打印生成，但不影响电子发票的存在。

更进一步的做法是，开票人只是完成发票信息要素的填写和提交，发票的生成第一时间是在发票开具管理后台。即发票是由发票开具管理后台系统来开具生成，并提交给开票人、受票人双方。这就类似于所有的发票都是通过税务服务大厅代开，只不过这个税务服务大厅被搬到了网络上。

(4) 发票保存的电子化。发票作为凭证，需要提交给使用各方，并长期保存。纸质发票情况下，一份发票分为若干联次，提供给受票方的是发票联，开票人财务记账用的是记账联，存根联需要由开票人提交给税务部门用作验旧缴销。而对于增值税专用发票，还具备抵扣联，供受票方出示给税务部门，作为增值税进项抵扣的凭证。按照现行规定，纳税人需要保存纸质发票凭证五年以上，并经税务机关认可后方可销毁。而电子发票的保存相对而言就更简便，只需要以电子数据的形式，在税务部门、开票方、受票方等参与方各自的存储介质中进行保存即可。但电子数据的保存，需要保证数据的一致性，即各方的数据应该是比对一致的，当不一致的情况发生时，应提供具有公信力的数据源作为证明和仲裁。因此，发票开具管理后台系统应着重考虑安全性、不可篡改性。

（5）发票获取的电子化。电子发票的获取，不再是以得到合法合规的纸质发票为唯一形式。在交易完成后，发票的受票人只要明确知道开票人按交易内容开具了电子发票即可。受票人知道开票人完成了电子发票开具行为，并通过第三方具有公信力的电子发票开具管理后台能查询到此发票信息，即可视为受票人已获取了该张电子发票。如果受票人有其他需要，可以要求开票人打印纸质凭证，也可以要求开票人将发票信息以电子文档的形式（如 PDF 文件形式、图片形式或者二维码形式）提交给受票人，或者由电子发票服务平台将电子文档发送给受票人。受票人也可以自行将电子文档打印成纸质发票形式。

（6）发票传输的电子化。发票信息的传输包含从开票人传输到受票人，从开票人传输到税务部门，从受票人传输到税务部门三个方面。目前在纸质发票为主体的情况下，开票人传输到受票人是以纸质发票交付方式实现的。开票人传输到税务部门在绝大多数情况下是没有实现的。虽然有的省份要求纳税人上传开票明细数据，但这些数据不能和申报等信息进行比对，只是在发票验旧环节发挥一些作用。而受票人传输到税务部门的情况更少，可能只有增值税专用发票的发票认证环节实现，其他发票数据极少从受票人方传输到税务机关，无法进一步实现发票数据比对及利用。而发票信息传输电子化应该实现一点生成，多点同步传输。即开票人发票开具完成后，实时传输到发票开具管理后台，后台系统接受并保存后，再实时传输给受票人。这样，各方的发票信息数据能保持一致性和及时性。

（7）发票查询的电子化。电子发票的查询不再受纸质发票伪造的困扰，任何一方需要查验某张发票的信息情况，只需要登入网络，通过在线查询就可以得到结果。根据前面本文所描述的电子发票的开具情形，受票人可以在第一时间通过网络查询到开票人开具发票的内容情况，以此防范假发票的存在。

2. 平台集中化

由于电子发票的应用涉及区域内，甚至全国所有纳税人和使用发票的各类单位和个人，因此电子发票绝不是一个单机版的软件和机具，或者小范围内的应用系统所能满足其需要的。电子发票需要有一个功能完备、性能优越、能覆盖海量用户使用的集中系统和平台，来支撑电子发票的整体应用。电子发票管理系统应包括税务管理后台和电子发票服务平台两个部分。其中税务管理后台主要具有同步开票方基本信息到服务平台，接受并存储服务平台交互的电子发票信息，监管异常开票行为，对发票信息进行分析利用等功能。而电子发票服务平台具备以下的功能：

一是电子发票开具功能。电子发票服务平台可以支持纳税人在线开具发票，也可以支持本地发票数据实时上传。在这个过程中，电子发票服务平台完成对电子发票的赋码。

二是电子发票存储功能。电子发票服务平台对与发票信息的存储应该是以用户为单位，以类似银行账户形式存储发票信息。即每个使用者（企业、机关事业单位、个人）都鼓励在平台设立唯一的账户。发票开具后，直接按照开具方、接受方存储到各自账户名下。

三是电子发票查验功能。电子发票服务平台支持对电子发票的实时查验。而且查验的手段应该是多样化的，可以通过计算机上网查验，也可通过手机或其他移动互连设备查验，还可以通过电话、短信等方式查验。

四是电子发票管理功能。即电子发票服务平台可以支持发票的发行发售、验旧领新、使用者身份认证等功能。当然，有些功能可以与现有的税务信息系统复用，只要实现数据互通即可。

3. 过程去纸化

前文已经论述了电子发票与纸质发票可以同时存在，但前提是电子发票不依赖于纸质发票存在。去纸化不等于无纸化，但在实际运行中，可以想见随着发票使用管理过程的高度电子化趋势，各环节对于纸质凭证的依存度逐渐减小，因此去纸化是电子发票的一个基本特征。电子发票的去纸化，意味着电子发票在其使用、管理的全过程应该都全部或部分实现电子化，其中最重要的是发票的开具、发票的存储和发票的查验应该实现完全的电子化。

4. 用户实名化

电子发票并非仅只是为了管好发票，保证发票的唯一性和真实性，电子发票的根本目标还是要规范好交易双方的经营交易行为，促使交易双方如实诚信地申报涉税交易事项。因此，电子发票关键是要对纳税人的涉税行为的信息进行管理。因此，电子发票的管理应该做到准确地定位交易双方的真实身份。做不到实名化，电子发票就依然存在巨大的管理漏洞，或者说就不能称之为真正的电子发票。在实际操作中，可以用类似银行账户的管理办法，对涉及发票应用的所有相关方，均在发票后台开立实名账户，每开具一张电子发票，电子数据就在开票方和受票方账户下分别保存。

5. 信息关联化

电子发票的信息通过发票管理系统统一采集、存储，并不意味着电子发票的任务已经完成。如果发票信息无法与交易各方的申报信息、其他相关信息相互关联，从而形成发票信息的完整闭环，则电子发票对于发票的管理依然无从谈起，至多不过是增加了发票查验的方便性而已。这样离电子发票的根本目标相去甚远。因此，电子发票系统应实现和税务内部应用系统充分关联，如税务核心征管系统、申报系统、纳税评估系统等，只有这些系统相互支撑，才能对纳税人的涉税涉票行为进行全面的记录和分析。

3.1.3 我国电子发票的发展应用

随着电子商务的发展壮大，纸质发票在电子商务用户维权、税收征管等方面显示出其局限性。针对这种状况，国家税务总局会同财政部，组织有关示范城市开展网络（电子）发票试点工作。2012年5月中旬，国家发改委发布了《关于组织开展国家电子商务示范城市电子商务试点专项的通知》，申请建设电子商务示范城市获批试点后，可以推广应用网络（电子）发票。首批获准开展电子发票试点的有重庆、南京、杭州、深圳、青岛等5个城市。

随后，网络（电子）发票应用试点不断扩大，北京、浙江、广州、深圳等22个省市先后开展试点工作。在此基础上，2012年初国家税务总局发布了《网络发票管理办法（征求意见稿）》，办法中提到，国家将积极推广使用网络发票管理系统开具发票，并力争在三年内将网络发票推广到全国。为了加强普通发票管理，规范网络发票的开具和使用，2013年初国家税务总局局务会议审议通过了《网络发票管理办法》，以国家税务总局令第30号的形式公布，自2013年4月1日起施行。2013年6月27日，北京市国家税务局、北京市地方税务局、北京市商务委员会、北京市工商行政管理局又联合发布了《关于电子发票应用试点若干事项的公告》。公告中指出将在北京市开展电子发票应用试点。为优化电子商务发展环境，推动首都电子商务领域电子发票试点工作，北京市选取了代表性强、业务量大的B2C龙头企业——京东商城开展电子发票试点。经过各方的共同努力，目前完成了税控加密防伪、电子签章、二维条码、大数据存储及利用、发票赋码等关键技术研发、测试、上线等一系列工作。目前京东的相关技术系统已与北京市国税局的发票管理系统实现对接，消费者在订单完成后，可以从京东下载电子发票留存，也可以在北京市国税局的发票管理系统中查询到相关的电子发票。2013年6月27日，国内第一张电子发票诞生（见图3-1），该发票是由京东网上商城旗下的江苏圆周电子商务有限公司北京分公司开出，发票金额是 41.4 元，交易商品是 2 本《中国梦》（修订本）。

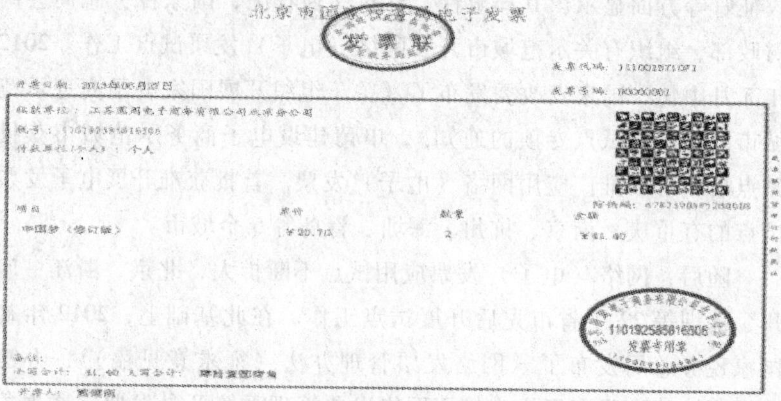

图 3－1　中国首张电子发票

和原来相比，电子发票发展实现了质的飞跃，作为纸质发票的电子映像和电子记录，其申请、领用、开具、流转、查验等都可以通过税务机关统一的电子发票管理系统在互联网上进行，不需要纸质载体。电子发票应按照规定的时限、顺序、栏目如实完整开具，并加盖发票专用章电子签章。但是目前的电子发票在使用方面还存在局限性，由于其处于试点阶段，非电子发票与会计档案综合试点企业电子发票只能作为消费者售后和维权的凭证，还不能用于单位报销。

1. 我国应用电子发票的必要性

原有以纸质发票为核心的发票管理体系，因其管理思路的局限，以及采用技术手段的限制，造成了发票管理现实中的种种漏洞和不足，同时也对税务管理机关的税收征管管理水平的进一步提升形成了障碍。纸质发票也很难适应目前飞速发展的企业电子商务进程。因此，电子发票成为了企业信息化快速发展的客观要求和信息管税的客观要求，推行电子发票已经具有充分的现实必要性。

（1）适应企业电子商务发展的需要。随着信息技术的飞速发展，企业的管理理念、内部管理模式和业务经营模式都发生了巨大的变化。这种变化首先体现在企业内部管理的信息化上，越来越多的大中型企业内部普及企业资源管理系统（ERP），财务信息化、公文流转信息化、客户关系管理系统、内部资产管理信息化等成为趋势，企业内部的各信息系统也开始走向系统整合、资源共享、信息互通的阶段。对于大量的小微企业来说，信息化手段也在日常管理中广泛使用，财务软件、进销存管理软件也逐渐普及。其次在外部经营方面，电子商务也日渐成为企业选择的一种行销手段。现在还有“电子商务企业”这一概念，用来描述那些主体业务通过互联网电子商务来完成的企业。未来“电子商务企业”这一概念将不复存在，因为绝大多数企业都将或多或少选择互联网来开展自己的业务，通过电子商务来营销自己的产品。

在企业内部管理、外部经营的信息化水平不断发展提高的背景下，只有电子发票才能更好地满足企业的应用要求。首先是满足企业交付结算的效率要求。使用电子发票能够实现企业与供应链上下游伙伴之间的开票过程与企业交易、结算等 ERP 过程的紧密衔接，提升企业对市场的快速反应能力和面向客户的满意度水平。电子发票的开具过程可以与企业 ERP 有效集成，即纳税人可以通过企业 ERP 完成一个完整的电子交易（订单、支付、交易结算、开具电子发票），电子发票信息可通过电子发票服务平台直接传送到购货方的 ERP 系统中，以便购货方企业快速展开交易关联的业务操作。其次是满足企业日益提高的精准管理决策的要求。发票信息对于企业而言也是重要的经营基础信息，发票信息与企业的财务信息、进销存信息、客户信息等核心信息密切关联，电子发票信息作为一个信息集，可以有机地将这些关键信息串联起来，为企业精准的管理决策提供重要信息支撑。第三是满足企业降低经营成本的要求。使用电子发票，有效降低了企业管理发票、使用发票的成本，也有效降低了企业误用假发票的风险。第四是电子发票的推行也为企业国际化经营提供了支持。目前，随着全球电子商务的迅猛发展，越来越多的国家和地区推广使用电子发票，在经济全球化的背景下，我国逐步推行的电子发票，将能与企业全球电子商务有效衔接。最后，推行电子发票也有助于企业提升自身信息化水平。无论是大中型企业，还是小微企业，在面对电子商务和信息化浪潮时，也需要积极应对，主动适应变革。因此，电子发票的推行对于推动企业实现管理现代化，加强内部管理信息化建设，加快财务管理信息化、业务经营信息化进度等方面具有重要意义。在这个意义上来说，电子发票的应用客观上促进整个社会的信息化进程。

（2）满足提升税收管理水平的需要。税务管理部门需要适应企业信息化水平和电子商务水平的提高，而不断提升自身的税收管理水平。电子发票无疑是适应信息化发展现状、提升税收管理水平的有效抓手。通过推行电子发票，税务机关可以串联起各类企业的相互业务往来，掌握第一手的企业经营明细信息。电子发票可以提升税务部门采集发票的准确性和实时性，发票管理由传统纸质专票管税提升到发票电子信息管税的新格局下，通过采集不同种类发票实现对发票的全票种管理。使用电子发票还可使发票管理流程得到进一步优化，发票信息可以实时传送到局端的电子发票库，纸质发票管理的相关流程（出入库、调拨、盘存等管理）将不再需要。电子发票可在电子支付完成的同时开具，税务机关可以将交易记录、银行付款记录和电子发票的开具信息进行比对，从而确认纳税人申报的信息是否真实。此外，通过电子发票能全面采集发票的开票方、受票方数据信息，形成发票的闭环管理，堵塞信息漏洞，形成完整的发票信息比对，从而能较好地掌握纳税人开具发票、使用发票列支的情况，防止因为假发票的偷漏税行为。因此电子发票能有效地遏制涉票的违法行为，防止偷漏税款，有效加强征管和税源监控。

（3）符合降低税收征管成本的需要。使用电子发票能有效降低税务监管部门防范假发票的成本。首先是降低了发票印制成本。使用电子发票不是说一定取消纸质发票，但纸质发票只作为交易的凭证，防伪水平可以不需要过高。由于采用电子发票后，发票印制不需要套印发票号码发票代码，因此发票完全可以不需要指定印刷，而是公布统一的规格，由市场上的印刷企业自行印制，纳税人从一般的文具商店购买即可。其次是降低了税务管理部门的日常管理成本，税务机关不需要再配备大量的人力来从事发票的印制管理、库存管理和发票发售管理了。第三是降低了税务机关的核查成本，对疑点发票的核查可以迅速通过后台数据库了解到发票申报开具情况和申报抵扣情况，大多数情况下均不需要上户进行核查。

2. 我国推行电子发票的可行性

电子发票在多个国家和地区得到了广泛的应用，各国电子发票推广应用的经验，对我国电子发票的发展和应用具有重要的借鉴意义。同时，我国推行电子发票，已经具有现实的可行性。

（1）社会共识，电子发票是发票管理的发展方向。

第一，我国的税务管理部门对于电子发票的发展予以鼓励和促进。国家发改委联合国家税务总局等八个部委在推进电子商务的有关工作中，明确网络（电子）发票作为促进电子商务的一项重要的试点领域。国家税务总局有关部门也一直在积极调研，并鼓励各省税务机关探索电子发票的建设和管理模式。应该说各级税务管理部门对于原有发票管理体系的缺陷和弊端都有深刻的认识，也认同电子发票对于改进发票管理确实具有显著的效果。国家税务总局颁布实行的《网络发票管理办法》就明确了在条件成熟的地方可以积极试点电子发票。可见各方面条件具备的话，关于电子发票管理的专门法规将适时出台。

第二，我国的税务理论界积极地探讨电子发票建设的模式和策略。理论界对于原有发票管理体系的研究有着丰硕的成果，对于发票管理创新有诸多的理论探索。陕西省西安市国税局在国家税务总局信息中心的指导下专门成立了电子发票课题组，这也是我国最早的专门探讨研究电子发票项目的研究小组。理论界虽然对电子发票的形式、适用范围、部署策略以及电子发票与纸质发票的关系等问题各有观点和分歧，但对于推行电子发票改进发票管理的趋势存在共识。

第三，我国的社会公众对于电子发票已经有一定的接受度和认识。一是电子机票、电子火车票的应用，涉及数以亿计的公众群体，使广大社会公众充分感受到电子发票的便利和准确。二是我国每年大规模的出国旅游人群，对于国外电子发票应用有了直观感受。三是现有发票管理体系下，公众时常为假发票所困扰，尤其是各种推销假发票的垃圾短信、在车站路口诡异推销发票的小贩，都让普通人烦不胜烦。因此公众也期待税务管理部门能采取行之有效的办法，彻底解决假发票的问题。四是随着我国电子商务的发展和普及，大多数互联网用户已经使用过甚至已经熟悉电子商务的操作流程，对于网络提交订单、在线查询讯息都不陌生。电子发票的应用与一般的电子商务流程非常相似，同样能被广大使用者所迅速掌握和使用。

（2）具备法律基础，电子发票可以成为合法凭证。国家税务总局发布的《网络发票管理办法》第十五条规定“省以上税务机关在确保网络发票电子信息正确生成、可靠存储、查询验证、安全唯一等条件的情况下，可以试行电子发票”。这是“电子发票”一词首次见诸我国的法律条文。前文也论证过，网络发票实质上是发票电子化的一个阶段性的状态。因此可以说《网络发票管理办法》是规范发票电子化的第一部专门法规。而在此之前，2011 年实施的《中华人民共和国发票管理办法》第二十三条规定“国家推广使用网络发票管理系统开具发票”，是《网络发票管理办法》实施的一个依据。

讨论电子发票在我国推行的法律基础，主要考察几个问题，一是采用电子发票，需要纳税人实时或准实时向税务机关申报该笔交易的明细信息，主管税务机关是否有权力对此进行要求。二是采用电子发票，尤其是完全去纸化的电子发票，在企业会计使用、税务部门核查、消费者权属证明等情况下，能否成为有效的凭证。三是采用电子发票，还有哪些法规上存在障碍需要突破。

①税务部门有权采集电子发票信息。根据《中华人民共和国税收征收管理法》第二十五条之规定，“纳税人必须依照法律、行政法规规定或者税务机关依照法律、行政法规的规定确定的申报期限、申报内容如实办理纳税申报，报送纳税申报表、财务会计报表以及税务机关根据实际需要要求纳税人报送的其他纳税资料”。而根据《中华人民共和国税收征收管理法实施细则（2012 年修正本)》，第三十四条之规定，“纳税人办理纳税申报时，应当如实填写纳税申报表，并根据不同的情况相应报送下列有关证件、资料”其中包括：“（二）与纳税有关的合同、协议书及凭证；（三）税控装置的电子报税资料”。我国《发票管理办法》第二十三条也规定，“安装税控装置的单位和个人，应当按照规定使用税控装置开具发票，并按期向主管税务机关报送开具发票的数据。使用非税控电子器具开具发票的，应当将非税控电子器具使用的软件程序说明资料报主管税务机关备案，并按照规定保存、报送开具发票的数据。”根据上述条文要求，税务部门是有权要求纳税人及时报送发票明细信息。

另一方面，对于报送发票明细信息的时限要求，在 2013 年国家税务总局发布的《网络发票管理办法》中有相关规定。该办法第六条规定“开具发票的单位和个人开具网络发票应登录网络发票管理系统，如实完整填写发票的相关内容及数据，确认保存后打印发票。开具发票的单位和个人在线开具的网络发票，经系统自动保存数据后即完成开票信息的确认、查验”。该办法第十三条规定，“开具发票的单位和个人在网络出现故障，无法在线开具发票时，可离线开具发票。开具发票后，不得改动开票信息，并于48小时内上传开票信息”。从这两条规定来看，要求网络发票开票单位在线开具发票时，需确认保存后打印发票，即可认为在发票开具的同时，发票信息即需报送税务部门。而对于离线开具网络发票，则要求在48小时以内通过上传的方式报送发票信息。

综上所述，税务管理部门有权要求纳税人在线实时或离线48小时以内报送发票明细信息。由此，税务管理部门也可以出台相关规范，要求纳税人通过电子发票系统方式开具发票，并实时报送发票信息。电子发票的开具、信息报送环节是符合有关法律法规要求的。

②电子发票可以成为合法有效凭证。电子发票能否成为合法有效凭证，其核心就在于电子信息能否成为凭证或者证据。依据《中华人民共和国合同法》第十一条相关规定，“书面形式是指合同书、信件和数据电文（包括电报、电传、传真、电子数据交换和电子邮件）等可以有形地表现所载内容的形式。”根据这一条款，数据电文具有书面形式的法律效力。而依据我国《电子签名法》第七条，“数据电文不得仅因为其是以电子、光学、磁或者类似手段生成、发送、接收或者储存的而被拒绝作为证据使用。”

从上面的相关法律条文来看，数据电文与纸质形式的书证具有同等法律效力，因此，以数据电文形式存在的电子发票，在法理上与纸质发票具有同样的法律效力，可以成为合法有效的凭证和证据。

电子发票是否可以作为合法有效凭证，可以从其基本概念包含的三层内容来具体分析：

第一，作为商事凭证的电子发票。交易真实发生是指交易双方都认可货物完成交付，服务已经提供，相关的款项收付已经完成。由于电子发票的出具方一般是卖方，一旦出具即代表了卖方（货物服务提供方、收款方）意思的主动和真实表达。因此，只要证明电子发票确实是出具方出具的，电子发票就可以作为交易真实发生的一个凭证。发票的出具方有可能否认该发票的真实性，一种情况是该发票的确不是其出具的，另一种情况是该发票的出具方抵赖。在纸质发票的管理中，这两种情况都经常出现。但在电子发票的管理系统中，由于开具电子发票需要使用电子签名，按照我国《电子签名法》第十四条规定，“可靠的电子签名与手写签名或者盖章具有同等的法律效力”，而《电子签名法》第九条也规定，“数据电文有下列情形之一的，视为发件人发送：（一）经发件人授权发送的；（二）发件人的信息系统自动发送的；（三）收件人按照发件人认可的方法对数据电文进行验证后结果相符的”，因此，通过使用税务部门统一建设的电子发票系统，开票人开具的电子发票发送到受票人，受票人验证后结果相符，即可认定该电子发票就是发票出具人的真实意思表达。尤其电子发票系统引入身份认证系统（CA），可以通过有效的技术手段来进行第三方认证和防止抵赖。

电子发票作为商事凭证来使用，主要用于证明物权的所有权和消费者进行维权。首先，在物权的所有权证明中使用。按照我国《物权法》第二十三条之规定，“动产物权的设立和转让，自交付时发生效力，但法律另有规定的除外”。即所有权的决定性证据取决于其取得方式和实际占有。发票的信息证明的是自主占有的交付过程，因此，电子发票的信息是可以作为一般动产所有权的辅助证据。我国《物权法》对需要注册登记的动产物权和不动产物权也有相关规定，这些物权需要专门的注册登记程序和权属登记证明，如不动产登记簿、不动产权属证书。对此，我国的《房产登记管理办法》和《机动车登记管理办法》等登记制度，规定了相应的统一登记的范围、登记机构和登记办法。这些管理办法中，发票作为证明物权的取得过程，是要求查验申请人提供的重要权属证明和必要材料。其重点是查验物权取得过程的合法和真实，并没有对发票的形式提出强制要求。而在实际操作过程中，由于物权登记的查验人员对纸质发票的真伪分辨缺乏有效手段，而电子发票由于可以通过从具有公信力和法定权威的国家税务部门提供的相关在线查验方式，如官方网站、应用，明确地辨别发票的真伪，因此将更能有效地满足登记查验人员的查验需求。其次，电子发票可用于维护消费者权益。当消费者购买的商品或服务，遇到质量问题等情况，需要进行退换货、索赔等消费者权益主张时，首先要证明商品和服务的来源方。前文已经阐述了电子发票所起的作用就是作为有效的辅助证据，能证明自主占有的交付、取得过程。因此，电子发票能成为消费者维护自身权益的有效证明。

第二，作为会计凭证的电子发票。作为会计凭证，电子发票的电子信息符合会计账务处理的相关要求，可以作为收入、成本、费用等科目的入账原始凭证。我国《会计法》明确规定要求原始凭证应该具备真实性、合法性、准确性、完整性等。我国统一会计制度中对会计原始凭证也同样的要求。这其中的完整性、正确性要求，作为电子发票完全可以通过后台程序控制，至少在格式内容填写的完整、相关金额的勾稽关系正确上能确保无误。电子发票对于发票本身的真实性保证上要优于纸质发票。关于电子发票的合法性，前文已经阐述，电子发票作为凭证和证据本身是符合法理要求的，因此，只要我国税务主管部门出台电子发票管理办法，确认电子发票为有效合法凭证，即可突破此限制。

第三，作为税务凭证的电子发票。电子发票作为税务凭证，主要是考察其能否符合税务主管部门对发票开具、取得、保管的要求，税务部门对发票管理其他环节的规定，如印制、领购、缴销管理等，主要针对纸质发票，暂不讨论。

我国《税收征收管理法》、《发票管理办法》、《增值税专用发票使用规定》都有相关规定，要求“单位、个人在购销商品、提供或者接受经营服务以及从事其他经营活动中，应当按照规定开具、使用、取得发票”。运用电子发票系统，开票人通过电子发票后台系统开具发票，并在后台实时保存，发票信息的数据电文由电子发票服务平台通过电子邮件、EDI 等方式传递给受票人，或者直接由开票人传递给受票人。在这个过程中，发票的开具、使用、取得都在税务部门认可建设或授权建设的电子发票服务平台完成，符合税务部门的监管要求。在电子发票与纸质发票严格并存的情况下，这个过程就需要加上一些限制性要求，如电子发票数据与纸质发票票面信息内容应该完全一致，发票号码代码（如果是预先印制）必须与电子发票的号码代码一致等。

相关的法律法规要求，已经开具的发票，税务机关不负责发票的保管，要求纳税人或发票使用人承担和履行保管义务。我国《税收征收管理法》第二十四条规定，“从事生产、经营的纳税人、扣缴义务人必须按照国务院财政、税务主管部门规定的保管期限保管账簿、记账凭证、完税凭证及其他有关资料”。《发票管理办法》第二十九条也规定，“开具发票的单位和个人应当按照税务机关的规定存放和保管发票，不得擅自损毁。已经开具的发票存根联和发票登记簿，应当保存 5 年。保存期满，报经税务机关查验后销毁”。在这种情况下，发票需要保管基于以下原因：一是发票作为书证，可用于证明保管人涉税事项的真实性和合法性，因此强调其原始性；二是发票作为记载相关交易信息的载体，因其所记载的信息与最初内容信息一致，可以随时调取查用。所以，保管发票只是满足原始书证和保持内容信息不变的备查要求，因此就不必限定是纸质发票还是数据电文形式的电子发票。

我国《电子签名法》第六条规定了数字电文的保存要求，“符合下列条件的数据电文，视为满足法律、法规规定的文件保存要求：（一）能够有效地表现所载内容并可供随时调取查用；（二）数据电文的格式与其生成、发送或者接收时的格式相同，或者格式不相同但是能够准确表现原来生成、发送或者接收的内容；（三）能够识别数据电文的发件人、收件人以及发送、接收的时间”。从电子发票的特点可以看出，电子发票的保存方式是完全满足我国相关法律法规对发票保管的相关要求的。电子发票的内容可以随时通过读取电子发票系统平台的数据库进行调取查用，在平台数据库保持的电子发票数据电文信息能由技术手段保证与最初生成的内容一致，或者对数据电文的任何修改都可以通过服务器日志的技术进行记录和恢复，电子发票加载的电子签名能够有效地识别发件人、收件人及相关发送、接收时间。

关于发票的印制、领购、缴销等管理要求，虽然主要是针对纸质发票而言的，但在电子发票与纸质发票并存的情况下，这些规范依然适用。纸质发票依然遵循原有的管理要求，指定印制、凭证领购、定期缴销，而电子发票只是作为发票信息采集的方式和手段。目前的网络发票就是按照这样的管理思路来实施的。但这种模式显然无法充分发挥出电子发票的管理优势，不利于电子发票的全面应用和推广。因此，对于发票在纸质凭证方面的有关管理规范需要进行突破。

3. 电子发票在我国的应用现状

（1）国家重视电子发票的建设。为适应国家经济社会发展和税收工作新的目标与任务，国家税务管理部门在总结以往信息化建设的成功经验的基础上，结合国内外信息技术发展趋势，提出了国家级重大信息化工程项目：“金税三期”工程。“金税三期”工程的总体目标可以表述为：以实现经济、税收和纳税人全面协调发展为基本目标，建成一个基于先进信息网络，能够满足征管执法、行政操作、税收经济数据分析、为纳税人服务等全方位、多层次、多元化需求的，征纳双方和社会认同并受益的，稳定、高效、安全、可信并可持续发展的现代化税收管理体系，为深化税制改革、全面履行税收职能、促进经济社会又好又快发展提供保障。

随着经济形势的变化，“金税三期”建设增加了许多新内容，以税务现有应用系统中的发票管理功能为基础建立的全国电子发票管理平台是该工程的最为重要的亮点之一。此平台可以实现发票从领购、开具、结报、缴销和真伪查询、交叉稽核业务的信息化，并能为税源监控、税收数据分析利用和辅助决策提供可靠数据支持。目前“金税三期”工程的核心征管系统、纳税服务系统等主体应用系统已经开发完毕，并在重庆、山东、山西完成了单轨试点。

“金税三期”系统的具体设计上采用了全国征管数据大集中下的一体化的应用环境的应用模式，系统具备智能化的业务拓展能力和可持续化的发展能力，内部管理操作设计上为税务操作人员提供“工作找人、数据找人、问题找人”的人性化体验设计，外部服务模式设计上采用以纳税人为中心的标准服务流程和数据组织设计，为纳税人提供更便利的服务。同时针对网络（电子）发票这类社会化服务工程项目，充分引入运营商等社会资源提供第三方的运营服务。

“金税三期”系统的架构设计将改变目前税务信息化竖井式的管理信息系统下功能网状交叉的现状，为未来税务信息化的发展打下了良好的基础。其主要优势体现在如下方面：

①全国统一征管口径标准、数据大集中：随着电子商务的快速发展，以及经济全球化、虚拟化的发展，原有的地域管理模式，税务主管部门很难全面掌握企业的经营情况，造成税收科学化管理难以落实。采用全国统一的业务口径标准并将数据集中到总局，可以满足各地企业的主管税务部门通过数据大集中全面了解纳税人在国内的总体经营情况，进而规范的行使其征管职能并提供针对性的纳税服务。

②实时的征管数据监控。实时监控首先是实现对税收业务数据的实时采集，特别是与企业交易活动比较紧密的开票业务，企业开票的同时发票信息通过网络实时传送到税局。“金税三期”选择网络（电子）发票，是因为采用网络（电子）发票比纸质发票更适

合实现实时的发票采集。在发票采集的基础上，对征管数据的监控实际上就是对企业真实交易活动的监控，这就要求开票过程中采集不仅仅是交易的总金额、税额、交易双方的基础信息等，还需要掌握企业交易时，交易物本身的信息如产品规格、数量、单价、折扣等，通过掌握交易的详细信息实现“信息管税”。为此发票信息应适应记录不同类型的交易明细信息，这种动态扩展的结构是网络（电子）发票的优势。

③智能化的业务拓展能力。“金税三期”在设计时已兼顾到未来3—5年的业务发展，支持系统采用配置化和业务规则设计，能够适应税务政策、征管流程在一定范围内的灵活变化调整，同时对于较大的政策变革，也进行了预先设计。一是将个人所得税系统从征管系统中分离出来，以适应未来个人所得税向综合税制进行变革，二是将网络（电子）发票从征管系统中分离，以便更好地依托社会资源提供发票运营服务。

（2）电子发票的应用已具备一定规模。我国各省税务管理部门在推进发票管理优化，实施发票电子化的过程中，已经建立了各种发票电子化的系统，如增值税防伪税控系统、网络发票系统、税控收款机系统等。这些系统几乎覆盖了我国绝大多数的开票企业。在业务流程上，防伪税控系统、网络发票系统已经比较接近电子发票的流程，广大的开票企业对于电子发票的接受会比较顺畅。尤其网络发票的推行，也是需要建立一个面向广大开票企业的集中开票平台，开票人通过登录系统，在线开具发票，这与电子发票的开票方式基本一致。

2012年，国家税务总局与国内三大电信运营商，包括中国电信集团、中国联通集团、中国移动集团签订了网络发票开票平台的合作建设框架协议，其中就明确面向纳税人的开票服务系统外包由三大运营商负责建设和运维。按照“金税三期”的相关规划，三大运营商需要按照国家税务总局的相关技术业务要求，建设全国集中的网络发票开票平台。目前三大运营商正在积极建设这一集中开票平台。集中开票平台的业务加载应具备一定的前瞻性和伸缩性，以适应未来发票管理流程的变革和发展。因此，只要确定了电子发票的管理规范和业务流程，就可以迅速地加载到三大运营商建设的网络发票集中开票平台上，开票企业经过简单的培训，也能够较快地适应电子发票的开具方法。

(3) 互联网技术、云计算等新技术支撑电子发票服务平台的发展。随着科学技术的进步，尤其是基于互联网应用的各项技术的发展，使原来困扰电子发票发展的各种障碍变得不再是问题。

第一，互联网尤其是移动互联网的发展，使联网接入电子发票服务平台变得便捷和普及。我国近年来互联网尤其是移动互联网的基础设施建设取得了惊人的成就，截至 2013 年 6 月 30 日，我国现有网民达到 5.91 亿，其中手机上网用户达到 4.64 亿[①]，全国 3G 基站总数累计达到约 104 万个[②]。而且未来我国互联网基础设施的发展还将保持高速的增长态势，从而接入互联网将更加普及和方便。

互联网的普及，解决了电子发票发展最基本的电子发票使用者联网的问题。发票的开具者可以随时接入电子发票服务平台，在线开具电子发票，而发票的接受方可以通过手机等移动互联终端设备，方便地查验发票信息。

第二，云计算技术的成熟，使集中式电子发票服务平台成为可能。2008 年以后，云计算技术在我国得到迅猛发展。近年来，越来越多的行业应用了此技术，云计算技术逐渐趋于成熟。云计算的核心内容包括云平台管理技术、海量数据存储与处理技术等。云计算是网格计算、分布式计算、并行计算、效用计算、网络存储、虚

① 中国互联网络信息中心（CNNIC）第 32 次《中国互联网络发展状况统计报告》(2013 年 7 月发布)。

② 工信部通信发展司司长、新闻发言人张峰发布，http：//www.askci.com/news/201301/23/23142956960.shtml。

拟化、负载均衡等传统计算机和网络技术发展融合的产物。并行计算、集群服务、负载均衡、网络存储、虚拟化等技术的发展，产生了基础设施即服务（IaaS，Infrastructure - as - a - Service）的概念。操作系统、数据库、WEB 服务器以及应用软件编程语言等适应基于网络和浏览器的应用方式，因而产生了平台即服务（PaaS，Platform - as - a - Service）和软件即服务（SaaS Software - as - a - Service）的概念。云计算技术的发展和趋于成熟，为建设一个业务逻辑上集中的电子发票服务平台提供了技术支撑。一方面是应对大用户量、大并发量、大数据量的电子发票应用，云计算技术通过并行运算、集群服务、负载均衡的基础设施技术能进行有效处理。另一方面，电子发票的应用场景中，用户遵循基本统一的应用规则，只需接受云平台推送的服务，符合软件即服务的理念。可以说电子发票服务平台的应用是一个非常典型的云计算应用。

第三，信息安全技术的发展成为电子发票服务平台的重要保障。网络信息安全技术随着互联网应用的发展也在快速进步。信息安全体现在三个方面，即平台安全、链路安全和终端安全。我国的信息安全主管部门也专门制定了信息安全等级保护标准要求。在信息安全方面，终端安全是涉及面最广也最难管理防范的。现实应用中，多采用 CA 身份认证结合密码防护，再增加关联手机移动通讯终端的验证码三重防护措施。如现在很多网上银行、网络电商均使用这种防护措施，电子发票的运行中也可以采用这种多重防护的安全措施。

第四，大数据应用技术的发展，为电子发票数据利用提供了开阔的思路。大数据应用是指在统计分析时，不再以随机抽样的方式形成数据样本，而是以整体数据全集作为样本，进行各种相关性分析。大数据是在现今数据处理技术飞速发展的背景下产生的，这些背景包括数据处理的硬件设备、数据库处理能力、数据分析软件功能都足够强大，数据采集整理变得相对容易等。电子发票推行并积累一定数据后，可以采用大数据的分析思路，采用电子发票的数据对我国经济中的企业的行为特征、行业的发展趋势、宏观经济的变化走向进行分析，并得出更为全面具体的结论。

3.2 电子发票的国际经验借鉴

从国际上各国各地区推行电子发票的实践来看，其趋势是在线电子发票（网络发票）模式逐步成为主流。我们主要以我国台湾地区、欧盟和美国的经验来进行分析。

3.2.1 美国

美国作为电子商务的发源地，是第一个关注电子商务税务税收，并开展相关问题研究的国家。美国于 1996 年发布了《全球电子商务的选择性税收政策》，该政策对于电子商务的征税问题，提出按居民税收管辖权征税、不开征新税并实行税收中性原则、避免双重征税、零关税等。为了继续保持其在全球电子商务出口方面的优势地位，美国 1997 年 7 月 1 日颁布《全球电子商务纲要》，该纲要进一步指出将互联网作为免税区，同时就电子商务征税提出三项原则：税收中性；保持税收政策的透明度；电子商务税收政策应与国内税制相适应、同时与国际税收原则相统一[①]。1998 年 10 月美国国会颁布《互联网免税法案》，这是美国第一部与电子商务相关的较完整的税收法律法规，其目的是保护电子商务在本国的发展。该法案规定对“虚拟商品”不征税，并禁止各州就互联网贸易征收销售税。该法案之后修正了三次，最后一次是 2007 年出台的《网络免税法修正案》，该修正案再一次将互联网免税的政策延长到了

---

① 张玉嵩：《电子商务概论》，北京师范大学出版社 2012 年版，第 225—226 页。

2014年11月1日。可见，在电子商务发展的初期，美国是通过税收政策对其进行保护的，但由于电子发展的迅猛发展，电子商务的交易额逐年攀升，电子商务的税收流失问题引起关注。2013年5月，美国参议院通过《市场公平法案》，法案规定当企业通过互联网、邮购等渠道销售产品时，应缴纳销售税。其中，对网络年销售额低于100万美元的小型企业免予征税。此外，该法案还进一步扩大了征税范围，将云计算服务、音乐与电影等电子化产品的下载纳入征税范围当中[①]。这表明，对于电子商务的征税问题，美国的政策将有所变化。

美国为了推动电子商务的发展，节约电商企业的成本，从20世纪60年代末就开始使用EDI，在电子发票的应用上走在了前列。美国政府首先在法律上给予了电子发票相应的保障。美国大部分的州已根据联合国国际法委员会（The United Nations Commission on International Trade Law）在1996年公布电子商务的法律范本（Model Law on Electronic Commerce）修订其商业相关法令，以承认电子发票的法律地位。美国国会也通过相关法案（The Government Paperwork Elimination Act），正式给予电子形式的交易记录和签章以法律效力。美国在电子发票的应用上走在了前列，美国知名的交易支付平台 PayPal 曾砸下重金投资电子发票系统。2013年，美国强推电子发票，电子发票被美国的大公司普遍采用，约有80%左右的大公司在采购业务中采用了电子发票系统。在美国亚马逊网站有过购物经验的消费者都会发现，亚马逊提供的就是电子发票。由此可见电子发票势必会成为未来的主流。

3.2.2 欧盟

2003年欧盟出台了《电子发票指导纲要》，并于2004年1月1

① 蒋佩芳："美通过网购缴税法案，引发国内电商征税立法讨论"，http://news.xinhuanet.com/info/2013-05/08/c_132366163.htm，2013年5月8日。

日起正式生效。《电子发票指导纲要》的核心内容包括：电子发票的统一格式及内容，小企业或小金额发票在开票时按简化程序办理的规定，欧盟成员国税务部门必须独立完成对电子发票有效性的确认；以其他方式开具电子发票的有关规定；有关第三方、客户自己开具发票时的管理办法；电子发票保存地点和保存方式的规定等。丹麦早在 2004 年就已实行电子发票，2006 年 5 月起，丹麦开始拒收来自 40 万家供货商的纸本发票，只接收电子发票，每年为丹麦政府节省上亿欧元，为企业省下 5000 万欧元以上，其节能环保概念受到世界瞩目，吸引了更多的国家加入到电子发票的行列。2005 年后，欧洲国家纷纷推动电子发票的相关立法。但欧盟各国就电子发票的立法制度并没有取得一致，卢森堡等国等是以法律的方式规范；比利时、意大利、德国、奥地利等是以行政命令与规则的方式规范；瑞典等国还尚未就电子发票加以规范。针对纲要中存在的缺陷，2013 年 7 月，欧盟委员会提出了一项公共采购电子发票指令草案，要求建立欧盟统一的电子发票系统，能够兼容目前各成员国的电子发票系统。根据欧洲数字化议程，到 2020 年欧盟各领域应全面使用电子发票。目前欧盟电子发票的使用仅占发票交易量的 4%—15%，且各国使用标准不同。此次通过的指令要求为电子发票制定一套新的欧盟标准，这意味着企业发出的符合欧盟标准的电子发票，将得到所有欧盟公共机构的认可。与此同时，缔约机构从各国收取的发票也会遵循统一的欧盟标准，这将大大简化双方之前从他国收发电子发票时用于制定多种发票解决方案的投入。

欧盟在电子商务中的税收问题方面，与美国有不同的主张。欧盟不主张对电子商务实行特殊的税收政策，既不实行免税政策也不开征新的税种，而是使已有的税收政策适用于电子商务。此外，欧盟还提出税负公平以及税收中性的原则。1998 年，欧盟发表的《关于保护增值税收入和促进电子商务发展的报告》中规定，对其成员国居民通过电子商务的方式购买商品或劳务时，不论其供应者是欧盟内部的电子商务网站，还是外国的电子商务网站，一律按照20%的税率征收增值税，并由电子商务的购买者负责代扣代缴。

在欧盟国家，由于交易的真实性主要由银行金融体系的支付记录来确认，因此发票仅作为一个交易凭证和支付通知，其防伪问题并不突出。因此推行电子发票的主要目的就在于方便交易双方，节约交易成本。电子发票开具的程序也非常简单，只要开票人从指定网址直接下载符合标准（如EDI、UBL等）的电子发票软件，发票开立后，通过EDI系统或者EMAIL方式传递给受票人即可，不需要实时传递给税务机关。在我国，严格的金融监管、限制现金交易和银行账户的完全实名制短期内难以实现，因此发票信息的防伪和控税还是发票管理的一个重要方面。

欧盟是世界上电子发票最为成熟、也是最早实施电子发票的地区之一。其电子发票发展主要经历了三个发展阶段，即初期试用、中期推广、全面发展阶段。

第一阶段：初期试用阶段。

这一阶段，在《2006/112/EC指令》之前，欧盟电子发票使用并不广泛。欧盟理事会对电子发票认识并不十分彻底，没有全面推行电子发票，成员国对电子发票看法也不统一，西班牙、卢森堡禁止电子发票，瑞典、芬兰、丹麦等北欧国家率先倡导电子发票，使用率较高。为了适应电子商务快速发展的形势，1999年欧盟颁布了《1999/93/EC指令——欧洲共同体的电子签名框架》，又称《电子签名指令》，明确了电子签名与手写签名具有同等的法律地位等；2001年12月20日，欧盟颁布了《2001/115/EC指令——77/388/EEC指令的修订》，表示欧盟正式实施电子发票。2005年以来，欧盟成员国（如丹麦、西班牙、意大利、瑞典等）强制要求公共部门使用电子发票。这些国家要求对公共部门提供商品和服务的企业和公民只能使用电子发票。

第二阶段：中期推广阶段。

这一阶段从《2006/112/EC 指令》发布之后到 2012 年 12 月 31 日，欧盟区域电子发票与纸制发票共同使用。欧盟电子发票使用率普遍提高，欧盟原 15 个成员国、部分新成员国、一些大企业更加广泛使用电子发票。欧盟进一步倡导电子发票，单一欧盟支付区域（SEPA，Single Euro Payment Area）发起了一系列活动和规划。其中，最重要的是“电子政府大规模先锋工程”（eGovernment Large Scale Pilot Projects）和欧盟数字进程（Digital Agenda），前者与在欧盟成员国提升竞争力和创新框架项目（CIP，the Competitiveness and Innovation Framework Programme）紧密相连，后者是在欧盟电子政府行动计划（e - government action plan）项下的一个重要活动，推进欧盟公共电子采购路线图（roadmap for public e - procurement）中的电子发票。2007 年 10 月 31 日欧盟决定设立电子发票的专家组，2010 年 11 月 2 日决定设立电子发票的欧盟相关利益方论坛，2010 年 2 月 12 日发布研究报告《欧洲实施电子发票的收益》（Reaping the benefits of electronic invoicing for Europe），2010 年 2 月 22 日和 4 月 27 - 28 日在马德里举行欧盟电子发票会议。2008 年 12 月 2 日，欧盟委员会采纳了电子签名和电子识别行动计划（Action Plan on e - signatures and e - identification），更加便利单一市场的跨境公共服务。2006 年 11 月 28 日，欧盟颁布了《2006/112/EC 指令》；2010 年 7 月 13 日，欧盟委员会发布《2010/45/EU 指令——2006/112/EC 的修订》。2007 年，根据欧盟委员会的决定，欧盟建立电子发票专家组，由来自行业协会、公共部门的专家，以及来自公共机构、企业、信息和交流技术（ICT，Information and Communication Technologies）、消费者、金融服务和电子发票标准组织的利益代表组成。电子发票专家组成立以来，举行了数十次会议，2008 年 6 月发布了《电子发票的现状报告》，2009 年 1 月 27 日发布了《专家组的中期报告》，2009 年 3 月 24 日发布了《电子发票的使用标准》，2009 年 11 月 30 日发布了《电子发票终期报告》，2010 年建立新的专家组，发布电子发票非正式工作小组报告。2010 年，欧盟建立了欧盟电子发票的相关利益方论坛，帮助欧盟层面和欧盟成员国层面更广泛推进电子发票。该论坛由欧盟委员会主持，来自成员国、大企业协会、中小企业、消费者协会、欧盟机构（如欧洲标准化委员会、欧洲中央银行）等，每年举行两次，讨论跨境电子发票的实践经验，探讨共同的利益。该论坛分别在 2011 年 9 月 13 日、2012 年 3 月 6 日、2012 年 9 月 26 日召开会议，并形成相关会议纪要。

第三阶段：全面发展阶段。

这一阶段，欧盟区域电子发票将承担主要作用，时间是 2013 年 1 月 1 日之后。其中，《欧盟电子政府行动计划 2011—2015》(European eGovernment Action Plan 2011 - 2015)、《欧盟电子委员会 2012—2015》（e - Commission 2012 - 2015）是第一阶段、第二阶段的后续工程，而且是最有影响的。

3.2.3 我国台湾地区

我国台湾地区从 2000 年开始推行了电子发票，是较早推行电子发票的地区之一。我国台湾地区从 2000 年开始试行网络传输统一发票，首先纳入的是企业与企业之间（B2B）开具发票。其建设模式是，由我国台湾地区的“财政部”建设一个“整合服务平台”，同时允许企业、第三方机构设立“加值服务中心”，共同面向纳税人提供电子发票的开立、传输和接收服务。2010 年底开始，台湾地区以各零售超市为切入点，开始推广企业对个人消费者（B2C）的电子发票。消费者使用加载身份信息的内置芯片或无线射频辨识系统（RFID）的工具（如手机、悠游卡等），在消费购物时，由经营者设备读取身份信息（也可以手工录入并保存），生成发票号码、消费明细等发票内容信息，开立电子发票并通过网络上传“整合服务平台”。由于获取发票后有丰厚的抽奖回报，台湾地区消费者索取发票的积极性很高，电子发票推行后，消费者就不需要再保存纸质发票了。截至2014年3月底我国台湾地区已开出超过30万张电子发票，预计到年底超过5000万张电子发票，到2013年实现全面使用电子发票。2010—2012年底，全台使用发票电子，每年可节省新台币1000多亿，约合人民币210亿元。

我国台湾地区“财政部”颁布的《税捐稽征法》第十一条之二与《电子税务实施办法》，是台湾地区电子发票的法源依据。台湾地区“行政院”于2000年8月30日通过《知识经济发展方案》，在该方案的多项执行计划中，包括了《电子发票推动计划》，这是电子发票一词首次出现于台湾。2000年10月，台湾地区“行政院”通过了《全球运筹发展计划》，来具体推动电子发票的使用，包括加速推动《电子签章法》的立法、修订电子付款机制、推动电子发票制度、加速订定电子资料交换标准，并辅导企业应用等。电子发票制度的推动成为台湾地区电子商务重要推动项目。

2000年11月29日台湾地区“财政部”颁布《网际网路传输统一发票试办作业要点》，在2000年12月1日开始推行买、卖双方营业人参与电子发票试办作业，为期一年。分阶段重点推动，第一阶段和第二阶段的推动重点分别为信息业厂商和制造业及商业厂商。该作业要点规范了买方营业人、卖方营业人，以及独立第三方担任电子发票系统加值服务中心模式的电子发票传输作业；买、卖双方营业人申请参与电子发票传输作业的资格、应检附的证明文件及流程等。

1. 台湾地区电子发票的发展阶段

台湾地区发展电子发票，居于亚洲领先水平，其电子发票主要经历三个发展阶段：试办阶段、规划阶段、推动阶段。

第一，试办阶段。试办阶段始于2000年止于2004年，台湾地区财政部门颁布了“国际网络传输统一发票试办作业要点”，推行

“国际网络传输统一发票试办作业”。与此同时，台湾地区财政部门下属的“赋税署”进行扩大电子发票作业之可行性分析。

第二，规划阶段。2005 年至 2007 年为规划阶段，台湾地区财政部门发行“电子发票推动计划书”，公布“网路购物开立统一发票交付非营业人作业规定”，“财税资料中心”委托资策会执行“电子发票推动整体规划及监督审验委外服务案”，启动“电子发票整合服务建置及维运委服务方案”。2005 年 3 月，台湾地区“财政部”规划以 5 年时间全面推动电子发票，成立由“财政部赋税署”、“财税资料中心”及各地区“国税局”共同组成的“电子发票推动项目小组”，负责电子发票各项重点工作的推动，以达到该计划的远景目标。2006 年 12 月 6 日，电子发票实施作业要点生效及电子发票整合服务平台上线。根据有关统计，企业与消费者之间（B2C）每年使用电子发票可达 700 万张，每张电子发票可节约 15—20 元台币；企业与企业之间（B2B）约有 70 余家加值服务中心、6000 余家营业者使用电子发票，2005 年开出约 60 万—70 万张电子发票，2006 年达到 150 万张电子发票。

第三，推动阶段。推动阶段是从 2008 年至今，台湾地区全面推行电子发票。2010 年台湾地区财政部门制定“全面推动电子发票应用计划”，此计划规定推动时程为 2010 年底到 2013 年，对统一、莱尔富及全联福利中心等约 30 个据点进行试点，消费者用悠游卡、icash 卡、手表、手机、等内含芯片或无线射频辨识系统（RFID）的支付工具，购物时只要碰触一下收银机，消费明细和发票号码等资讯会上传“财政部财税资料中心”的资料库，民众与商家都不再使用纸制发票。2010 年 12 月 18 日，台湾地区财政部门在 27 个据点全面推行电子发票，消费者普遍反映“很便捷很低碳”。2013 年，电子发票在台湾地区全面普及，意味着“统一发票”将完成其使命，成为历史。

2. 台湾地区电子发票应用现状及模式分析

在台湾地区，主要有以下机构使用电子发票：采购中心、税务部门、“财政部财税资料中心”、金融机构和凭证中心等。电子发票主要用于B2C、B2B的交易模式中，电子发票整合服务平台对发送的数据进行统一的整合。其中，在B2B的应用模式中，主要有以下的几种方式：独立的第三方加值服务中心；卖方加值服务中心；买方加值服务中心。从公布“全面推动电子发票应用计划”到2011年3月底为止，试点商家已经达到124家，电子发票试办点几乎遍及各县市。目前，台湾地区每年统一发票印制量约115亿张，交易金额达新台币33兆元，如能省下一年80亿张的纸本发票，每年就可少砍8万棵大树。预估全部发票电子化后，每年最高可省下新台币1200亿元。

3. 台湾地区电子发票推行的策略

（1）统一发票种类。台湾地区的电子发票按照企业经营模式的不同具体分为以下两种：B2B经营模式——手开三联式统一发票、电子计算机统一发票及三联式收款机统一发票；B2C经营模式——电子计算机统一发票。

（2）构建加值服务中心。其加值服务中心指经向所在地主管税务机关申请核准提供电子发票系统及相关加值服务的社会第三方。包括：买方或卖方加值服务中心——指由买方或卖方纳税人申请使用电子发票及担任电子发票系统加值服务中心；独立第三方加值服务中心——指独立于买方及卖方纳税人以外的第三方，申请担任电子发票系统加值服务中心并提供服务。纳税人可申请担任买方或卖方加值服务中心或独立第三方加值服务中心，亦可同时申请担任多项加值服务中心。

（3）搭建电子发票整合服务平台。电子发票整合服务平台指由中国台湾当局提供纳税人开立、传输、交换、储存电子发票的信息系统及其他相关整合性服务，供已申请加入平台服务的各加值服务中心或纳税人连接使用。电子发票整合服务平台是整个电子发票应用的中枢交换点。台湾地区电子发票试点推行初期，由于各加值服务中心间并未规定标准的运作模式及标准交换接口，缺乏统一传输标准或整合服务平台，各加值服务中心产生的电子发票无法互相传输应用，在一定程度上阻碍了电子发票的发展和应用。为了解决现有加值服务中心间数据无法交换的问题，台湾地区规划并建设了电子发票整合服务平台，并订定了相应的标准和规范，改善电子发票整体推广和应用环境，构建无障碍的电子发票传输环境。

（4）采用“自愿试点、分步推进、官方配合社会”的建设思路。一是自愿试点。即由纳税人自行评估申请是否使用电子发票。评估点包括：运营成本、建置成本、企业需求等。二是分步推进。台湾地区电子发票建设立足长远发展，为此在进行宏远设想的同时，也制定了契合每阶段发展的分步落地政策，如建设伊始，推行主体为B2B（营业人与营业人交易），逐步稳定后在延伸至B2C（营业人与非营业人交易，但对于B2C内部同样采取分步方式，第一阶段只包括网络、电视、目录手册购物等非实体店经济），最后再覆盖所有实体消费场所的发票开具需要。三是官方配合社会。这一点还不等完全等同于“官方+社会”，在台湾地区电子发票建设及使用上，台湾地区财税部门采取了以社会力量建设为主的方式开展，而官方更多着眼于企业发票信息交换平台、查询等基础应用平台的建设提供。为此，才出现了大量的加值服务中心，这也是台湾地区电子发票建设区别于其他地区的一个重要特点。

（5）不增加纳税成本。对于使用电子发票整合服务平台进行连接的纳税人，使用平台进行电子发票的开具、传输、储存发票数据，不收取任何费用。加值服务中心采取对外租赁的方式提供电子发票服务，使用其开具发票的纳税人需支付相应费用。

（6）配套以有奖发票制度扩大取票范围。台湾地区实行有奖发票的办法已经有20年历史，总体来说办法系统、制度完善、使用范围广、效果明显。从有奖发票的实践效果来看，其对于防止逃漏、控制税源及促进统一发票的推行发挥了重要作用。台湾地区有奖发票的特点是：奖励经费保障度高，兑奖经费是按营业税征收数提取3%，在年度开始前编成预算法案，经法案程序审查核定后使用。台湾地区有奖发票共分七种奖别，其中特别奖奖金约合人民币250万元；布奖率和中奖率高。发票给奖的中奖机率很高，在每1000张统一发票中即可产生6个6等奖金奖项，中奖率为千分之六。

台湾地区的经验有两点需要着重说明。首先是允许第三方设立“独立第三者加值服务中心”，这样可以充分利用社会资源拓展电子发票服务，减轻政府方平台的数据压力和服务压力，这一条经验很值得借鉴。第二个是个人消费者的电子身份信息读取，这一点对于我国来讲暂时不太适用，一方面我国个人消费者的电子身份信息载体主要是身份证，但其中没有记载个人的联系方式、邮寄地址等信息，另一方面，如果需要所有的经营者都配备专门的个人身份电子信息读取设备，则又会增加纳税人的负担。可行的替代办法是经营者通过计算机录入消费者姓名、手机号等基本信息，电子发票开立后，税务局端平台可发送确认短信给消费者，并提示可以抽奖。

3.3　外部经验给予的启示

已经推广应用电子发票的国家和地区的经验，对我国推行电子发票具有重要的借鉴意义。根据各国的推广经验和我国的实际情况，我国在进一步建设和推广电子发票时，需要注意以下几点。

第一，制定明确的推广计划。各国在电子发票推行的初期，都制定了详细的推广计划和时间表。如欧盟、我国台湾地区都大概经历了试点、推广和全面应用三个阶段，各个阶段又分行业逐渐展开。这种逐步展开的方式便于税务机关和相关部门积累经验和及时纠错，而且可以有步骤、分行业，有条不紊地完成推广应用工作。

第二，保证电子发票服务平台的安全。在电子发票模式下，纳税人通过登录电子发票服务平台就可以开具发票。电子发票服务平台如果暴露在互联网上容易受到网络攻击而导致纳税人无法正常使用开具发票的功能，将会影响纳税人的正常经营活动。同时纳税人的发票信息记录的是自身的生产经营情况，对于单个纳税人而言是重要的商业机密，而把纳税人的发票信息汇总起来，就成为了一个地区甚至全国的重要经济信息，这就涉及更重大的信息安全问题。因此，电子发票服务平台的安全性至关重要。针对这个问题，较好的解决方法是通过电信运营商的虚拟专网技术（VPDN)，电子发票服务平台与公众互联网相隔离，只有经过税务机关核定并在电信运营商处注册的纳税人方能通过虚拟专网登录电子发票服务平台。由于与公众互联网隔离，并且用户的登录经过了严格的身份认证，因此能屏蔽来自网络的恶意攻击，有效保障了电子发票服务平台的安全。

第三，由第三方设立“电子发票服务平台”提供更好的服务。纳税人在使用电子发票时需要完善的服务，这体现以下几方面：一是纳税人在初步使用电子发票时需要经过一定的培训；二是纳税人在使用电子发票过程中出现问题需要有咨询的途径，甚至需要服务人员上门解决；三是有的纳税人需要 24 小时经营，因此电子发票服务平台也必须 24 小时稳定运行，而对平台的运行维护服务也必须 24 小时不间断。如此高的服务要求，如果完全由税务机关的工作人员来完成确实存在困难。因此需要考虑采用引入第三方设立“电子发票服务平台”，由第三方专业的运营服务机构来提供电子发票的相关服务。如我国台湾地区的做法是建立是“加值服务中心”，申请建立“加值服务中心”的企业由相关管理部门对其资质、经营状况、技术业务能力及安全规范进行审核。但这种申请核准制，并不完全适合大陆的情况。应主要考虑选择信誉好、规模大、服务专业、服务体系延伸覆盖广泛的机构和企业，如电信运营商、金融机构等。

第三，充分考虑各类纳税人的IT应用状况，并确保不增加纳税人的负担。纳税人应用信息化的能力千差万别。因此在推行电子发票时，应充分考虑各类纳税人的IT应用状况，才便于电子发票得以广泛应用和推广。一是适应纳税人各类终端的状况和不同网络环境，因此电子发票在主要使用计算机和宽带网络环境下开具的同时，要具备支持手机开具、无线网络开具、税控收款机开具等多种终端和多种网络。二是要适应不同的计算机应用水平和操作熟练程度的纳税人群，因此电子发票系统应尽可能简单易操作，符合正常使用习惯。同时电子发票服务平台的效率必须保障，使纳税人在开具发票时感受顺畅快捷。三是尽量不采用专用设备，力求减轻纳税人的经济负担。如果电子发票的开具需要配备专用设备，则其使用维护成本较高，也增加了纳税人的负担。

第四，加强宣传，正确引导纳税人和消费者使用电子发票。电子发票的推广，离不开广大纳税人和消费者的积极参与。税务机关在依法要求纳税人使用的电子发票的同时，也应加强宣传，一方面使纳税人了解电子发票对其自身财务管理的规范简便之处，从而更积极主动应用电子发票，另一方面要引导消费者，培养纳税意识，主动索取发票和查验发票，形成针对发票的社会监督氛围。由于我国个人所得税的月收入减除标准不断抬高，需要承担工薪所得纳税义务的人群将不断减少，要培养整个社会的纳税遵从意识，就可以通过激励消费者主动索要发票，督促企业经营者依法纳税来实现。税务机关应采取多种方式激励消费者索取发票，如发票抽奖的方式，出票方在电子发票上录入消费者的个人姓名和手机号，系统在接收后，将电子发票号与该手机号关联保存，并自动发送短信息到该手机上。这样既方便了消费者查验发票，又方便后续抽奖兑奖。

在发票摇号抽奖后，中奖发票信息就可以直接发送到关联保存的手机上，提示消费者中奖情况和兑奖方法。

综上所述，电子发票平台是我国现代化建设的一项重大的基础建设工作，不仅关系到我国电子政务、电子商务的发展，而且涉及我国基础数据体系建设和宏观调控，关系到我国财税等管理体制的改革与创新，事关我国在全球经济分工体系中的地位和核心竞争力。可以说，电子发票是我国信息化进程的重大步骤，在一定程度上是推动我国经济发展方式转变的一个引擎和发动机，既具有长远的战略意义，又具有紧迫性，社会效益和经济效益均十分显著，需要国家高层予以充分重视，尽快推广。

3.4 企业参与电子发票管理的可行性分析

3.4.1 我国实施电子发票的可行性

目前，我国已经基本具备了电子发票的实施条件，体现在以下几个方面。

1. 具备法律基础

电子发票因电子商务发展的需要应运而生，电子商务发展过程中，法律的不断完善也为电子发票提供了法律基础。

自20世纪90年代以来，电子商务开始在全球范围内得到日益广泛的应用，但由于电子商务是一种全新的商务模式，传统法律不能解决电子商务交易过程中存在着的一些问题。首先，电子商务以电子信息作为交易记录，代替了传统纸质为载体的信息，这些电子信息是否具有法律效力；其次数据文件在网络间传递的信息的原件及其保存如何界定；此外在电子商务中，传统的签名方式不可能被采用，应创造一种在网络上的签名方式，且要被法律确定为有效。

以上这三个问题如果不能在法律上界定清楚，那电子商务就很难取得长足的发展。因此，国内外许多国家和组织均高度关注电子商务的立法。20世纪80年代，联合国贸法会等国际组织开始研究和制订有关计算机上的数据认证和电子签名的法律文件，目前已形成了以《电子商务示范法》和《电子签名示范法》为代表的一系列示范性文本，供各国立法参考。美国的犹他州于1995年颁布了全世界范围内第一部全面规范电子签名的法律:《数字签名法》。欧盟和欧洲各国也随后出台了相关法律。截至目前，全世界60多个国家和地区都制定了各自的电子签名或电子商务方面的相关法律及法规。

近年来，我国的电子商务应用日益广泛，同时我国经济的国际化程度不断提高，为了顺利与国际接轨，我国急需制定电子商务方面的相关法律及法规。2005年4月1日，我国正式实施了《中华人民共和国电子签名法》及与其相配套的《电子认证服务管理办法》。《中华人民共和国电子签名法》促进了电子商务的发展，也为电子发票的使用提供了法律依据，推动了电子发票在全国推广和使用。它从法律的角度解决了推广电子发票存在的根本问题，使电子发票与纸质发票一样具有了法律效力。《中华人民共和国电子签名法》的实施使电子发票成为可能。

2. 基础建设到位

电子发票的应用离不开稳定可靠的网络环境，我国目前良好的网络基础设施建设完全能够为电子发票实施提供基础保障。2014年发布的《中国互联网络发展状况统计报告》显示，我国在网络建设方面有以下几方面的特点：一是网民的数量大。截至2014年6月，中国网民人数达6.32亿，其中手机网民达5.27亿。二是互联网普及率高。至2014年6月，互联网普及率达到46.9%，使用互联网办公的企业达到83.2%，我国互联网络国际出口带宽达到3 776 909Mbps。三是使用计算机办公的企业占比高。截至2013年

12月，全国使用计算机办公的企业比例为93.1%，100人以上规模的企业，计算机使用率接近98%。四是利用互联网开展电子商务的企业越来越多。截至2013年12月，全国开展在线销售的企业比例为23.5%。部分重点行业中，制造业、批发和零售业的比例相对较高，分别达到27.6%和25.3%。五是互联网的发展速度快。2013年12月，工信部向中国联通、中国电信、中国移动正式发放了第四代移动通信业务牌照，标志着中国电信产业正式进入了4G时代。4G网络将以更快的通信速度、更低的资费及对大数据量传输的承载力，在移动电子商务（如移动仓储物流管理、供应链管理、移动客户关系管理）方面具有广阔的应用前景，将会极大地促进企业移动信息化建设。网络基础设施的快速建设运行、互联网普及率的不断提高以及我国空前的网民规模都为实施电子发票提供了有利条件。

3. 信息安全保障有力

近十几年来，信息技术的快速发展极大地推动了各个行业的信息化，但大量信息技术的应用在提高效率的同时，也带来了各种信息安全威胁。我国逐步认识到了信息安全的重要性，并且在信息安全领域一直跟随着国际潮流的发展。我国发布了相关政策和法令支持和引导信息安全行业的发展，设立了信息国家级的安全技术研究课题，支持这些技术进行产业化，并加强了人员的培养。国家信息安全解决方案，也逐步从事后处理，转移到提前预防，不仅重视安全技术和产品的应用，同样也更重视安全防护体系的建设，从信息安全技术、产品、管理体系、队伍建设等方面予以保障。

第一，我国建立了完善的信息安全防护体系。防护体系包括基于GB/T 17859标准的信息安全等级保护制度，基于ISO27001标准的信息安全管理体系等。国家税务总局的“金税三期”工程也是按照信息安全等级保护测评要求进行建设，因此其在设计和建设阶段考虑到了信息安全问题，这使其具备了相应等级的安全防护能力。

第二，信息安全技术和产品较为成熟。电子发票推广需要以下几项安全技术保障：一是证技术，它的主要作用是进行信息认证。信息认证既可以确认信息发送者的身份，还可以验证信息的完整性，即确认信息在传送或存储过程中未被篡改过。常用的安全认证技术主要有数字摘要、数字信封、数字签名、数字时间戳、数字证书等，还需要专业的安全认证机构。二是加密技术。加密技术的原理是利用加密算法，将明文转换成为无意义的密文，阻止非法用户理解原始数据，从而确保数据的保密性。目前，获得广泛应用的两种加密技术是对称密钥加密体制和非对称密钥加密体制，这两种加密方式各有优缺点，对称密钥加密体制解密速度快，适合于对大数据量进行加密，但密钥管理困难。非对称密钥加密系统，简化了密钥的管理，但加密和解密速度却比对称密钥加密慢得多。目前，我国已经掌握了这些技术，并有成熟的产品。《信息安全与通信保密》杂志2013年12期的文章"2003—2013中国信息安全十年盘点"提到，近十年来，我国信息安全产品体系逐步健全，技术标准趋向完善。信息安全产品种类不断丰富，密码产品、防火墙、安全审计备份恢复等技术领域的产品研发取得明显进展。企业实力逐步提升。因此，我国现有的技术能力完全能够满足电子发票推广应用的需要。

第三，人员保障。信息安全保障体系建设和运行中离不开具备合格资质和能力的从业人员，我国十分重视信息安全人才队伍的建设。目前国内近100所学校开设了信息安全专业，已初步形成从本科、硕士到博士的人才培养体系，培养了大批信息安全方面的专业人才。此外，政府的信息安全管理相关部门举办过大量的专项信息安全培训，信息安全企业也结合自己的产品开展培训或进行专业技能培训。这些都为电子发票系统应用提供了充足的专业技术人员。

3.4.2 企业参与电子发票管理的可行性

1. 推动电子发票是企业的内在需求

近年来，商品的交易方式发生了根本性巨大变化，电子商务已经深入渗透到人们的生活中，网购已经成为人们生活的一部分。电商企业之所以能够在商品交易中处于优势地位，主要源于其价格优势。推行电子发票，可以节省电商企业的人力、财力和物力，继续在价格竞争中处于优势。此外，由于电商企业在互联网技术上处于领先地位，可以先行试用电子发票，因此在一段时间内电商企业在交易市场中会抢占商机。由于电子发票的推行可以为企业降低成本，因此企业愿意去推广运用。

2. 推行电子发票对企业的意义

推行电子发票不仅可以降低企业的成本，而且在健全企业内控机制、提升企业形象和竞争力方面具有很大的优势。电子发票系统可以与企业内部的 ERP 等系统相结合，通过电子发票的数据，企业可以实时分析自身的销售情况和财务状况，及时提出改进措施。另一方面，企业使用电子发票，规范企业经营，在消费者面前树立了良好的企业形象，能吸引更多的消费者，从而提升企业的形象。如京东商城作为首家电子发票的试点单位，不仅在消费者心中树立了良好形象，而且还吸引了更多的商家入驻京东商城。此外，电子发票推行还有助于提高交易的效率和保护商业安全。

3.4.3 国内外企业参与电子发票管理的实践

从国内外企业参与电子发票管理的实践来看，企业在电子发票的开发、推广应用中发挥了重要作用。

1. 企业参与电子发票管理的国际经验

Tradeshift 是一家 2009 年创立的电子发票跨国公司，最早是在丹麦起家的科技公司，Tradeshift 被业界称之为“电子发票界的

Skype”。Tradeshift 的商业模式是大企业付费使用电子发票管理系统，它的供应商就可以免费使用，与这家大型的企业进行业务交易。通过该平台的电子发票被永久储存，用户在 5 秒钟内就可以查询到此前的发票。Tradeshift 还为商家免费提供汇率追踪服务，可以使商家在最合适的时候进行交易。目前该公司已经将业务拓展到全球 190 多个国家和地区。Tradeshift 是成功参与电子发票管理的企业案例。

在电子发票的应用方面，企业参与度更高。跨国公司由于业务覆盖范围广，电子发票能更好地满足其业务需求，因此较早使用电子发票。如 IBM 公司在电子化采购方面走在了业界的前列，在推广电子发票方面处于世界前列。目前，IBM 已在包括美洲、欧洲、亚太等地区的 45 个国家部署了 IBM 作为买方服务中心的电子发票系统。共有超过 35000 家 IBM 的供应商使用 IBM 的电子发票系统，IBM 每年收到的超过 1200 万张各类发票中 80% 是电子发票。其电子发票系统保持着完美的记录：无假发票、无安全漏洞。IBM 公司全年采购的商品和服务中，90% 以上是通过网上交易完成。

2. 我国企业参与电子发票管理的实践

我国在电子商务发展上基本与国际同步，由于电子发票最主要的优点是可与企业内部的 ERP、CRM、SCS 等系统相结合，发票资料全面电子化并集中处理，并且可大幅节省企业在发票管理保存等成本，因此受到企业的追捧。在电子发票的开发过程中也有多家企业参与。

2012 年 10 月，由江苏省国税局主办、苏宁易购承办的“苏宁易购电子发票应用项目”在全国率先启动。2013 年 5 月，北京市启动了电子发票项目，经北京市政府批准，选取京东作为项目的试点单位。2013 年 6 月 27 日，京东集团发布了中国电子商务领域首张电子发票。2014 年 9 月 15 日，广州市电子发票系统正式上线试点运行。航天信息股份有限公司是该系统平台的承建单位，京东广州分公司等为首批试点企业。目前参与我国电子发票开发的企业有东港股份、航天信息、浪潮信息、方正科技、综艺股份等。有越来越多的企业参与应用电子发票，除京东之外，苏宁易购、1号店、上海易迅等都参与了电子发票的试点运用，还有更多的电商企业希望使用电子发票。

第四章 我国电子发票管理的模式选择与主要内容

我国电子发票已经开始试点，而且越来越多的电子商务企业加入了试点的行列。但目前我国的电子发票还处于试运行阶段，其可以作为交易凭证、作为消费者的维权凭证，但还不能作为会计凭证报销。电子发票作为一种新型的发票管理模式，如何能大范围推广运用，并且完全替代纸质发票？探索我国电子发票管理模式必须理论先行，找出电子发票管理的理论支撑，梳理出符合实际的管理模式并做好管理流程安排，结合我国各票种、各税种的管理实际探索出安全高效的管理方法。

4.1 基于控制论的闭环式电子发票管理

4.1.1 闭环结构与电子发票管理

闭环（闭环结构）是控制论中的一个基本概念，包含输出、反馈、控制三个环节形成一个循环往复的闭环，通过比较输出量的反馈值与期望值，据此不断改进调整输出端，使输出值尽量趋近于期望值[①]。

① （美）维纳（Norbert Wiener）著：《人有人的用处——控制论与社会》，陈步译，北京大学出版社2010年版。

控制论在管理学中的一个具体应用就是闭环式管理理论，由美国管理学家罗伯特·卡普兰和戴维·诺顿提出。闭环式管理的核心思想是，战略制定后，需要精确地控制战略的具体执行和运营过程，并及时反馈相关的阶段性执行结果，以适当地校验和调整战略。在战略执行和运营的过程中，相应的控制和调整是不可或缺的。一般性的调整是通过监督管控确保执行过程达到预期效果，而特殊的调整则需要对整体的执行流程进行再造。

因此，本章试图在闭环式管理理论的基础上，以数据完整、控制高效、信息管税为目标，构建电子发票开具、传输、接收、审批等环节全程闭环的管理链条。

4.1.2 电子发票管理的模式选择

1. 基于控制论的闭环式电子发票管理模式

控制论的基础是信息，信息传递是为了控制，控制又依赖于信息反馈。管理者通过信息反馈评价预期绩效与实际绩效，并且纠正误差。采用闭环式电子发票管理有利于促进纳税遵从，促使纳税人如实申报涉税事项，所以，本研究试图选择闭环式发票管理模式，并作为构建我国电子发票管理体系的重要理论支撑和制度安排。

在发票管理中，纳税人完成一次交易后，将交易事项申报给税务机关，是纳税人的一次实际演绩（actual performance）。税务机关作为系统的管理者，对纳税人的预期演绩（expected performance）是希望其能做到“申报的交易事项与实际完成的交易一致”。

为了达到实际与预期的演绩一致的效果需要对每一次实际演绩建立及时的反馈机制。每一次纳税人在完成交易事项的申报后，税务机关都会给予一个反馈，告知纳税人申报事项信息与税务机关所掌握的真实交易信息之间存在的偏差。偏离实际纳税情形的纳税人通过税务机关的反馈调整自身的申报行为，使其符合税务管理部门的预期。反馈要求对实际演绩进行真实记录，并评估其与预期演绩之间的偏差。反馈的欠缺或者无效的反馈都会造成纳税人申报失控的。

电子发票接收方是较为理想的反馈信息源。购销双方完成涉税交易事项的时候，由接收方将交易信息上报给税务机关，给税务机关提供实际演绩的信息。税务机关再将接收方的上报的信息作为对纳税人的预期演绩反馈给发票开具方，使出票方必须按照实际交易情况申报纳税事项。接收方的信息反馈，有利于使其实际演绩符合税务管理部门的预期演绩，实现电子发票的闭环式管理。

闭环式的管理模式可以达到减少税收流失，从根本上促进纳税遵从，促使纳税人能如实申报涉税事项的效果。

2. 从闭环式管理和流程再造的角度来分析电子发票的管理

(1) 现行发票管理流程的缺陷。

第一，缺乏信息控制。现行发票管理对于发票信息本身缺少恰当的控制，管理重心侧重于发票纸张防伪。有两点原因：一原有的技术手段有限；二同时管理思路和管理流程设计也有缺陷。对于发票信息控制的缺乏导致除增值税专用发票外，税务机关管控不足，缺乏对纳税人必要的反馈。

第二，对于发票管理观念存在误区。税务机关对于发票的管理存在三方面的误区。一把发票视作自己的票据，卖给或者发给纳税人使用。发票由税务机关指定的单位，按照指定的方式、样式和数量来印刷，对谁能使用、使用多少发票也有严格要求。二是把发票关系当作了征纳关系的一种。税务机关把发票当作了管理纳税人的一个核心手段，希望深度介入发票使用过程中。因此对纳税人领购发票、保存发票、开具发票都有诸多限制。三是重视了发票纸张，忽视了发票信息。因此在发票防伪印刷技术上投入大量精力，却对真票假开、大头小尾问题缺乏手段。

(2) 电子发票管理体系的流程机制。

第一，再造发票管理流程。要实现对发票信息的及时采集、比对、利用，就必须再造发票管理流程，使发票信息相互比对形成闭环。

通过对发票本质的分析，可以看到，发票首先是商事凭证，是归纳税人所有，因此，只要记载信息完整，纳税人是完全可以以任何交易双方认可的形式出具发票。其次，发票关系是附着在交易关系之上的，发票是交易过程中产生的凭证，因此发票关系更主要是交易双方之间的关系。征纳关系规范的只是要求纳税人如实地申报交易信息，即发票信息。最后，发票信息才是发票管理的核心。

因此再造发票管理流程，首先要使发票的主体回归到交易双方，通过设计交易双方相互制约的机制和流程，使发票信息与真实交易信息一致。其次，完善交易双方发票信息的采集，通过建设统一的电子发票服务平台，变被动采集为主动采集。最后将采集到的信息反馈给纳税人，促使其调整纳税申报行为。

税务机关的角色由此变为发票关系中的权威仲裁者和纳税服务的主动提供者，从而真正使税务机关从大量繁琐的发票日常管理中解脱出来，将发票管理交由交易双方自约束机制以及处理能力强大的管理信息系统来完成。

第二，管理体系相应规范。

①对发票开具方和接收方发票关系流程的规范。为了规范发票开具方与接收方的关系，开具的发票应该符合无误和无伪两个要求。

“无误”要求发票信息真实、完整记载交易的情况。因为交易双方对交易细节都是有比较清晰的把握，作为交易参与的一方，对照真实交易情况可以很容易判断鉴别发票信息是否存在失真情况、信息是否完整无缺。

“无伪”有两点要求。一是发票本身为真，受票方可以凭此满足抵扣税款、税前列支等财务、税务要求；二是发票出具后，出票方不可抵赖，即受票方后续凭发票主张权益时，出票方无法否认和抵赖受票方所持发票是其所原始出具。如果电子发票的数据电文文件由开票方直接产生并传递给受票方，作为电子发票的受票方，无法要求其具备足够的技术能力和手段来鉴别电子文件的真伪，将存在是否真实、是否被篡改的问题因此存在是否真实、是否被篡改的问题。

在闭环式电子发票管理模式下，发票真伪的监督工作可以交由发票的受票方来承担。而且其鉴别发票真伪的方式也非常简单，可以交由统一的第三方电子发票管理平台。受票方只要查询确认自身在电子发票服务平台的发票账户里是否有这一条发票信息，发票内容是否真实即可。

开票方与受票方只要发票账户的记录发生改变，而且明细信息符合实际交易，就可以确认发票关系发生。类似于银行汇兑账户，只要收款人和付款人的银行余额发生变动，金额符合双方事先的约定，就可以认为支付关系完成。而以前的纸质发票，是类似于现金交易，即使收款人收到现钞，还存在假币的风险，在支付的安全性与便利性上，尤其在大额支付的情况下远不如银行账户汇兑。开票方与受票方只要发票账户的记录发生改变，而且明细信息符合实际交易，就可以确认发票关系发生。类似于银行汇兑账户，只要收款人和付款人的银行余额发生变动，金额符合双方事先的约定，就可以认为支付关系完成。

发票的受票方只需要查询自身发票账户的记录和明细信息，就可以完成发票开具的监督和发票真伪的鉴别工作。不同税务机关独立于交易，需要花费成本确认交易信息，受票方作为交易的一方，完全掌握交易内容细节，对发票内容的真实性是很容易判别的。如果受票方在账户中没有查询到发票信息，则开票方的开票行为始终没有完成。因此，通过统一的电子发票服务平台和发票账户的设立，完全可以由受票方来监督开票方的发票开具行为。

上述流程存在几个问题。一是统一的电子发票服务平台如何建立，二是发票使用者的账户如何开立、管理，三是如何促进发票受票方积极主动地查验发票。对于电子发票的规划建设是电子税务局的一个重要业务支撑，因此在未来的税务信息化建设中，应该重点考虑电子发票服务平台的建设问题，目前各省建立的网络发票平台，就初步具备了电子发票服务平台的一些功能。在本书的后续章节中，将就电子发票服务平台建设的相关问题进行详细论述。

在电子发票服务平台中，发票开具方、发票接收方的发票账户开立、管理问题，也是电子发票服务平台建设的重点。对于企业组织机构、行政事业单位或其他组织机构，要求开立电子发票账户相对来说要容易实现，要促进其进行发票查验管理也比较好达成。这些组织机构本身需要开具大量发票和发票入账报销，因此可以直接以加强税收征管，规范财务报销管理的名义，直接要求他们完成电子发票账户开户，以及必须经过查验后发票方能入账。而对于自然人，如何开立发票账户，以及如何促进其查验发票相对较难。开立自然人发票账户，一方面能使电子发票的数据链条真正完整，不至于在零售环节形成大量的数据缺失，形成发票的闭环管理过程。另一方面也有助于自然人索要发票，维护自身消费者权益，形成诚信纳税的社会氛围。目前云计算应用和大数据技术的普及，以及互联网和密码技术的进步，为便利地开立自然人发票账户提供了技术依托。在方便快捷的同时，也对使用者的隐私和信息安全提供了保证。对于促进自然人积极索取发票、主动查验发票，在客观上对发票开具方形成社会监督，可以采用发票抽奖、定期兑奖等直接刺激，也可以从个人所得税综合申报等方面设计相关政策，来共同实现这一目标。比如，是否可以将个人所得也视为一种需要开具类似发票性质凭证的经济行为？如果这样可行，则个人取得收入，都需要给支付方出具一份个人收入票据凭证，即可证明收入的合法，又可供支付方作为会计记账凭证。

②对发票数据与申报关联的规范。发票开票方在电子发票服务

平台上开具发票后，平台将电子发票信息记录到开票方、受票方各自的发票账户，基于交易信息的发票关系即告完成。接下来就是纳税人与税务机关的征纳关系了。就具体纳税人而言，电子发票服务平台定期将发票信息汇总提交给税务机关，税务机关将汇总的发票开具信息交由纳税人确认，无误后即可确认该纳税人本周期的主要营业收入和成本费用。纳税人可以自行增加补录未开具发票的（或者未开具电子发票的）部分收入，如视同销售的行为。纳税人认为信息有误的，也可以就有关相关信息提出争议，由电子发票服务平台负责举证。同样，纳税人也可确认哪些可以计入营业成本或费用、哪些可以进行税款抵扣。由此，税务机关对纳税人提供一种更为主动的信息推送的纳税服务关系。

3. 闭环式电子发票管理体系的构成内容

通过上面的分析，我们认为闭环式电子发票管理体系应该包含以下内容：

（1）发票使用者的发票账户管理系统。发票使用者，既包括发票开票方，也包括发票接收方，可以是组织机构、企事业单位、政府部门，以及自然人。电子发票管理体系为所有的发票使用者开立一个唯一的、实名的类似银行账户的发票账户。发票使用者在开立发票账户时，需要将机构名称、代码或身份证、联系方式、所属区域等相关信息填写完整准确。发票账户管理系统对所有发票账户统一管理，根据发票开具信息更新相应的账户记录，并统一保存。

（2）统一的电子发票开具系统。在由电子发票管理体系提供统一的电子发票开具系统中，出票方可以向信息录入完整的受票方通过申请发票、填写发票内容、提交保存等一系列操作开具电子发票。同时，在发票开具的同时系统将赋予发票号码，并且依据税收征管部门的相关核定要求对发牌进行开票总金额、开票份数、类型等预先核定限制。

（3）便捷的发票信息查询系统。电子发票开出后，电子发票服务平台会以即时通讯的方式通知受票方。此时受票方可通过手机等移动互联终端联网登录自己的发票账户进行查询。

（4）用户身份认证管理系统。用户身份认证系统是指处于电子发票平台的双方必须要有相应的身份认证。用户身份认证系统独立于电子发票账户管理和开具的系统。另外，为了实现身份认证与发票账户相互验证，此系统的建设方最好和发票账户管理和开具系统建设方分属两个不同的管理体系。根据用户权限和数据安全级别不同，可以采取不同的方式进行认证和权限设置。对于税务机关以及开票方、受票方等权限较高且涉及保密的用户，可以采用 UKey 数字证书认证的方式；对于自然人用户，可采用手机或邮件动态口令以及用户名和密码的方式进行认证。用户身份认证系统目的是为了进一步保障发票行为的不可抵赖性，同时也可以加强发票账户的安全性。

（5）其他系统。为确保电子发票管理系统上记录的信息可信性，便于税务机关查询，还需要其他辅助系统，如电子发票数据比对利用系统、发票数据分析系统。可以借助现行的发票系统搭建相应的管理平台。

4. 电子发票服务平台由第三方建设

电子发票服务平台面向纳税人的部分，可以交由税务部门以外的第三方来承建和运营，更有利于发票的管理。电子发票服务平台由第三方建设有如下三方面原因：

（1）第三方建设方式能有效改善征纳关系。发票记载交易行为，同时作为交易方纳税的凭证。税务机关是发票的主管机关，负责发票的印制、领购、开具、取得、保管、缴销和管理。税务机关既是发票的提供方，又是发票的监管方。但是从实质上看，发票是交易双方交易关系的延伸，与税务并无直接关联。税务机关可以制定相关规则，将电子发票的相关服务交予第三方服务机构来承担。税务机关只需要通过比照实践交易情况和第三方服务机构提供的发票信息对发票进行监管。

第三方服务机构来承担电子发票的建设和运营，使更多的社会资源参与到税收体系建设中，共同提升纳税服务。税务部门将发票印刷、发售、验旧、缴销等繁琐的工作外包给第三方服务机构，可以有更多的时间和精力去满足纳税人的需求，也有利于市场竞争。从管理学的角度来讲，自我监督始终难以达到良好效果，税务部门自主建设和运营电子发票服务平台，也难以保证对发票使用者的服务水平。这从目前基层征纳矛盾很多都来自发票发售和验旧环节，就可以看出。而税务机关去监督第三方的服务水平，则是回归了税务部门作为政府机构管理社会关系的本位。而作为发票使用者，对于第三方服务机构提供的服务不满时，首先可以向税务部门进行投诉，其次还可以更换电子发票服务提供者，而不是与税务机关直接发生矛盾和争议，这也有助于消解纳税人不满情绪，改善征纳关系。

由此，发票本质关系也理顺了，税务部门与纳税人之间的征纳关系也得以改善，纳税服务的满意度水平自然提高。

（2）第三方建设方式能有效提升发票管理效率。由第三方承担电子发票服务平台的建设和运营，尤其是引入竞争机制，允许多个第三方电子发票服务平台共同面向纳税人提供发票服务将有效地提升发票的管理效率，同时提高服务水平。在竞争机制下，各电子发票服务平台的核心目标是提供更优质的服务、更快捷的响应速度、更便利的使用感受，来争取纳税人的认同。而平台建设和运营本身的成本约束，也迫使平台的建设运营方提高发票的管理效率。这种提升效率提高服务驱动力来自于市场的商业规则，属于平台运营者的内在驱动，远比以公务员岗位职责要求和绩效考核的驱动要直接和有效。

（3）第三方建设方式能有效降低税务管理成本。电子发票服务平台的建设和运营，一是需要大量的基础设施投资和平台技术维护队伍，二是需要庞大的一线服务体系给予服务支撑。这些投入交由第三方承担，税务管理部门负责监管和指导，确实能有效地降低税务管理成本。

税务部门的监管指导，首先是对第三方电子发票服务平台的业务技术要求的指导，平台对纳税人提供的发票服务应该满足税务部门的管理要求，必须实现及时的数据交互。其次是对平台运营服务的监管，平台应切实保障使用者的权益，为纳税人提供高效、优质的发票服务，保证使用者的信息安全，同时积极应对和解决使用者的不满和投诉。三是监管平台为纳税人提供的增值服务，平台为纳税人提供基于电子发票信息的增值服务，如简易会计账务服务、客户关系管理服务（CRM）等，应与使用者签订严格的许可协议，并且不得损害其他纳税人的信息权益。为此，税务部门可制定电子发票服务平台与使用者之间的基本服务协议，规范平台为使用者提供的基本服务，对于增值服务协议，则必须在税务管理部门备案。

4.1.3 电子发票管理的主要内容

电子发票的业务流程由八个要素组成：(1) 电子发票服务平台的建立；(2) 电子发票账户的开立；(3) 电子发票开具；(4) 电子发票接受与查验；(5) 电子发票的作废与冲红；(6) 电子发票的会计记账；(7) 电子发票汇总数据的反向推送与申报确认；(8) 电子发票数据参与纳税评定与评估。

1. 电子发票服务平台的建立

电子发票服务平台可选择第三方建设运营。目前，国家税务总局在建设全国网络发票服务平台时，选择了中国电信集团、中国联通集团和中国移动集团三大电信运营商作为第三方网络发票平台的承建商和运营商。未来在目前运营的基础上，可将网络发票平台改造升级为电子发票服务平台。是否还需要在此三大运营商之外再增加电子发票服务平台，可以视情况和发展而定。在选择第三方电子发票服务平台的合作方时，建议采用备案核准制。即税务总局制定技术、业务规范和服务要求以及其他资格要求。符合这些要求的第三方都可以向税务总局提出申请建设电子发票服务平台。税务总局审验申请资料后，对于符合要求的合作方予以核准，并提供建设指导建议。

（1）电子发票服务平台承建商的选择标准。选择电子发票服务平台承建商的标准应与选择网络发票平台承建商的类似，即应该选择具备必要的技术实力、资金实力和运营服务能力，还需要具备相应的公信力和服务体系，以满足广大纳税人及发票使用者的各种需求。

（2）第三方电子发票服务平台的合作方的选择机制。在选择第三方电子发票服务平台的合作方时，建议采用备案核准制。电子发票服务平台接收到开户申请并录入相关信息后，将开户资料提交税务机关核准备案。核准可以达到避免录入错误，同时防止多点开户，对于是否允许开户不作审批，备案即可的作用。

同时合作方应该符合税务总局制定技术、业务规范和服务要求以及其他资格要求。符合基本要求的企业向税务机关提交申请资料，税务总局审验资料后，对于符合要求的合作方予以核准，并提供建设指导建议。

（3）电子发票服务平台建立的基本要求。选定的电子发票服务平台要满足严格的业务规范、技术规范和安全规范三方面的要求。

业务规范指电子发票提供的电子发票使用相关业务需符合税务主管部门针对电子发票业务的有关要求，如对电子发票账户的要求、发票赋码规范要求、发票开具限制的相关要求、电子发票信息清分汇总的相关要求等。在税务机关限制性的规范要求之外，电子发票服务平台可根据使用者的需求，提供更多的增项服务，如CRM服务、个性化操作界面等，但不得侵害其他发票用户的信息和利益。

技术规范指电子发票服务平台应具备能满足发票使用者使用电子发票的相关性能要求，包括响应速度要求、传输速率要求、高可用性要求、便捷登录要求、支持多种移动互联设备的要求等。

安全规范指在平台层面应保持系统平台的最低安全等级保护要求，能有效预防和防止入侵、病毒、数据窃取等平台攻击，在客户端应用层面，应该有相应的安全保护机制，如密码安全、登录安全、CA认证等相关措施。

合作方完成平台建设后，由税务总局进行合规检查，并进行数据接口联调测试。完全达到要求的合作方，即可以开始面向纳税人及其他发票使用者提供电子发票服务。

2. 电子发票账户的开立

发票的使用者企业机构、政府机构、事业单位等组织机构和自然人应选择一个电子发票服务平台开立电子发票账户。

（1）企业机构和政府机构、事业单位等组织机构电子发票账号开立。电子发票账户需要以组织机构的名称和纳税识别号或组织机构代码证号作为账户名和账户号码。发票使用者只能选择一个电子发票服务平台开立账户，但是可以通过迁出再迁入实行电子发票服务平台的转换。

（2）自然人电子发票账号开立。由于自然人地位特殊不便于规范管理，因此可以建议和引导其开立电子发票账户。开立发票使用账户，可以采用便利开户方式，即自然人可选择到电子发票服务平台运营方的营业地点（如电信运营商的营业厅）自行开户，也可在向商户索取发票时，由商户协助开户，以自然人的姓名和身份证件号码作为账户名和账户号码。

开立自然人发票账户虽然增大电子发票的管理难度，但是能使电子发票的数据链条真正完整，不至于在零售环节形成大量的数据缺失，从而使发票管理更加全面。也有助于自然人索要发票，维护自身消费者权益，形成诚信纳税的社会氛围。从技术的角度讲，现在云计算应用以及移动互联网技术的普及，对于便利地开立自然人发票账户已经不存在技术难度，需要的是对操作细节设计得更加严密周全，在方便便捷的同时，保护使用者的隐私和信息安全。

（3）开立流程。发票使用者向电子发票服务平台提交开立电子发票账户的申请后，需要详细认真地填写自身信息。这些信息一般以税务登记证或组织机构代码证所载信息为准，对于自然人，则以身份证件信息为准，并最好添加移动通讯联系方式或电子邮件联系方式。自然人开立发票使用账户，可以采用便利开户方式，即自然人可选择到电子发票服务平台运营方的营业地点（如电信运营商的营业厅）自行开户，也可在向商户索取发票时，由商户协助开户。

为方便后续的使用，在账户的基本信息第一次填写完整并确认无误后，平台可以自动生成电子文件或者别名，如二维码或身份证后6位，后续使用时，只需输入电子文件或别名，即可登录账户。

为了核对信息，避免信息录入错误，同时防止多点开户、一人多户，电子发票服务平台接收到开户申请并录入相关信息后，应将开户资料提交税务机关核准备案。对于是否允许开户不作审批，备案即可。

发票用户在不同电子发票服务平台之间进行转换迁移时，账户基本信息不变，历史操作记录不变，并且在新的平台下依然可查询操作。账户迁移后，账户的电子链接地址由税务后台通知各电子发票服务平台作更新。之前开具的电子发票原始信息依然保存在原电子发票服务平台数据库中，只是在新平台的操作界面中提供信息数据和原始信息保存的链接。

发票使用者在获得发票账户后，可根据行业和公司特点，进行初始化和个性化的设置，如多点开票的情况下设定开票地点，多人操作时设置不同操作人员的分属权限等。

3. 电子发票开具

电子发票开票人登录进入电子发票账户后，可进行电子发票的开具。电子发票服务平台应根据税务部门的限制要求，对不同开票人所能开具的项目、金额、份数进行限制。

在开具电子发票时，开票方需要详细录入相关信息。首先是受票方的信息，组织机构需要名称、纳税识别号、组织机构代码号等，自然人需要姓名和身份证件号码。在电子发票服务平台上，这些信息也不需要开票方逐条录入，只需要录入关键词，由电子发票服务平台在开户数据库中进行查找并反馈回来完整信息。开票方也可以通过读取或者扫描受票方提供的发票账户信息二维码，直接获取受票方信息，或者建立联系人，直接选取。此外还应该输入受票人的通讯方式，一旦开票成功，由平台自动发送短信或邮件通知受票人，以便于其实时查询。在完成受票方信息录入后，填写交易信息。交易信息包括货物服务提供信息，包含产品名称、数量、单价、总价等内容。交易信息填写越完整越好。电子发票服务平台应可以提供商户销售管理系统或者资源管理系统（ERP）系统的数据接口对接，则交易信息可自动赋值。欧盟国家的电子发票服务平台就对大部分的交易细节都规定了数据封装格式，目的也是希望商户在开具电子发票时能详细完备地填写交易信息。最后是开票人信息。开票人信息不需要开票人单独填写，由电子发票服务平台根据开票人电子发票账户信息自动赋值，操作人员只需要根据权限选择操作人即可。

电子发票的票面内容信息填写完毕后，开票人选择提交保存，电子发票服务平台对提交的电子发票信息进行票面逻辑校验以及权属限制校验，确认无误后保存，并反馈给开票人电子发票号。电子发票的号码是由电子发票服务平台依据税务管理部门的一定编码规则自动产生，其作用一是标示该电子发票的唯一性，即一票一号，不会重码，二是后续使用方便，后续查验、对账、记账、审计、税务评估稽查均以该电子发票号作为索引和标识查找原始电子发票信息。需要强调的是，电子发票的号码完全可以等开票人确认开具发票之后再行赋码，没有必要在开具发票之前预先给出；也没有必要由税务机关来编码管理，只需要制定编码规则后，交由电子发票服务平台按规则随流水号自动生成。

电子发票号赋码完成后，就意味着一张电子发票开具完成。

电子发票服务平台将电子发票内容的所有信息，统一封装好并保存作为电子发票的原始数据。同时将发票数据传递给税务机关后台发票数据库，并通知电子发票的开票方和受票方。在此流程中，作为法律证据意义的电子发票数据电文原件，既非保存在开票方，也不是受票方，更不是税务机关，而是保存在电子发票服务平台。开票方、受票方使用发票作为凭证时，只需引用该数据电文，税务机关在一般情况下，也只需要使用该电子发票的相关信息。而一旦发生纠纷或争议，则由第三方的电子发票服务平台负责鉴证电子发票的原始数据电文，此可以减少大量的开票方、受票方自我举证的困难。电子发票服务平台由于其中立性和其技术力量、安全保护级别、严格数据管理规范和公信力，能够保证电子发票原始数据电文不被篡改或遗失。因此，第三方电子发票服务平台出具的电子发票鉴证文件，将更加具有证据力。如果对电子发票服务平台出具的原始数据电文有异议，则电子发票服务平台可以负责举证，通过数据封装、数据库操作记录等技术指标，证明其所保存的电子发票数据电文确实是开票人原始开具的发票，未经过篡改。

4. 电子发票接受与查验

电子发票开具完成后，电子发票服务平台将电子发票的相关信息清分到开票方、受票方相关发票账户，并以约定的方式及时通知。受票方接收到电子发票服务平台的通知，如短信或电子邮件等形式，即可登录电子发票账户，确认电子发票已经按照与开票方的约定正确开出。电子发票服务平台的通知里即载明了该份电子发票的内容摘要，在一般的使用场景中受票方已不再需要登录平台再次确认和查验。如果电子发票服务平台发出的通知受票方未能及时收悉，如相关短信没有收到，则受票方仍然可以通过登录发票账户的方式查验发票。电子发票服务平台应提供多种查询途径，如移动互联终端、短信等，并开发相应的发票账户管理的移动终端应用交由使用者免费使用，尤其是基本查验功能和对自然人用户应该是免费提供。使用者可以将该应用下载到手机等移动终端，通过手机方便地进行发票的查验。

在发票的查验过程中，实时查询的目的是：（1）方便受票方。对于受票方来说，其主观意愿上是不愿意取得假发票的，但由于缺乏有效的查验方法，受票方只得在不明真相的情况下取走发票，后续再通过其他手段检验发票真伪。即使察觉发票存在问题，也存在开票方不予承认、追回成本太高等问题。而电子发票服务平台提供实时查询，就极大地减轻了受票方查验发票的麻烦和取得假发票的风险。（2）实现对发票开票方最有效监督。由于受票方可以实时查验发票，开票方就不能以发票数据暂未上传成功为理由推脱开具发票，因而减少了避税漏税的空间。通过发票的实时查询，就实现了通过受票方监督开票方，由社会共同监督规范发票的管理目标。

5. 电子发票的作废与冲红

现有发票管理模式下，发票的作废与冲红都是由开票方完成，开票方收回一份发票的全部联次，然后再作作废或冲红处理。在电子发票的管理模式下，电子发票的作废与冲红应该由发票的开票方和受票方共同完成。受票方与开票方达成一致意见，同意对已开发票进行作废或冲红处理时，受票方登录发票管理账户，作发票退回操作。开票方接收到电子发票服务平台推送的发票退回通知后，就退回的发票进行作废或冲红处理。

在现有发票管理模式中，部分开票方为了逃税，在受票方不知情的情况下将发票作废冲红。这种问题只能通过发票验旧发现，而由于其工作量巨大，工作人员难以做到对每张发票仔细查验，因此导致税款流失。而电子发票服务平台中，由受票方发起作废冲红流程，可有效防止此类情况发生，确保发票作废冲红符合双方真实交易意图。

6. 电子发票的会计记账

电子发票服务平台节省了企业会计的工作量，规避了使用假发票的风险。企业财务会计人员在处理电子发票的账务时，不需要改变原有的工作流程。对于完全实现电算化的企业，会计人员可以直接从电子发票服务平台下载电子发票信息并导入企业的财务软件。下载的电子发票信息包括本企业开出的发票和从外企业接收来的发票，开出的发票信息可直接计入营业收入科目，而接收来的发票，经过必要的报销流程后有的计入成本、费用科目，未经审批的则不予入账。企业会计需要在电子发票服务平台上对每张发票是否入账做出批注，以方便税务机关更准确高效地核算和推送发票信息。当企业需要纸质凭证入账时，可以直接从电子发票服务平台将发票内容打印到固定格式的发票凭证或者打印纸上即可。企业会计也省去了查验发票真伪的工作量，规避了使用假发票的风险。

对于企业接收到的电子发票是否入账，企业会计需要在电子发票服务平台上对该张发票进行标注。这样的目的主要是方便后续税务机关在推送发票信息时更准确和有针对性。

7. 电子发票汇总数据的反向推送与申报确认

在一个纳税周期结束后，纳税人进入纳税申报征期，这时，税务机关就要将各电子发票服务平台汇总来的电子发票数据，按照发票账户形成汇总清单并推送给账户使用者。对于纳税人，这份清单就分别汇总了当期的所有开具发票的营业收入和接受到发票的成本费用。纳税人在电子发票的数据基础上，确认并补充应纳税的营业收入，选择可以抵税的成本费用，完善当期的纳税申报表。

8. 电子发票数据参与纳税评定与评估

税务部门可以根据电子发票的大数据，利用各种理论模型分析工具，对纳税人的涉税行为、申报情况进行分析、评估和预测。从更宏观的角度来看，税务部门也可依据汇总的发票信息，对中观的行业、区域经济问题进行直观的分析，更可对宏观的经济分析提供有力的数据支撑。

4.1.4 特殊票种的电子发票管理

对发票使用者而言，电子发票与纸质发票相比，除了需要联网登陆电子发票服务平台外，其他方面并无太大差异。包括增值税专用发票、增值税普通发票、通用机打发票、交通运输发票、内河航运发票、机动车发票、二手车发票、房地产发票、建筑安装业发票等，都可以方便地应用电子发票。对于一些特殊的开具方式，如集贸市场代开发票、农副产品收购发票，也可以在电子发票服务平台正常开具。而现在已经实现平台化实名化的一些特种发票，如民航客票、火车票，可以在税务部门的指导下升级为独立的自营电子发票开票平台，平台数据与税务部门后台系统对接，并由税务后台清分到公共电子发票服务平台的相关购票人电子发票账户。

但一些特殊场景下使用的发票，应用电子发票就需要进行特殊地考虑和设计。从实施策略的角度讲，这类发票的应用，应该放在电子发票实施的最后阶段。

1. 出租车票

现行的出租车业的发票管理，一般是由地方交通运输管理部门联合当地税务主管部门，根据相关政策，联合设计出租车业税控计价器。计价器内置预设了出租车计价方案，并与车辆的里程记录仪相联，根据行驶里程、花费时间自动计算出使用出租车的费用。计价器采用扣表自动计价、出票的方式，因此无法录入发票接受方的信息。这种方式计价明确、出票即走，即不对出租司机造成负担，又有效地保护乘客的个人信息。

设计出租车的电子发票，可以在出租车计价器中加装移动通讯模块，与电子发票服务平台联通并交互数据，或者在司机的手机中加装电子发票终端软件，利用手机的移动通讯功能与电子发票服务平台互通，同时手机与计价器对接，获取行车计价信息可以有效解决电子发票的税控问题。在录入乘客信息的环节，可以通过手机扫描乘客的公司信息或个人信息二维码，快速获取自动录入。出票环节，由电子发票服务平台向乘客登记的移动通讯终端发送发票内容信息。电子发票不用像纸质发票一样输出，节省发票打印机的成本，使总体成本降低。另外可以采用缺省模式出具出租车电子发票保护乘客的个人信息，但同时应限制报销。

可将每个出租车上的计价器看为分支开票点，出租车所属的出租车运营公司为总开票点。纳税年度结束后，可由所属出租车运营公司汇总当前所有出租车车票开具情况，上报主管税务机关。

乘客登录电子发票个人账户或发票查询系统即可查询电子发票相关信息，在报销环节，财务制度可允许录入了单位信息或员工个人信息的发票报销，限制缺省受票人信息的发票报销。

2. 过路通行费发票

过路费依据计时、计次或里程，采用定额手撕发票，大型收费点则多数采用机打发票。此类发票在出站处均设有相应的收费站，因此可以在收费端加装电子发票移动终端，安装专用的收费发票开票软件。收费站通过扫二维码获取通行车辆信息，在服务平台向通行车辆驾驶人员开具电子发票。通过在车辆固定位置粘贴受票人的二维码信息，可以实现收费点自动扫描，简化开票流程。这种方案下，收费点只需要加装相应的软件，硬件投入不会增加，同时节省印制纸质发票的成本。电子发票系统的采用也将极大地加快车辆通行速度。

停车、过路、加油费等支出经由电子发票服务平台汇总归集，对于已纳入增值税征收范围的交通物流行业，可以作为增值税的进项支出，因而对其更具有实际意义。

3. 门票

门票的性质比较特殊。门票一般带有入场券的功能，观众或游客需要验票入场。而且门票大多数是消费者的个人消费，不用会计入账，不需要抵扣列支，因此门票的管理相对简单。一般是要求通过监制印刷门票发票，依据门票使用数量情况统计营业额计征相应税负。临时性质的演出票、体育赛事等门票不经过税务监制印刷，某种程度上不能当作发票。另外，在旅游旺季，热点景区、场馆游客数量大，通行密度高，需要在短时间内完成验票操作。因此，纸质的门票反而较电子发票更具优势。

综上所述，将门票纳入电子发票管理是否必要有待商议。可以借鉴航空机票或火车票的管理办法，由景区自建门票购票平台，或也可由集中电子发票服务平台单独增加服务功能，购票人在线购买门票，自行录入购票人信息，自建的在线购票平台定期与电子发票服务平台同步数据。进入景区或场馆前，购票人在售票点凭身份证换取入场凭证，或者直接查验身份证入场。这种方案不增加门票出售的工作量，实现了对门票信息的完整采集，但是需要平台端的投入。无论是由景区还是由第三方的电子发票服务平台来承建在线购票平台，势必涉及一定的投入。当然，也可以委托社会其他力量来建设，如携程、途牛等旅游网站，可以建设一个为多个景点场馆服务的综合在线购票平台，但这也将增加管理上的难度。总的来说，这种方案具备可行性，但仍需要综合衡量税收征管效果、实际投入情况、消费者使用感受、企业管理方便性等多个因素。

4.2　主要税种的电子发票管理

4.2.1　增值税的电子发票管理

1. 增值税专用电子发票管理

增值税管理中涉及发票开具方与接受方的双向管理，是最适宜采用电子发票进行管理的税种。目前，我国采用金税二期工程建设的增值税防伪税控系统以及交叉稽核系统对增值税专用发票进行管理。在这个系统中，发票的开票方、受票方都需要进行严格的资格认定，按照一般纳税人的诸多要求，如达到营业额要求、会计建账完备、内部管理规范等。这部分发票使用者，一般都是有一定规模、管理比较规范的企业纳税人。采用电子发票管理，对于这部分纳税人来说可以显著降低发票管理成本和使用成本。而对于税务机关而言，通过电子发票可以有效降低增值税专用发票的管理成本，更好地防范增值税涉票的违法行为。

增值税专用发票的最大特点是可以依据抵扣联进行增值税的进项税额抵扣。在发票的概念中所强调的发票的税务凭证概念，最主要是针对增值税专用发票的抵扣联而言的，缺少了专用发票抵扣联（如发生遗失、损毁的情况），即使交易是真实发生的，税务机关也不允许进行税款抵扣，或者需要纳税人提供充分证据，并缴纳一定罚款。另一方面，如果纳税人取得了专用发票抵扣联并经过认证相符，税务机关在流程上就允许纳税人进行进项抵扣。这就使增值税专用发票的抵扣联这一张薄纸具有了特殊的价值。

电子发票在增值税专用发票上的应用起到简化发票管理流程、加强增值税专用发票的监管的作用。

（1）简化增值税专用发票管理流程。通过电子发票系统，增值税专用发票的整个流程都简化了。发票的认证、交叉稽核环节自动完成，不再需要额外的系统，更不需要纳税人对发票抵扣联扫描、上传、认证等一系列繁琐又严格的操作。期末申报时，销项、进项信息直接推送給纳税人，不再需要会计一张张发票录入、抄税，也简化了对发票实物保管的苛刻要求。

(2) 加强增值税专用发票纳税遵从。电子系统加大了税收监管的力度，减少税款流失。如果纳税人出现异常使用发票情况，如突然开具远大于正常营业额的发票、接受从未有往来的商户的大额进项发票等，电子发票的税务端可以实时报警，税务管理人员即可及时介入，进行了解、调查、评估，从而第一时间发现涉税开票的疑点。及时发现和查处涉票的违法行为，可从根本上打消了企业的侥幸心理，促使其提高诚信纳税的遵从度。

2. 增值税普通发票管理

非零售类的一般纳税人企业向最终用户销售商品和提供劳务，需要开具增值税普通发票。受票方直接在电子发票服务平台上实时查询自己的发票账户就可以确认收到的发票的真伪情况。实时查询对于异地取得发票的情况尤其有效果。受票方在异地拿到发票后，实时就可以得到发票查询的结果，避免了后续发现问题再来回奔波。电子发票可以很好地解决现行制度下，普通发票不需要进行交叉稽核比对，受票方无法将信息反馈给税务机关，出现开假发票的现象。

采用电子发票管理，控制了原本漏掉的增值税普通发票，有效地堵塞了税收管理漏洞，使整个增值税管理链条更加完整。

对于与增值税普通发票类似的其他发票，如机动车销售发票、交通运输类发票等，都可以通过电子发票服务平台，实时掌握发票数据，查询发票结果。

3. 普通发票的电子发票管理

普通发票由行业发票和专用发票组成。在现行的发票管理体系中，对普通发票实行粗放式管理。因此普通发票也成为假发票泛滥的领域。采用电子发票系统，可以实现实时采集、验证普通发票的交易信息，有效地防范了假发票的情况。

4. 营业税的电子发票管理

餐饮、娱乐是缴纳营业税的典型行业，这类发票包括普通的通用机打发票、定额发票、手写发票等几种类型。纳税人通过开虚票、开假票和不开票等形式隐瞒营业收入，规避税务机关的管理。电子发票管理体系，受票方可以实时查询发票信息，从而有效地解决纳税人虚开发票、假开发票、不开发票的问题。同时电子发票系统的使用，有效支持国家“营改增”政策，对于规范营业税企业的纳税行为起到重要作用。

5. 电子发票对于不开票情况的管理

不开票的情形是发票管理中的另一个难点。这类情形主要是针对个人消费者。征管难度大，成本高，电子发票管理体系可以配合像发票抽奖、有奖举报、个人费用税前扣除等激励手段来共同防治。

（1）发票抽奖。为激励消费者主动索要发票，相关部门可以加大奖品投入，增加中奖面，同时将抽奖人只限于个人消费者。在发票抽奖的流程设计中，信息的及时通知和奖金的方便兑付十分重要。在电子发票管理体系中，个人受票者需要登记联系方式，最好是移动联系方式。在抽奖环节，可以在税务部门的公证下，由电子发票服务平台自动随机抽取，抽奖比例应达到10%左右。抽奖完成后电子发票服务平台自动发送中奖信息的短信、电子邮件通知给中奖人，也可以在平台公告中公布中奖名单。而在兑奖环节，只需要中奖人反馈一个确认收到中奖通知的信息，就可以由电子发票服务平台直接将奖品兑付给中奖人。兑付不宜采用现金形式，可以是消费者日常需要的其他形式，如电信资费、个人所得税抵扣电子券，甚至商场、超市的购物电子券、加油卡，还可以以积分的形式储存起来，后续再兑付更大价值的奖品。奖品可以由当地财政、税务通过招标的方式，面向社会企业采购，由于发票抽奖本身具有良好的宣传效果，巨大的广告价值，因此商家在参与奖品投标时，会给予较大的折扣，从而有效降低了兑付发票抽奖的财政支出。而这些制度设计的构想，必须建立在一个完备的电子发票服务平台基础上。

（2）有奖举报。对于拒绝开具发票的商家，可以通过有奖举报的方式遏制。在这一点上，税务部门需要联合司法部门，告知商家和消费者，如何完整和有效的取证，比如录音、录像等方式。一旦消费者取得了完备的证据，并向税务机关投诉拒绝开具发票的商家，税务机关即可联合工商、司法部门一起对商家查证和处罚。经查询属实后，可以将罚金的一定比例当作奖励给予举报人。

现实中，商家拒绝开发票的理由往往是发票用完了，税务部门还没有批准购买新的发票，或者开票的机具坏了，暂时无法开票。由于这两个借口也有可能是真实情况，消费者无法验证。电子发票推行后，这两个理由就都不能成立。首先，电子发票体系下，一般不需要纸质发票，对于个人消费者更是没有必要，无论是消费维权还是其他用途，电子发票完全可以满足需要。其次，电子发票的开具不再需要任何特殊设备，只要能上网的电子设备，包括电脑、手机等，都可以作为开票的工具。如果电脑坏了，还可以用手机开具发票。当然这些信息也需要税务机关广泛宣传，告知社会公众，一方面促进公众消费时索要发票，另一方面可以抵制商家滥用借口不开发票。

（3）个人费用税前扣除。通过改革和完善综合个人所得税制度，加强个人所得税费用扣除项目审查。如明确个人所得税的部分费用扣除需要以电子发票作为凭证，就可以有效地促进部分消费者在消费时主动索要发票。

通过以上分析可以看到，电子发票极大地促进了税收管理的效率。当然也必须看到，电子发票不是万能的，电子发票只是在对于发票管理、规范纳税人行为方面，比纸质发票更完善更有效，而且成本更低。但电子发票并不能解决涉及发票的一切问题。比如开票受票的双方串通，在没有交易的情况下虚开发票，用以冲抵费用或者调整增值税税负。这种情况电子发票就无法完全杜绝，这需要配合所得税、增值税管理进行更细致地纳税评估，才能有效防治。还有可能消费者因为不愿透露个人消费信息等原因，确实不愿索要发票，电子发票也无能为力。但电子发票至少可以形成倒逼机制，使大部分的商家至少在消费者需要发票时，能开出电子发票。

4.2.2 企业所得税的电子发票管理

1. 对于一般企业的所得税的管理

企业所得税的管理，核心在于收入的确认和税前扣除的成本费用列支的确认。企业的收入一般是通过销售货物或者提供劳务取得的营业收入，这类收入按照法律法规要求，都是要开具发票的。对于没有发票的投资收益，暂时不纳入考虑。而企业的成本、费用中，最主要和日常的还是通过发票作为凭证的外购的原材料、进项货物以及其他的商品和劳务。通过电子发票的管理，企业的这一部分收入和成本费用，对于税务部门而言是一目了然的。

电子发票管理体系下，开票方必须承担开具发票的相应增值税或者营业税税负；其次，开票方开具发票就要确认收入，也要面临企业所得税税负的压力。因此，通过电子发票，不法企业就不能再肆无忌惮地虚开发票，不能再成为靠专门卖票过活的开票公司。只是在有的企业确实有大量富余的增值税留抵余额或者自身经营成本远高于营业收入时，这种情况才会发生。因此，至少电子发票在很大程度上压缩了双方合谋真票虚开的情况。

可以极大减少企业通过不开发票、假开发票（大头小尾）或者提供假发票隐瞒收入和假发票列支虚增成本费用规避所得税的违法行为。

2. 对于总分支机构企业所得税的管理

大型企业总分支机构的所得税，目前由企业自主申报，按照资产、收入、人员分别折算一定系数，以此确定所得税税负在总机构和各分支机构之间的分配。由于是自行申报，而且税务机关也确实很难全面掌握企业总机构和各分支机构的实际情况，因此在申报过程中，难免出现企业利用信息不对称，所以通过有意识地调整相关系数，依据各分支机构不同的经营状况、地方政策等情况调整所得税税负的分担情况，以实现避税的目的。

而在电子发票体系下，企业的总机构、分支机构的开票情况、接受发票情况都为税务部门完整清晰掌握。在电子发票管理体系下，发票数据全国统一集中，各主管税务机关不但可以了解掌握企业总部机构的发票开具、接受情况，也能了解到该企业各分支机构的发票开具接受情况。因此，企业难以再利用不同级次税务机关的信息不畅通而随意地调整申报信息。

通过电子发票系统，税务机关可以清晰了解企业总部机构和各分支机构各自的销售收入及费用支出情况，并且，据此可以分析出企业各机构的资产配置状况和人员配备情况。通过企业购置各种资产的电子发票，如生产设备、交通运输车辆等，税务机关可以及时掌握企业资产新增情况。通过对企业申报的各时期历史数据的积累和分析，就能勾勒出企业资产的新增、在用、变更、报废的合理情形，再比对企业当期申报，能更有效地发现疑点。

4.2.3 个人所得税的电子发票管理

我国采用分类个人所得税制，按照源头代扣代缴结合个人自行申报的方式征管，以固定标准进行税前费用扣除。如目前全国统一工资薪金所得月费用扣除标准3500元，依个人工资薪金标准确定的养老保险、医疗保险、失业保险、住房公积金等五险一金也可以在个人工资薪金所得税前扣除。个人的劳务、稿酬、财产租赁所得等，一般以所得的20%作为扣除标准。

在我国现行的分类个人所得税制下，个人所得税管理最大的难点就是无法全面准确地核实个人所得情况。主要包括以下的情形：一是个人在多处获得工资薪金，未能合并申报个人所得；二是个人取得劳务、稿酬、财产租赁等所得，支付方未进行代扣代缴，所得人也未进行申报；三是以个人消费冲抵企业费用。电子发票对于上述问题能提供一些行之有效的解决办法。

1. 针对个人多处获得工资薪金

目前解决此问题采取的方法是通过将金税工程与现有应用系统衔接，由税务总局建设全国统一的自然人信息库，统一的个人所得税征管系统。解决现行各省征管系统各施其职、信息交流困难的问题。企业申报的个人所得税代扣代缴信息将按自然人进行归并，汇总个人在不同地区的工资薪金，计算出当期应缴纳的个人所得税。

推行电子发票系统也可以很好解决个人多处获得工资薪金缴纳个人所得税的问题。纳税人在电子发票服务平台上需要通过实名注册电子发票账户。个人的电子发票账主要用于电子发票的查验和退货处理，也会当做是到抽奖等信息凭证。雇主企业向个人电子发票账户开具类似电子发票的单据，不仅可以作为企业代扣代缴的凭证进行成本费用列支，还可以通过单据上记载的信息得知个人纳税人当期在此企业获得的工资薪金收入。若纳税人在多处取得收入，则会收到多张电子单据，经过系统设置，自动汇总纳税人当期工资薪金所得，计算当期纳税人应该缴纳的实际税额。

这一管控流程，仅是在个人取得工资薪金收入的时候提供一份个人收入确认凭证，类似于个人在工资条上签字确认，并未增加流程的复杂程度。个人所得税的缴纳仍然是支付单位在源头代扣代缴，并未改变个人所得税原有的代扣代缴关系。

一种方法是由个人登录电子发票账户，自行录入包括实际取得收入所得、扣除费用、应缴税金等个人收入的相关信息。但是这种方法需要纳税人逐条录入信息，尤其是对于在多处均有所得的纳税人来说，增加纳税人的负担，也不利于税收征管。另一种解决方法是由企业在代扣代缴的时候同时向主管税务机关提供个人工资薪金信息。主管税务机关将信息传输到电子发票服务平台，再由服务平台清分到取得收入者的个人电子发票账户，自动生成收入确认凭证，通知收入取得个人登录电子发票账户进行确认收入操作。第二种解决方法极大的简化个人使用者的操作流程，对于个人使用者不会有太高的技能要求。

通过电子发票服务平台出具的个人收入确认凭证，代扣代缴的企业工作流程并未增加。个人操作也较为简便，只需登录电子发票服务平台，对服务平台汇总出具的个人收入确认凭证清单进行确认即可。电子发票系统的加入，使税务机关能够更全面了解个人收入情况，弥补现行税收制度的缺陷；同时，个人更清楚了解自身收入的构成和扣除情况，又有利于培养社会公众的纳税意识。收入确认凭证可以作为个人纳税凭证，对于建立全国的个人信用评估体系起到重要作用。

2. 针对无代扣人取得收入的情况

电子发票管理系统中，个人取得劳务报酬、稿酬、财产租赁等所得可以采用工资薪金所得的管理思路，支付方在支付时开具收入确认凭证，由取得收入的个人登录服务平台确认收入。收入确认凭证即可以作为支付方成本费用列支的依据，也为税务机关核查个人收入提供凭证。为我国个人所得税分类课征转为综合课征奠定基础。

现实中支付方未进行代扣代缴，所得人也不进行申报，这种情形就很难纳入监管。对交易双方是个人、交易采用现金支付且金额较小的情况，监管难、成本高，因此对于这类交易监管的要求相对较低。税收监管的重点则放在企业向个人支付的大额劳务、租赁费用上。企业在向个人支付时为避税以现金支付，不作个人所得税的代扣代缴，而通过外购发票进行冲账，而外购的发票里假发票的比例非常高。

电子发票系统快速识别假发票，阻断企业通过外购假发票入账进行套现的途径。如果企业选择与其他公司勾结虚开发票，也需要承担一定的流转税负，增加企业的违规成本。虚开发票后，企业还需要进行提现操作，但是这类发票没有对应银行转账的交易，在纳税评估中是很容易发现的疑点。这增加了企业违规套现被发现的概率，被查处的风险加大。因此电子发票管理体系能有效遏制企业外购发票、虚开发票进行避税的行为。

因此，对于企业对个人的劳务、租赁等支出过程中的违规避税行为，关键是加强现金管理。通过电子发票系统可以比较好地遏制企业违规套现，增加企业套现成本，加大企业违规被查处的风险，从而在一定程度上规范了个人取得这类所得时，依法申报和扣缴税款的行为。

3. 针对以个人消费冲抵企业费用的情况

部分企业高管会将自己的个人消费开具发票冲抵企业费用，变相给高管发放奖金。这种行为同时减少企业所得税税负和高管的个人所得税税负。虽然现行税收管理体系中，限制费用列支中业务招待等费用的额度，遏制企业以个人消费冲抵企业费用的情况，但是还未能完全解决这类问题。尤其是对于以会议费、差旅费、办公用品、车辆、交通费用等名义发生的费用，难以区分是企业经营正常合理的费用还是个人日常消费冲抵。虽然某些地区通过鼓励企业员工内部举报来发现疑点企业，但是这种方法由于存在利益冲突，员工为了自己利益一般不会轻易冒险举报企业，鼓励措施的收效较小。

电子发票管理体系也能在一定程度上遏制个人日常消费冲抵企业费用的情况。通过电子发票，税务管理部门能够更准确地掌握企业列支的费用明细，通过相关模型的评估，能有效地分析企业费用构成的合理性，以约束和规范企业费用列支的行为，从而间接地遏制个人消费冲抵企业费用的情况。比如电子发票可以载明购物的商品明细，通过分析，如果企业费用中有大量的商场、超市发票，购物的内容又是以日常居家用品为主，则这类费用明显存在疑问。又如通过电子发票可以规范现金管理，对于大额的会议费、广告费，应以银行转账支付而不能以现金支付。

总的来说，以个人消费冲抵企业费用的情况很难完全地抑制。但采用电子发票后，税务机关对企业费用构成可以进行更有效的评估，这既有助于加强企业所得税管理，也有助于加强个人所得税管理。

第五章 统筹推进我国电子发票管理体系建设

随着我国电子商务的迅猛发展，电子发票的发展和推广运用已经成为必然趋势，全面推行电子发票，我们需要从制度、业务、平台、技术、数据、安全等多维度进行统筹考虑，建立并推进我国电子发票管理体系建设。结合当前电子发票管理现状，我国应制定切实可行的全面推行电子发票的总体目标，并积极稳妥的分步实施，整体推进，切实提高电子商务税收管理的水平和质量。

5.1 我国电子发票管理体系建设的主要内容

5.1.1 加强制度建设

1. 征管制度相关法规

(1) 明确电子发票的法律地位，解决发票形态转换的合法性。国家税务总局文件已经明确了网络开具发票的法律地位，为以后电子发票的推广应用提供了制度依据，但是在税收征管的法律层面尚未确定电子发票的法律性。对于税务机关取得、使用电子信息或证据工作中的权力和义务、纳税人的举证责任和义务等需要有明确的说明。为保证电子发票的真实性和完整性，每一份电子记录都将纳入税务机关的电子数据库，确保纳税人的合法权益的同时，也为交易行为提供有效凭证，证明交易的真实存在。电子发票也可以作为日后可能出现的经济纠纷的诉讼证据。电子发票作为国家税务机关监管纳税人应纳税额的重要依据，只要经查证属实就可以作为诉讼证据使用，从而有利于诉讼双方进行取证和质证。

在纸质发票转向电子发票使用的时期，相关的法律需要有效衔接。电子发票与实物发票在管理环节和管理要求上存在差异，因此在发票管理办法及实施细则中应该对此进行明确，不能照搬原有实物发票的管理办法。

（2）推行电子发票实名制，解决发票信息真实性问题。现行的《中华人民共和国发票管理办法》对发票的印制、领购、开具和保管、检查和罚则做出了详细规定，并且加大了对违法开发票的惩处力度。但是发票管理体制还不甚完全，倒卖假发票、虚开发票、套开发票等现象层出不穷，造成国家税基被严重侵蚀，扰乱了经济秩序而且还会助长贪污受贿等不良风气。

电子发票实名制则要求出票方开具发票时要将受票方名称列为电子发票的必录项目。因此，电子发票实名制的推行可以解决真实开具问题，实现采集发票信息以及信息对比等应用。使具有强制性的法律规范填补了道德规范的局限性，极大地加强发票管理。

2. 管理制度及数据安全

（1）鼓励索票，解决发票信息闭环问题。信息反馈作为发票信息闭环的重要环节，直接影响到发票系统控制的有效性。作为发票管理系统的末端，受票方，尤其是个人消费者因为不需要做账或者出票方拖延等原因经常不索要发票。这也造成发票信息反馈的失败，发票信息系统不能正常运行。这类问题不能仅通过对不开发票的销售方实施惩罚措施，还需要出台相应的措施鼓励末端消费者向销售方索要发票。因此，需要明确有奖发票的法律依据，扩大有奖发票的范围与额度；另外出台举报奖励政策，对于发票违法违章的非法行为进行举报，经调查核实从查处的收入中提取部分作为奖金发放。

（2）完善相关管理规定，推行发票规范。电子发票的推行需要技术层面的支持，同时也需要制度层面的支持。现有的以纸质发票为基础的发票管理相关规章制度需要修订，并研究完善电子发票开具、限额、传递、保管、代开及发票数据的查询等相关管理规定，设定电子发票的使用规范。对于电子发票运行的网络平台，也需要从法律层面加以保护，防止电子发票管理系统人为入侵，保障电子发票的稳步推行。

3. 会计制度

（1）明确电子发票的原始凭证功能，解决与会计核算系统对接问题。电子发票，必然涉及会计核算中原始凭证的无纸化、单位印章及经办人员签章的电子化以及会计档案保管的无纸化等，而目前的会计法规中并未有相应的配套规定，因此需要在《中华人民共和国会计法》中明确电子凭证的法律地位，将电子凭证纳入原始凭证的范围，避免出现因电子发票无法做账，造成无法报销、多次报销等问题；修订《会计基础工作规范》，明确原始凭证中电子签章与手工签章的法律效力等同；修订《会计档案管理办法》等规章制度，明确电子发票的接收及归档保存。同时，协调银行转账记录和直接采取现金交易的会计记录，做好发票信息和实际交易信息的比对工作。

（2）衔接现有会计核算流程，制定相关会计制度。推行电子发票取得方进行会计操作必然与传统会计核算流程产生冲突，还有必要进一步探索研究既符合会计核算又遵从电子发票规律的办法，制定符合电子发票核算程序的会计核算流程。

目前的会计核算流程仅是电子计算机为主体的信息技术和手工会计核算流程的简单结合，因此需要改善原始凭证的保存与处理，原始汇总表的制定等流程规范。另外，会计核算流程的改变必然会对企业的管理模式产生影响。

这三方面作为我国推行电子发票的制度拓展策略是相互协调、互相补充的，对于完善推行电子发票有着重要影响。

5.1.2 规范业务范畴

1. 业务实现目标

电子发票是基于全国电子计算机与通信网络普及的基础上，通过现代信息技术手段，采取信息集中方式对发票及相关业务流程进行电子化管理的一种发票服务与管理模式。电子发票业务应实现以下业务目标。

(1) 满足电子发票管理的业务需求，包括电子发票账户生成、电子发票的发放与领用、纳税人电子发票的开具及取得与查验、税务机关对发票信息及流程的监管要求。

(2) 开具和使用电子发票的纳税人，尤其是与电子商务相关的各类纳税人，在任何情况下都能通过平台使用电子发票。平台具有高度扩展的技术支撑环境，确保电子发票体系在未来全国范围内实施顺利。

(3) 服务平台开具的电子发票必须保证发票信息的正确性、安全性、唯一性。同时平台还需要满足可靠存储、方便查询验证等基本条件。在实施电子发票的初步阶段，还需要应保证与纸质发票意义对应。

(4) 电子发票服务平台能够有效支持税务管理端的税务管理信息系统、发票使用端的企业 eTIMS 系统等涉及发票使用的其他系统。

2. 核心业务功能描述

(1) 在电子发票账户的发放与领取方面，一方面需要为符合税务部门制定的电子发票的发放和审批规则要求的纳税人办理电子发票号码，纳税人日后申请及领用发票均通过此号码办理。另一方面，需要为税务部门提供纳税人电子发票号码的申请领用等基本情况，提供电子发票号码的赋码生成规则以及号码发放的管理。

（2）在电子发票的开具与使用方面，为办理电子发票账户的纳税人提供电子发票开具、查验、下载、打印等服务，电子发票开具流程自动对接交易双方的企业 ERP 系统、财务系统以及报税系统。

（3）在电子发票的信息采集与利用方面，为税务部门提供电子发票的实时信息采集服务，快速实现交易双方电子发票信息的比对、发票信息与税款申报信息的比对及验证。利用电子发票为纳税人实际上缴税额的确定提供依据，发现票实不符的电子发票，平台提供的信息便于税务管理部门进行稽查等后续工作。

（4）在电子发票对接方面，平台能够支持与局端已有的征管等业务系统对接，实现发票局端管理的自动化。平台同时能够支持与企业内部的管理系统对接，实现企业自我监督、自我管理。

3. 非功能性需求分析

电子发票服务平台在满足相关业务需要的同时，还需要考虑操作使用的非功能性需求。非功能性需求主要包括性能需求和业务约束两个方面。

（1）性能需求。

①便捷需求。电子发票的开具属于即来即办业务，因此具有交易内容短、业务频繁、交易时效性较强的特点。因此，电子发票服务平台必须满足纳税人在任何正常经营的时点正常开具电子发票的需要，提供“7×24 小时”全天候无间断的发票服务。电子发票系统的数据读取时间和响应时间也要有严格的限定。

②安全需求。发票中的内容信息是企业经营活动中最私密的信息之一，因此平台应具有极高的安全性保障。应确保电子发票开具时，在发票数据生成、网络传输、信息保存等方面的信息安全。应注意防冒用、盗取、抵赖、篡改发票信息等安全问题。在电子发票推行的初期，存在电子发票和纸质发票并存的现象，需要电子发票打印，平台还需要保障票据打印后的唯一识别功能。

③稳健需求。由于市场信息变化莫测，电子发票短时间的系统故障可能引起的纳税人无法开具发票，从而导致企业经营损失，因此电子发票服务平台对物理支持要求极高。平台应保证在正常情况下和极端情况下的正常使用，对于出现自然灾害等情况导致单点出现故障的情况，提供及时有效的备份机制。

④拓展需求。电子发票服务平台需要配合企业正常经营活动，须具有适应业务变化的能力。服务平台提供一个弹性的架构，通过平台可以通过直接使用配置而免编程的方式实现对业务流程、业务表单、查询统计等功能的定制与调整，快速响应业务的变化性需求。

在经济运行过程中，由于经济周期出现的经济扩张与经济紧缩会产生对电子发票的需求量波动，电子发票服务平台应能通过架构中各个层次的扩充，确保平台在扩张期同样能积极响应、负载均衡。

（2）业务约束。

电子发票使用范围广，电子发票服务平台的功能必须保证发票开具、发票验收的双方和发票监管部门不受地域限制地使用该系统。

电子发票是原始凭证的重要组成部分，作为企业会计年度审计的重要信息来源，服务平台应提供发票审计等功能，确保各行各业的企业能正常施行年度审计。

5.1.3 推进平台建设

电子发票服务平台由两大部分构成：一是部署在税务局端的全国电子发票的局端管理平台，二是直接供纳税人使用的电子发票服务平台。总体架构设计见图 5-1。

1. 全国电子发票税务局端管理服务平台

税务局端管理服务平台由总局和省级两级发票数据处理管理中

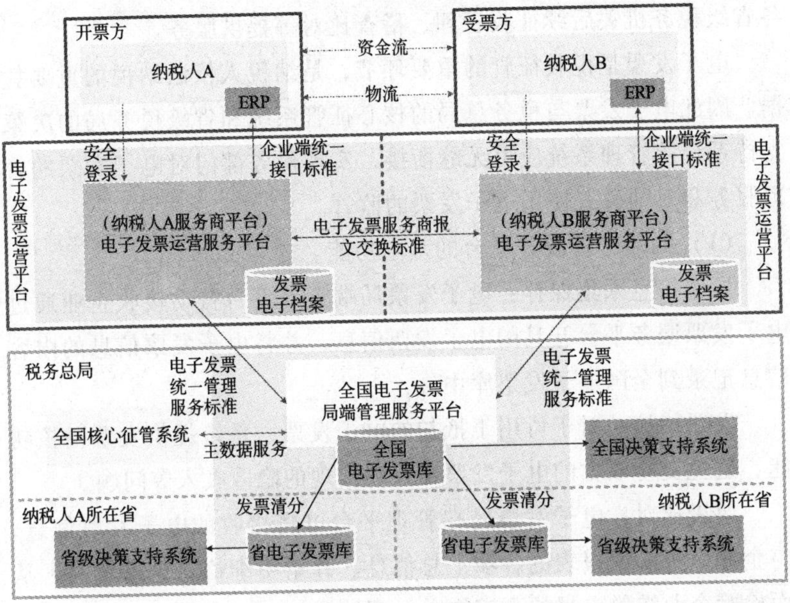

图5－1　电子发票总体架构图

心构成，电子发票运营平台的发票数据信息将移送至总局和省级两级数据库集中存储。管理中心内部则对发票数据实行分级管理，并以此为依据建立税务机关内部的发票管理机制。

服务平台接收各运营服务平台开具的电子发票的明细信息，并将所接收到的信息整理形成全国电子发票库，实现电子发票的局端数据采集和分析。全国电子发票局端管理服务平台对纳税人各类发票类申请业务进行受理、审批，将相应的受理、审批的结果反馈给纳税人。

税务局端管理服务平台和由第三方运营的电子发票服务平台还将就纳税人开具发票的基础信息进行交换，包括：企业的基本信息、银行信息、企业认定信息、发票核定信息等；分拣管理全国的电子发票，通过全国电子发票局端管理服务平台形成的全国电子发票库，清分各省级税务机关的电子发票，形成省级电子发票库，为各省级税务机关后续征收管理、稽查比对等提供服务。

电子发票是税收征管的重要环节，是纳税人依法纳税的重要凭据。因此电子发票与税务总局的核心征管系统和省级税务局的决策支持系统等管理系统应可无缝衔接，实现税务部门对电子发票的管理服务和对纳税人使用电子发票的监管。

（1）局端管理服务平台的基本功能。

发票信息采集保存：电子发票局端管理平台自动接收企业通过电子发票服务平台开具的电子发票信息，并将电子发票信息的内容信息记录到全国电子发票库中。

发票稽核：对于可用于抵扣的电子发票，系统提供发票稽核功能，避免交易双方的电子发票不一致出现的隐匿收入等问题。

票表比对：电子发票局端管理平台可将接收的电子发票信息，与企业申报的申报表的各项汇总信息、开票明细信息进行比对，从而检验企业纳税申报的真实性、合理性；

发票清分：收集到的电子发票信息首先保存在总局的全国电子发票数据库中，之后系统按照购、销企业各自所在的省份进行清分，为各省级税务机关对企业进行税务监管提供充分信息。

发票停开停供管理：涉嫌违法案件的企业，税务机关可以根据相应的规章停止向该企业发售电子发票。企业改正违法行为或办理复业手续后，系统将自动恢复正常供票。

（2）电子发票初级阶段的特殊功能。在电子发票施行的初级阶段，服务平台还需要具备过渡阶段的特殊功能。

发票发放计划制定：电子发票发放计划可按各级税务机关负责制定，上级税务机关逐级汇总的模式，并由总局汇总形成全国电子发票的发放计划。总局统一按照各地需求发放“电子发票”的发票号。各类电子发票发放数量应该依据过往电子发票使用情况科学制定。各级税务机关将根据电子发票的发放计划科学管理本地区的电子发票。

发票申请受理：电子发票的用量申请、领用申请等发票申请信息是由纳税人的主管税务机关进行核定。主管税务机关依据企业的经营情况和经营规模进行相应的票种用量的核定。通过审批的发票申请确认信息直接通过系统传递给纳税人所在的电子发票服务平台，并进行电子发票的发放。对于使用电子发票已经比较成熟的企业，主管税务机关可以通过企业的过往发票用量、经营情况、企业营业特点等形成发票申请的自动受理规则。在自动受理规则的范围下，主管税务机关可以不用对该企业的电子发票进行人工干预，对于超过电子发票自动受理范围的企业，税务机关则需要进行适当干预。既有效地监督企业发票使用，又减轻税务机关的日常受理繁琐工作。

发票赋码管理：税务机关按照确认的发票发放计划，提供发票赋码规则管理。系统在纳税人开具发票时，根据赋码规则实时赋码。考虑到赋码需要兼顾事前批量赋码、事中实时赋码的统一赋码规则，赋码规则不包含开票相关信息，可提供根据发票基础信息（发票代码、发票号码、发票种类等）结合纳税人相关信息（纳税人识别号、电子签名信息等）通过 IDEA 国际数据加密算法加密生成电子发票码的发票赋码方式来作为发票信息唯一性的标识。纳税人开具电子发票时，系统可根据赋码规则实时形成赋码。

2. 电子发票服务平台。

电子发票服务平台提供发票的归集、存档、查验、下载等相关服务，是纳税人直接操作的平台。

电子发票服务平台交由可由第三方运营。第三方运营的服务平台的运营商还可供纳税人自由选择。但需要遵循统一包括电子发票格式、电子档案归档等电子发票标准，便于运营商之间信息交换以及税务局端管理系统的发票管理。在电子发票服务平台的企业端，为实现服务平台与企业管理系统有效对接，电子发票服务平台应设定统一的服务接口标准。

电子发票服务平台将纳税人的如经营规模、主要经营内容等基础信息，传递给全国电子发票局端管理服务平台。局端管理服务平台依据注册的基本信息对纳税人使用电子发票的数量和种类、领用电子发票的次数等做出相应限定，电子发票服务平台依据此限定对纳税人开具电子发票进行控制。

平台应提供电子发票的开具、作废、冲红、接收、存档、打印等基础发票业务，供纳税人在经营活动中正常使用电子发票。开具成功的电子发票信息通过系统直接传递到全国电子发票局端管理服务平台。

电子发票的申请业务也是在服务平台上进行。先由纳税人将申请信息提交到平台，再由平台将发票申请信息传递给电子发票系统的全国电子发票税务局端管理服务平台，由税务局端进行审批。通过审批的申请，再返回服务平台，并且由服务平台通知发票申请人。

（1）电子发票服务平台的特点。电子发票服务平台采用虚拟化技术对服务器进行资源整合，形成逻辑上的服务器集群。平台的软件体系采用一个基础内核支持多个发票开具应用的设计模式，将交易方不同交易需要开具的不同发票进行抽取，形成基础服务内核，在此内核的基础上经行应用拓展。电子发票服务平台同时具备自主开发设计提供完全可视化的应用界面，方便电子发票使用方和税务监管部门登陆查询。

电子发票服务平台集业务规则、业务流程、代码编程调试于一体，支持税务征管部门对于发票账户、电子发票使用规模等相应权限的限制。

平台融合实体安全、运行环境安全、信息安全为一体，保障电子发票系统的安全可靠运行与管理。

（2）电子发票服务平台的功能。电子发票服务平台的功能包括发票使用管理和日常管理两个基本功能，同时服务平台处于过渡阶段时还需具备特殊支持功能。

①电子发票服务平台的基本功能。

账户注册：电子发票服务平台提供企业、非企业组织机构和个人三种账户供不同类型的发票需求方注册。使用者在登录平台、提交相应注册信息之后，服务平台依据注册者电子档案号、组织机构代码号或身份证件号码等信息统一编号。此号码作为使用者日后登录服务平台的依据，并且具有唯一、不可变更的特点。

发票的开具和接收确认：平台提供电子发票的开具功能，纳税人的开票操作人使用纳税人的账号登录服务平台，在相应业务栏中填写电子发票的金额项目、具体内容和交易对方的信息，确认开具电子发票。企业账户可以直接通过企业内部与服务平台连接的管理系统直接开具电子发票。发票的递送方式按照交易对象的不同自动递送。

开票方开具的电子发票实时传递到接收方所在的电子发票服务平台。接收方登录服务平台即可查看电子发票接收情况，并且核对发票金额、交易项目等具体信息是否与实际交易情况一致。对于实际情况与发票记载信息一致的电子发票，接收方予以确认，电子发票正式生效；对于实际情况与发票记载信息不一致的电子发票，接收方可以要求退回发票，并且要求开具方重新填写。企业账户可以直接通过企业内部与服务平台连接的管理系统整合电子发票的接收功能，实现企业管理系统的自动接收、下载电子发票，审核所接收发票的内容与企业记载交易情况是否相符。

发票的作废冲红：开票方电子发票开具成功后，由于发票开具错误或者退货等其他原因，造成发票需要作废处理，经过交易双方协商一致，可将该发票作废处理，但是电子发票的作废必须由发票接收方发起。开票方只有在受票方对先前开具的发票进行作废退回处理之后，才能对此发票进行作废处理。电子发票的冲红操作同样需要由受票方先发起冲红要求，开票方才可以开具红字票据。开具的红字票据还需要经过受票方的确认操作，电子发票才能完成冲红。

发票的查询查验：电子发票服务平台应提供纳税人发票查询本企业的电子发票情况的功能，让纳税人时时了解本企业电子发票领用申请、审批结果、账户现有电子发票的结存等具体情况。电子发票服务平台对于本平台所开具的电子发票还应该提供查验服务。受票方可以通过服务平台及时查验所收到的电子发票的真实性。

②电子发票平台的日常管理功能。

企业人员账号与权限管理：电子发票服务平台应提供企业管理人员对本企业不同操作人员登录管理设置的功能。在企业可操作范围内，企业的管理人员可以通过使用纳税人管理账户登录服务平台，对本企业的不同操作人员进行相应设置。包括不同操作人员账号、密码等基本设置和功能权限等具体操作设置。操作人员再依据企业管理人员的设置，凭账号登录发票系统，在设定权限内行使相应的发票操作。

商品信息管理：企业经常涉及同种商品的重复交易。因此平台应向企业提供商品信息管理功能，允许企业设定本企业常用商品编码、数量单位、单价及发票开具品名等，方便企业选择快速完成电子发票开票信息内容的填写、录入。

交易对象管理：平台还应提供企业交易对象的管理功能，方便企业快速、准确开具发票，节省企业重复填写信息的时间。企业可以预设与本企业有经常交易往来的交易对象的信息和发票的递送方式以及交易商品等信息。在企业开具发票的时候，可以根据预设的信息，选择快速完成发票的开具。

③过渡阶段的特殊功能。

在纸质发票过渡电子发票的时期，服务平台需要考虑和兼容纸质发票管理的各项要求，因此具备下述功能。

票种领用和用量申请：企业需要依据自身经营规模、经营类型，通过电子发票服务平台对企业每次领用发票的最大用量和每月发票领用最多次数进行申请，系统将申请信息传递给全国电子发票局端管理平台，税务机关根据企业在局端的基本信息对企业申请进行审批。基本符合企业经济情况的予以同意，严重超出同类企业发票领用的申请予以返回，待申请企业修改发票领用限额之后再进行审核。

企业可以设定电子发票再领用最小存量值，当企业电子发票使用超过设定的最小存量值时，系统将提醒企业发票存量不足，需及时领用发票。在主管税务机关设定的发票最大用量和领用次数范围内，企业领用申请可以由系统自动受理。但是对于发票使用量和领用次数超过税务机关设定时，企业申请信息将由电子发票服务平台传递给全国电子发票局端管理服务平台，由企业所在的主管税务机关依据具体情况进行审核，适当调整纳税人本次发票最大用量限额或者当月的领用次数。对于企业经营规模扩张而导致原先设定的发票最大用量和领用次数范围不符合实际的情况，企业可以提供详细资料，进行票种领用和用量申请的再申请。

发票的分配：领用申请成功的的电子发票需要先经过系统赋码之后才能供企业正常使用。系统再通过企业管理人员的操作人员权限设置，将电子发票自动分配给不同的业务操作人员，完成发票的分配。

电子发票运行成熟之后，服务平台的这些功能将逐步弱化。

5.1.4 完善技术架构

电子发票服务平台的技术架构如图 5－2 所示。

1. 前置服务

前置服务主要负责电子发票数据的接收和传递。前置服务通过流量控制、接入管理、适配器管理管理平台数据流量，减轻电子发票服务平台高峰期的运行压力。服务平台基于前置系统服务框架构

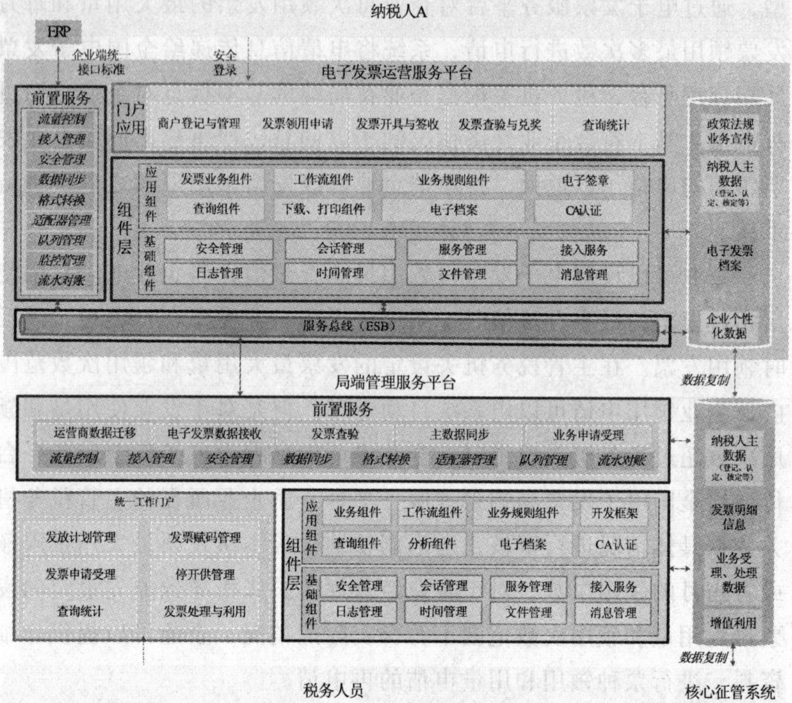

图 5-2 电子发票技术构架图

建对外接入模块。前置系统的服务框架涵盖消息路由、消息队列、流量控制、负载均衡等多个方面。消息路由是用于实现服务间内部通信和信息交换的路由机制。前置服务将采用消息队列实现电子发票交易处理程序的缓冲，这也进一步提高平台的交易吞吐量，确保系统的稳定运行。服务平台通过调整连接数及设置消息队列大小，来控制电子发票的交易流量，实现数据同步、流水对账。前置系统按照一定的均衡策略，将交易负载分配到不同的服务器，从而实现服务器的负载均衡。

2. 门户应用

主要负责电子发票业务的门户级功能访问的实现，它们的具体功能由应用组件和基础组件支撑。电子发票服务平台的网站架构设计中，非常重要的一个要素，就是确保架构的可扩展性，以应对高并发电子发票交易。因此平台应借鉴大型门户网站建设的架构设计方法、理念、思想。门户应用包括三个主要部分，统一门户框架、门户管理、门户应用。统一门户框架为电子发票服务平台应用的实现提供基础的技术支撑，包括基于 Portal 的门户基础架构、身份认证和权限管理、应用集成和流程集成等；门户管理提供基于电子发票门户架构的门户管理功能，包括门户的配置定义、监控管理功能等；门户业务服务主要是电子发票门户网站应用的通用功能，包括内容管理、搜索等；门户应用是电子发票门户网站实现的税务业务应用与功能，包括电子发票的开具、申请、电子发票接收确认、打印等功能。

3. 应用组件

主要包括电子发票业务组件，工作流组件、业务规则组件、开发框架、查询组件、分析组件、下载和打印组件、电子签章、电子档案、CA 认证组件等构成。

工作流组件：负责电子发票业务工作流程的设计和发布，用于电子发票业务流程变化的动态调整支撑，系统采用工作流平台可视化的流程建模工具维护电子发票相关的业务流程。工作流业务框架实现业务流程流转的基本功能，为具体业务流程提供开发框架，业务框架包括工作流展示和交互框架及工作流核心处理框架，工作流展示和交互框架负责集成业务子系统的表单及人机交互；工作流核心处理框架与其他业务应用的核心系统相互独立。流程框架核心系统对外提供业务流程相关的服务供 WEB 层系统调用。

业务规则组件：负责电子发票相关业务规则的制定和发布、用于电子发票业务政策变更时，通过业务规则的配置和调整动态满足电子发票不同政策下的业务规则的实现，平台采用业务规则实现可视化、功能强、灵活的规则管理工具维护电子发票的相关业务模板及业务处理规则。电子发票服务平台通过向规则引擎提交数据或者通过工作流事件来触发规则引擎，由规则引擎来调用相应的业务规则，触发相应的应用程序的动作。税务机关的业务人员按需求定义电子发票业务相关的业务规则模板，利用规则编辑界面，将规则及相关设定录入规则库中。通过规则管理工具，业务人员可以充分利用规则模板和编辑器来编辑业务规则，实现对电子发票业务规则的动态、可视化管理。

电子签章组件：对开具的电子发票加盖带有加密图像的电子签章，通过图像处理技术将电子签名操作转化为与纸质文件盖章操作相同的可视效果。可采取数字水印、加密等技术实现电子发票内容的数字签名和电子印章图像绑定，确保电子发票信息的真实性和完整性以及签名人的不可抵赖性。

电子档案组件：按照统一的格式将发票信息归集到虚拟的电子档案中，长久保存。电子档案的建立对于确立电子发票的法律地位具有重要意义。同时电子档案使电子发票具有不可抵赖性和可追溯性。电子档案系统具备归档管理、档案管理、档案销毁的档案处理功能，包括档案采集、档案调用、档案管理等部分。服务平台将采集的电子发票信息，进行存档转入电子档案系统。当需要进行档案追溯时，可由电子发票的借阅人在服务平台上提出档案借阅申请。申请经过系统档案管理人员审核。申请通过之后，电子发票借阅人方可查询相应电子发票的档案信息，同时系统将生成借阅记录。

CA认证组件：信息安全是电子交易的核心环节，电子发票数据作为企业经济活动的重要信息其数据的安全性尤为重要，为保证用户之间在网上传递信息的安全性、真实性、可靠性、完整性和不可抵赖性，不仅需要对用户的身份真实性进行验证，还需要对系统中上传和下载的数据及文件进行签名，进一步提高系统的安全性。企业用户在开具、取得电子发票时，使用CA数字证书完成身份认证和数字签名，这时只需提供个人证书（私钥），对提交数据进行数字签名。电子发票服务平台通过 CA 验证后，将用户提交的电子发票数据及其签名一起保存到数据库中，并进行后续的业务操作，保证了电子发票信息的安全性和追溯性。

4. 集成支撑

电子发票服务平台的集成支撑主要包括以下内容。

（1）服务平台与企业 ERP 等软件的集成。为方便企业纳税人使用电子发票，服务平台的企业端设计具有统一标准的接入接口。服务平台还需要和企业 ERP 系统设置专门的前置系统。企业管理系统可以直接通过前置系统访问电子发票平台。电子发票开具、作废、退回、发票签收、业务申请、票据查验等服务都可以通过服务平台和企业管理软件集成实现。

（2）不同服务平台间的集成。不同服务平台遵循运营商平台间统一的服务商报文交换标准，实现不同服务平台间纳税人的服务迁移和相关信息传输交换。

（3）管理平台与局端核心征管等系统的集成。应遵循国家税务总局统一制定的局方系统集成规范要求，可通过批量报文方式获得征管系统中的企业基本信息、企业状态信息、代码类数据、发票发售信息、发票退票信息、发票验旧缴销信息、申报信息等，同时可通过服务调用方式将电子发票的开具信息推送给征管系统。对于后续利用类的应用可通过数据复制等技术将电子发票信息传递给局方的数据仓库进行进一步的数据利用。

（4）与 CA 认证的集成。服务平台将身份认证申请请求转发到第三方 CA 认证机构进行身份认证。服务平台将支持多种身份鉴别机制，例如 CA + 用户名/密码方式。

5.1.5 强化数据管理

1. 数据规划

电子发票的数据库规划应遵从分级存储、实时性、安全保障、性能优先四个原则。

（1）数据分级存储。电子发票系统信息采用第三方服务平台、局端电子发票管理平台二级的数据库存储方式。其中，局端电子发票管理平台分为全国电子发票库和省级电子发票库的两层管理结构。

电子发票信息首先在第三方服务平台上传递，同时将保存在不同服务平台的电子档案中。发票信息档案保存应遵循真实、准确原则，保存电子发票初始内容、格式和签名。服务平台将存储的电子发票明细信息经过格式化处理，转化为可以与局端发票管理平台同步的数据信息，传输到局端的电子发票库中。由于税务局端电子发票库涉及的数据数量大，信息复杂，因此建议采用大数据的格式进行保存，便于税务机关进行信息处理和数据调用。

传输到全国电子发票库的发票数据，再进行逐省清分。由省级电子发票库存储本省的电子发票明细信息。实现电子发票信息的统一化和精细化管理。

（2）数据实时性保障。系统间数据同步频率以业务时效性要求为依据，保证传输效率、数据存储可靠，支持大批量发票的及时开具和海量数据存储。

（3）数据安全保障。数据安全包括数据保密性、完整性和可用性三个方面。对数据库中存储的重要数据通过数据库密钥和 HASH 算法，产生数据的消息验证码（MAC），以确保数据的完整性，以实现数据存储的安全保护。同时，为了保证税务系统内部数据的安全性，应实现税务局内外网隔离，局端管理平台与外部运营管理平台之间通过信息交换库作为数据缓冲区。库与库之间通过数据交换区进行数据交换，保障电子发票服务平台在大集中模式下数据安全。

（4）性能优先。电子发票涉及全国各种各类发票，数据量大、变化频繁，因此数据设计需要优先考虑设计对于系统的性能的影响，设计原则遵循性能优先。尤其需要特别考虑数据模型设计和数据的逻辑结构、物理分布对系统性能的影响。性能设计需要重点考虑两方面的内容：一是降低当期交易数据库的数据量对于系统性能影响；二是生产数据和查询数据分离，对于系统运行负荷的影响。电子发票库应按数据的写入频度、访问频度、结构化类型等不同的数据分类进行划分，减少生产的库容量，提高生产库的性能和保障。

2. 数据分类与分布

（1）数据分类。

①静态数据和动态数据。

静态数据主要是电子发票服务平台提供的运营服务相关的政策信息、流程处理规程、法律法规、业务宣传公告等。

动态数据是指企业开票资格认定、发票核定、电子发票明细信息以及发票领用、库存等数据。交易双方产生的电子发票明细信息，包括发票开具时间、开具内容、涉及金额等信息。

②基础数据和其他数据。

基础数据包括企业信息和代码信息。企业信息包括企业税务登记、认定信息等基本信息和企业状态信息以及企业商品信息、订单信息等企业业务数据。

其他数据主要是指用户信息、电子签章、系统日常信息。用户信息主要是指开具发票时对于出票方的身份认证信息和企业内部设置不同操作人员的用户权限信息。系统日常信息包括系统配置信息、系统日志信息以及系统监控信息三部分。系统配置信息是电子发票管理系统采用的参数配置数据。系统日志是指电子发票系统中记录系统中硬件、软件以及电子发票的业务流水的信息。系统监控信息是指各类系统业务、技术的监控信息。

（2）数据的逻辑分布。纳税人在电子发票管理系统的数据由电子发票运营服务平台存储并传输到局端管理服务平台。因此在大部分数据具有同一性。但是由于局端管理服务平台是由税务机关直接管控，监督管理电子发票系统运行，因此涉及审批纳税人领用发票、注册账户等资格认定特殊数据需要存储在局端管理服务平台。另外由于两个服务平台提供的功能不同，因此在系统配置方面也略有差距。

5.1.6 注重安全防范

纳税人在办理电子发票相关业务过程中，需要与电子发票运营服务提供商、税务机关交互众多信息。交互的信息中涉及如纳税人的登记信息、认定信息、发票票种核定等资格信息，以及与企业经营密切相关的发票明细信息等。

因此电子发票服务平台需要对纳税人提供的信息进行全面保护。电子发票服务平台应通过身份认证识别、数据加密等手段保障纳税人在电子发票管理平台的信息不被恶意篡改，应保障电子发票信息的法律效力，防止抵赖、伪造电子发票的情况发生。

1. 安全风险分析

对电子发票服务平台的网络层、主机层、应用层、数据层和终端层等方面的风险进行分析，该系统主要风险如下：

（1）网络层。

一是内部安全隐患，包括传播病毒、人员泄密问题、员工对内部应用系统及终端的入侵、内部人员盗取他人身份账户信息等。

二是网络硬件设备本身的安全隐患。网络设备中包含交换机、防火墙等，因此网络设备发生硬件故障将会造成整个网络瘫痪。

三是安全认证。认证过程包括域名和账号认证，对发送的域名和账号信息进行验证，确保进入者的身份合法有效，这是建立安全通信的前提。网络用户身份认证采用 Radius① 认证，将用户的账号

① Radius 认证，指 Remote Authentication Dial In User Service，远程用户拨号认证系统，由 RFC2865、RFC2866 定义，是目前应用最广泛的通讯运营商计费认证 AAA 协议。

和域名送至 Radius 平台进行认证。确保身份信息可查可记录。接入用户在系统中均有详细的纪录，可查询用户登录时间、使用的时长等。在电子开票系统的用户管理模块中也有详细的登录使用纪录。两方面结合，可有效避免出现身份抵赖等行为。

（2）主机层。操作系统的安全风险，主要指操作系统存在的不同程度的系统漏洞造成的隐患。由于技术有限，传输设备、处理和信息存储系统中的漏洞很容易被木马、病毒、黑客侵入，造成数据泄露等损失。

数据库管理系统的安全风险，主要指存在着脆弱的账号设置，缺乏审计跟踪等方面的问题。

通过防火墙、入侵检测等网络安全工具，实现对网络的监测。由于开启操作系统和数据库的审计功能会影响系统的性能，建议在核心交换安全域配置主机数据库综合审计系统对主机和数据库信息进行审计。

（3）应用层。

①应用层安全设计内容。应用层安全设计包括数据和数据访问者两个部分。

具体包括数据完整性、数据保密性、身份验证、访问控制、审计记录五个方面。数据完整性是指电子发票信息在管理平台传输的过程中未被篡改，保持经过传输后的发票信息与纳税人开具的原始电子发票信息一致性。数据保密性是指数据需要经过加密再传输，避免电子发票系统上涉及企业交易信息、纳税人基本信息等敏感信息泄露。身份验证是指纳税人登录电子发票平台账户进行相关操作，确保使用此账号登录的用户确实是在系统上注册的用户而非其他用户借用账号登录。访问控制是指对于平台上的用户设置数据访问权限，对登录平台的用户限制可以访问的信息和同时限制可以进行的操作。审计记录是指电子发票开具数量等信息可以在平台上进行查询，为企业审计提供相应审计证据。

②应用层安全风险。应用系统的安全风险包括安全机制设计不健全和人为操作失误两方面。

应用系统自身的安全机制不够健全，身份鉴别、访问控制、审计功能、资源控制等设计不完善，都可能导致应用系统面临病毒、木马侵害。

人为操作失误包括操作和管理人员两方面。操作人员方面，主要表现为操作密码管理不严格，存在密码口令使用周期过长、密码泄密、操作用户离岗不签退应用系统、窃密等问题。业务部门管理人员失误表现在对于一些安全管理制度检查落实不到位，自身职责履行不到位，缺乏对应用系统实时检查更新等方面。特别管理人员为方便业务而忽视安全操作，违背安全规定设置和配备操作岗位造成应用系统的安全问题。

（4）数据层。数据层的风险主要体现在以下两个方面：电子发票运营端和税务局管理平台端数据传输的安全问题；电子发票服务平台与企业纳税人管理系统数据传输的安全问题。

（5）终端用户。终端用户的安全风险涉及用户、终端管理人员和终端设备三方面，体现在非法外联和非法内接、密码安全保护等几方面。

通常终端系统采用物理隔离或者逻辑隔离方式将内网与外网隔离。但是内部人员通过 ADSL 拨号、无线拨号等形式非法链接到外部网络，以及外部移动设备通过非法介入内部网络交换设备等形式都会造成内外网络隔离失效。

平台内部工作人员和用户都存在密码安全保护问题。用户长期不修改账号登录密码，离开并未锁定等容易引起自身信息泄露，账户被他人冒名使用。平台内部工作人员面临重复繁重的管理工作，为图方便，存在简化登录密码，不设开机密码等问题，对自身管理账户密码疏于保护。

另外，终端用户使用的如 U 盘等移动介质会成为病毒传播的来源之一，因此需要加强防病毒软件的查杀功能。

2. 主要安全策略

(1) 总体安全策略。电子发票服务平台在税务机关和互联网上进行部署，其服务对象是税务人员和企业等组织机构、社会公众。建议在设计上和部署上要按不低于三级等级保护的标准进行建设。

(2) 具体安全策略。具体安全策略是依据总体安全策略制定的，对实施总体安全策略所需要的等所做的详细规划。

①物理安全保护。电子发票信息的产生、存储、传输、处理、使用等的环节离不开物理环境。物理环境就是电子发票信息的载体，物理安全则是电子发票服务平台安全的基础。因此需要对于服务平台的物理设备要设定严格的标准，保障平台物理层面的正常运行。

②网络安全。采用防火墙作为边界隔离主要手段，实现不同网络边界的访问控制，严格控制对电子发票服务平台的访问。通过网络审计系统实现，记录用户对核心征管的访问行为，并分析响应异常等非常规情况。

针对网络病毒和网络的端口、协议漏洞的问题采用网络防病毒系统、漏洞扫描系统；实施网络入侵检测（IDS）等分析手段对电子发票应用平台的各种攻击进行检测、分析和响应。加入内网管理的非法外联模块进行检测，禁止非法外联。

③主机系统安全。制定主机的入侵防护策略，从核心数据库主机、主机系统两大方面确保主机系统的安全。

应对核心数据库主机要采用相应防护产品进行加固和防护，对于操作系统和数据自身安全一方面要加固主机系统，另外还需要采用防病毒系统、漏洞扫描系统全面维护系统和数据的安全。对于潜在的非法调用操作系统和数据的问题，需要采用主机与数据库综合审计系统对系统日志进行调查分析，查找异常信息。

④应用安全。应用安全应从三方面入手：第一，开发时对安全

需求进行分析，采用安全架构设计、安全编程，加强应用系统自身的稳固性；第二，采用应用系统漏洞扫描和代码审计对程序的代码进行检测，查找程序漏洞；第三，采用身份认证体系对核心应用系统进行双因子认证。

⑤数据安全。数据安全重点在于数据传输过程的数据信息安全。传输数据要保证数据信息完整性，防止数据传输过程中出现丢失、错误和非法篡改的情况。局域网内服务器之间信息传输需要建立 L2TP 安全通道，采用 SSH 协议进行安全传输。关键业务的数据传输还需要采用国家密码局审批的密码算法的服务器密码机对数据进行加密传输。

⑥终端安全策略。终端安全针对非法内联的情况，可以设置内网管理系统的准入控制模块，阻断非法内联；对于非法外联的问题则需要加强终端系统的防火墙。对用户移动设备带来的病毒需要通过安装防病毒软件进行防护。

5.2 我国电子发票管理体系建设的任务与目标

5.2.1 现实瓶颈与未来展望

从我国发票管理的现状来看，与全面实现电子发票管理的目标相比，还存在着一些瓶颈性问题，需要在以下三个方面进行重点考虑、改进，以达到全面开展电子发票管理工作的预期。

1. 发票平台建设

电子发票管理平台需要实现全国局端采集平台的统一和电子发票服务平台与局端采集平台相互对接。但是，现行的税控机采集系统、网络发票系统等发票信息采集系统是由各省各自建立的，缺乏全国统一规范。大部分企业没有专属的电子发票服务平台，因此无法实现与省局发票采集平台的有效对接。

2. 发票凭证管理

现行的纸质发票是由税务局印发并监管的，同时作为企业原始记账凭证纳入企业会计核算流程中。电子发票则采用实时赋码，减轻税务局监制和印制发票的日常工作，另外，企业将采用电子发票作为会计凭证，减少企业会计凭证管理成本。

3. 数据关联业务

随着技术深入，我国网络发票可以通过与征管系统互通实现网上验旧领新的功能。但是距离电子发票管理系统要求全面实现所有税种申报数据与发票数据的关联的要求还有一定差距。

总体上，我国网络发票管理已经初显成效，实现了发票信息的实时采集、验旧领新等功能，为下一步建设全国电子发票平台的奠定良好基础。但是由于还是采用纸质发票的应用和管理模式，还是由税务机关负责发票的印制监管，仅是实现纸质发票的信息化管理，因此在防假、监控方面以及节约成本方面效果并不理想。因此需要加快建设电子发票系统，分步分阶段实现发票的去纸化、去监制化。

在发票实名化方面，由于传统观念和原来管理体制的制约，现在发票还未实现全部实名制，这也产生虚开发票、倒卖发票等问题，因此完成各企业和各组织机构乃至个人的电子发票账户建立，可以很好地解决发票实名制问题。发票数据与实际纳税信息的关联也需要以发票实名化为前提，实现发票开具接收比对，完成纳税信息的数据关联。

5.2.2　阶段任务与总体目标

1. 电子发票阶段任务

发票从开始以纸质发票为中心发展到纸质电子发票并存，最终实现以电子发票为核心的发票管理系统，整个发展过程要逐步实现电子发票开具、接受的实名制，并实现发票信息的开具接受比对，以及发票信息与纳税申报信息的关联比对。

电子发票的实施可以分为三个阶段。电子发票筹备之初仍是纸质发票为主，逐步发展到纸质发票与电子发票并存，最终基本完成去纸化、去监制化，全面实现电子发票的广泛应用。各阶段的主要任务如表 5－1 所示。

表 5－1 电子发票实施阶段

实施阶段	主要任务
纸质发票为主阶段	建设全国集中税务管理平台
纸质发票与电子发票并存阶段	落实电子发票成为合法会计凭证，修改会计相应法律、法规；建设电子发票服务平台；推广 B2B 实名制电子发票
电子发票为主阶段	取消发票印制、监管；全面实现发票实名制；实现发票与申报信息的关联；全面使用电子发票

2. 电子发票总体目标

（1）平台化。平台化是指建立电子发票管理平台和运营商服务平台等相应的服务平台。

可借助金税三期网络发票项目搭建全国电子发票局管理平台和运营商服务平台。在管理平台运行较为成熟之际，制定电子发票管理办法，进一步完善平台管理规范。最后，完善运营准入制度，拓展服务平台，实现运营平台对外开放，进一步提升运营平台运行效率。

（2）实名化。实名化是指设立电子发票账号的发票方或者出票方企业以组织机构的名称和纳税识别号实名认证，自然人以姓名和身份证件号码实名认证的过程。

在 B2C、B2B、C2C 中选择交易规模大、核算制度较为完备的 B2B 企业，推广实名制电子发票。并且鼓励政府机构、个人注册使用电子发票。有一定注册规模后，政府可优先接受电子发票。最后全面实行实名制电子发票。

(3) 去纸化。去纸化是指以电子发票逐步代替纸质发票。在开始实行电子发票期间，相应配套机制不完备，理念未深入人心，因此还是以由税局监制并印制的纸质发票为主。在电子发票管理具有一定规模时，支持电子发票作为会计凭证，采用兼容电子发票的纸质发票流程管理，进一步推动电子发票的使用。在电子发票较为成熟的时期，逐步取消纸质发票监制管理，实现以电子发票为主的发票管理模式。

(4) 信息关联化。电子发票实施初期实现 B2B 企业发票开具接受比对。随着实现电子发票与第一大税种流转税类申报关联的推送确认机制，再将所得税收入、费用等纳入推送确认机制。最后，将资源税等其他税种归入此机制，实现所有税种申报数据与发票信息的关联。

5.2.3　分阶段实现路径

第一个阶段，以纸质发票为主，使用网络发票为辅，为下一步电子发票的推广奠定基础。纸质发票印制、领购、开具、验旧缴销流程不变。同时，此阶段需要着手建设税务局端管理平台和电子发票服务平台两层电子发票管理平台。全国电子发票服务平台可以通过扩充金税工程建立的局端网络发票平台实现。可以将目前由三大运营商建设并且已经成熟运行的网络平台发票开具系统进行改造，建立电子发票服务平台。服务平台建设后，应在 B2B 企业中推广使用实名制的电子发票。同时应在政府和其他组织机构中推广，通过媒体宣传鼓励个人用户开立电子发票账户。电子发票服务平台向税务管理平台同步企业发票领购信息，并要求企业使用时应保证电子发票开具时显示的发票号码代码和发票内容信息与实际纸质发票完全一致。受票方接受到纸质发票，可通过电子发票服务平台实时查验。

第二阶段，B2B 企业已经实现实名开具电子发票，B2B 的发票信息可以直接登录服务平台，实时查询发票开具与接收信息，进行发票信息比对。政府和其他组织也在在服务平台上开设电子发票账户，实现电子发票的开具与接受。但是，在之前的会计体系中，纸质发票是作为原始凭证纳入会计核算体系的，因此发票形式的从纸质发票转变到电子发票还需要修改相应的会计制度，尽快确认电子发票做为会计凭证的合法地位，解决企业直接使用电子发票入账的问题，逐步实现去纸化。因此，第二阶段是电子发票与纸质发票并存的过渡阶段，此阶段的主要任务是推动电子发票成为合法会计凭证。

出票方或受票方信息化管理水平达到一定要求后，企业可以直接通过数据电文格式电子发票入账。赋有税务机关发行的发票号码代码的数据电文格式电子发票，加载税务机关的电子监制章后，即可作为原始会计凭证入账。如果交易的一方信息化水平有限，无法实现电子发票入账，需要纸质凭证入账，也可以将电子发票打印到专门印制的电子发票输出凭证上。电子发票输出凭证依然由税务机关监制、印制，但是是由电子发票服务平台通过赋码生成电子发票号码，直接打印到纸质凭证上。鼓励政府、信息化较高的企业接受、出具电子发票，逐步扩大电子发票的使用范围，减少发票纸质输出的需求。对于其他企业，则可以延续第一阶段以纸质发票为主的发票使用管理方式。同时，税务机关应该配套出台电子发票管理办法等法律规章，进一步确定电子发票的法律地位。

第三阶段，电子发票使用已经较为成熟，发票信息与纳税人各税种申报信息实现关联，基本完成发票信息与税收征管的闭环管理。部分企业实现自身 ERP 管理系统与电子发票服务平台企业端对接，可以自动开具电子发票，并且自身财务系统可以自动对接生成电子会计凭证。小部分企业和特殊发票任然使用纸质发票，而且这些特殊发票的电子化解决方案逐步推行。税务机关对发票的管理进一步放松，对部分企业不再实行发票发行发售管理，服务平台生成的电子发票号将代替税务机关提供的发票号码代码。

在前两个阶段建立电子发票相关的制度的基础上，此阶段需要进一步完善电子发票服务平台的管理规范和准入机制，拓展服务平台的数量，严格要求服务平台的服务质量。

最终，电子发票的建设和管理目标已经基本实现。发票的开具接收基本都通过电子发票平台，并实现实名化。税务管理部门只对个别特殊票种进行监制、印制。发票信息与各税种管理充分关联，全面实现去纸化，闭环管理。

第六章　电子发票操作实务

2013 年 12 月由国家发展和改革委员会、财政部、国家税务总局和国家档案局四部委联合发布《关于组织开展电子发票及电子会计档案综合试点工作的通知》，提出要加速规范电子档案电子化、完善电子发票输出系统和企业电子会计的对接，这为电子发票在未来作为报销凭证等奠定了基础，同时提出要扩大试点范围而非局限于电商企业。我们相信在政府自上而下的推动下，电子发票推广速度或将超预期。同时，推广电子发票也和电子商务企业提升用户体验和效率、完善会计电子化管理等诉求相一致，也将得到自下而上的积极响应。

目前，国内电子发票体系及系统仍处在试点阶段，在试点过程中，税务主管部门选择专项业务进行探索与创新，如选择京东商城进行 B2C 模式下的电子发票和“跨省开票”试验；选择淘宝网进行 C2C 模式下的网商电子发票和“电子发票登记”试点；选择“支付宝”进行第三方支付模式下的电子发票“集中开票”和“税务代扣”试点等。在这些业务试点的同时，选择三大电信运营商进行网络服务合作；选择大型银行进行支付信息采集合作；选择大型云服务商进行云储存合作等进行探索，以建立完善的电子发票服务体系。

6.1　电子发票全国应用情况

2013年6月27日，北京市开展电子发票应用试点，北京市选取了代表性强、业务量大的B2C龙头企业——京东集团开展电子发票试点。京东集团的相关技术系统已与北京市国税局的发票管理系统实现对接，消费者在订单完成后，可以从京东下载电子发票留存，也可以在北京市国税局的发票管理系统中查询到相关的电子发票。

2013年12月28日，上海圆迈贸易有限公司作为京东的全资子公司，代表京东集团正式面向华东地区个人消费者推广除图书、音像外品类的电子发票。

2014年6月25日，京东西南区电子发票成功开具，同时也是中国西部地区首张国税系统电子发票。

2014年9月15日，广州晶东贸易有限公司、唯品会、广州移动终端商城等顺利开出第一批电子发票，广州成为电子发票首批试点地区。

至此，中国电子发票的发展进入了更加广泛的应用阶段，电子发票覆盖范围扩大至16个省市自治区（北京市、天津市、河北省、山东省、山西省、上海市、江苏省、浙江省、安徽省、四川省、云南省、西藏自治区、广东省、海南省、广西省、福建省），其中京东电子发票开具范围和开具数量均已是全国电子商务企业第一。

6.2　电子发票应用系统情况

目前电子发票应用还处于起步阶段，所以电子发票应用系统也并不统一，常用的电子发票应用系统有企业端管理平台、税务局端服务平台两种模式，另外电商网站一般还有消费者电子发票操作平台。

企业端管理平台是经过税务机关审核备案的大型电子商务平台，为电商企业提供的能够实现电子发票申请、开具业务的系统。该系统部署在电商端，与电商交易平台和电子发票税务端系统对接。税务局端服务平台中具有纸质发票的印制、领购、开具、验旧缴销等功能；电子发票服务平台具有为企业提供发票申领、发票查验等功能；同时也为单位和个人提供查验、入账等功能的业务系统。该系统部署于税务端，社会公众和企业可以通过互联网访问。

电子发票相关平台核心功能主要包括如下几个方面：

(1) 纳税人开具电子发票资格认定：完成纳税人向税务机关提出电子发票资格认定申请，税务机关受理、核准后对纳税人电子发票资格做出认定的工作。

(2) 纳税人选择电子发票开具服务商信息备案：现行电子发票开具系统全国不统一，因此，纳税人需要选择使用某电子发票开具服务商的电子发票开具软件，并与该服务商签署协议后，应将其签署的协议信息及电子发票开具服务商的相关信息向税务机关备案。

(3) 电子发票的发放与取得：该功能为纳税人提供电子发票申请及领用服务。税务部门提供纳税人电子发票号码的领用申请受理，电子发票的发放计划制定、审批，电子发票号码的赋码生成规则管理及电子发票号码的发放管理。

(4) 电子发票的开具与使用：一是为开票方纳税人提供电子发票开具服务，二是为受票方纳税人提供电子发票查验、下载、打印等服务。

(5) 电子发票的税务局端采集与利用：为税务部门提供电子发票的实时信息采集服务，快速实现购销双方电子发票信息的比对。

(6) 电子发票的查询统计功能：在使用过程中，支持纳税人对业务流程、业务表单等功能进行查询统计功能，满足纳税人日常开具需求。

（7）离线应急开票功能：在网络因特殊原因大范围关闭或者断网时，税务机关能够提供离线应急开票业务衔接机制，支持纳税人业务的办理。纳税人能够使用网络发票开具软件，进行离线应急开票，并能够将离线应急开票业务下开具的发票信息，通过通用介质报送到税务机关，确保纳税人日常开票业务能够正常开展。

6.3　电子发票操作平台

6.3.1　企业端管理平台

软件介绍企业端管理平方的登陆页面，见图 6 – 1。

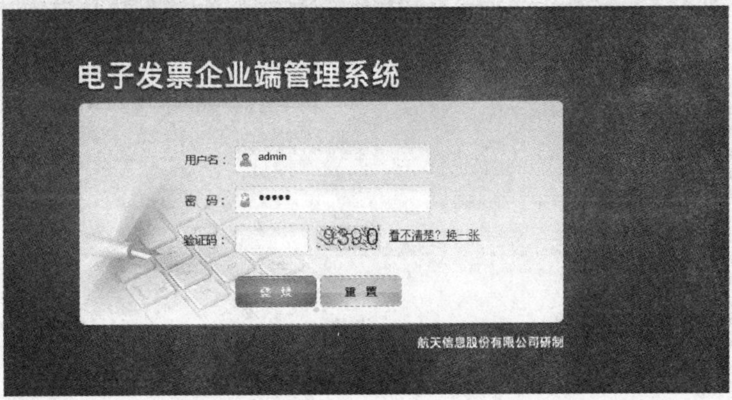

图 6 – 1

1. 进入后首先“电商平台信息”获取平台信息

如图 6 – 2 所示，需要输入电商平台编码 12110272 和电商平台注册码 88343512。成功后进入页面，如图 6 – 3 所示。

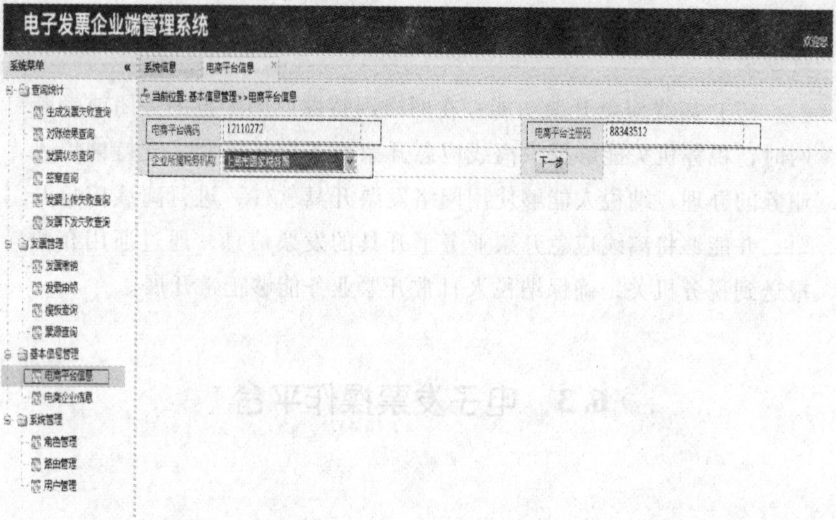
电子发票企业端管理系统
系统菜单
系统信息
电商平台信息
当前位置: 基本信息管理>>电商平台信息
电商平台编码
12110272
电商平台注册码
88343512
企业所属税务机构
下一步
查询统计
生成发票失败查询
对账结果查询
发票状态查询
签章查询
发票上传失败查询
发票下发失败查询
发票管理
发票申领
模板查询
票源查询
基本信息管理
电商平台信息
电商企业信息
系统管理
角色管理
路由管理
用户管理

图 6 – 2

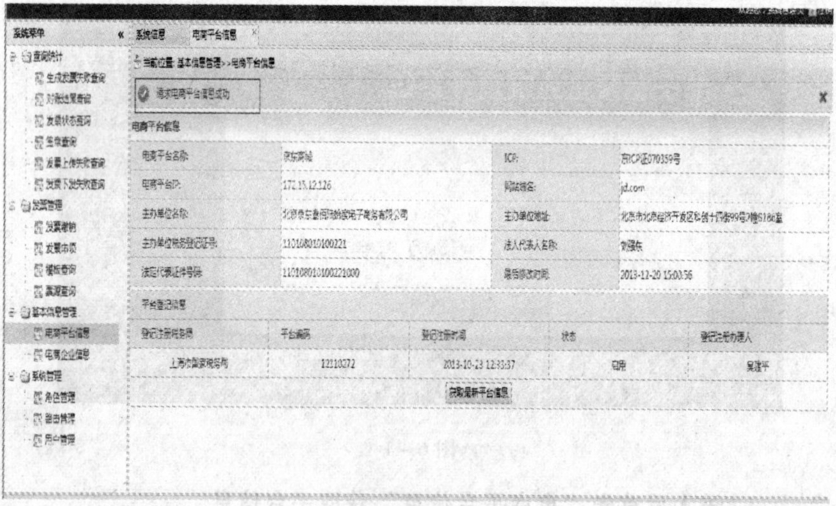
系统菜单
系统信息
电商平台信息
当前位置: 基本信息管理>>电商平台信息
电商平台信息
电商平台名称
京东商城
ICP:
电商平台IP:
172.15.12.126
网站域名:
jd.com
主办单位名称:
主办单位地址:
法人代表人名称:
刘强东
最后修改时间:
2013-12-20 15:00:56
平台登记信息
平台编码
登记注册时间
状态
12110272
2013-10-23 12:33:37
获取最新平台信息
查询统计
发票管理
基本信息管理
电商平台信息
电商企业信息
系统管理
角色管理
用户管理

图 6 – 3

2. 获取电商企业信息，进入点“首次获取”，见图 6－4。

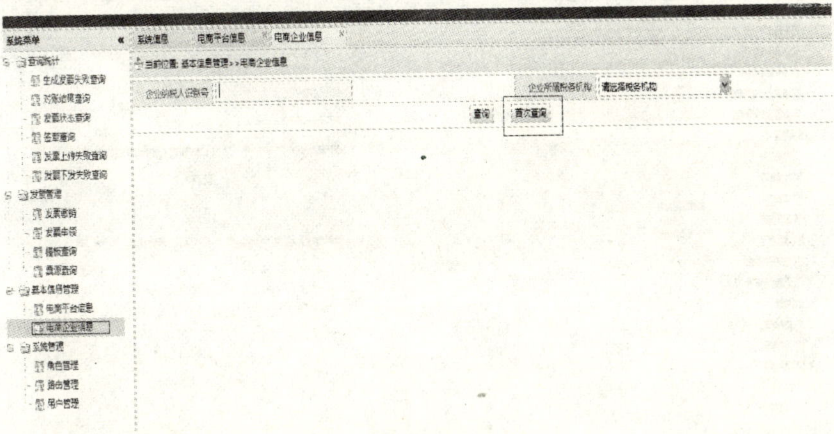

图 6－4

进入首次查寻页面输入企业纳税人识别号 310114666025597，见图 6－5 和图 6－6。

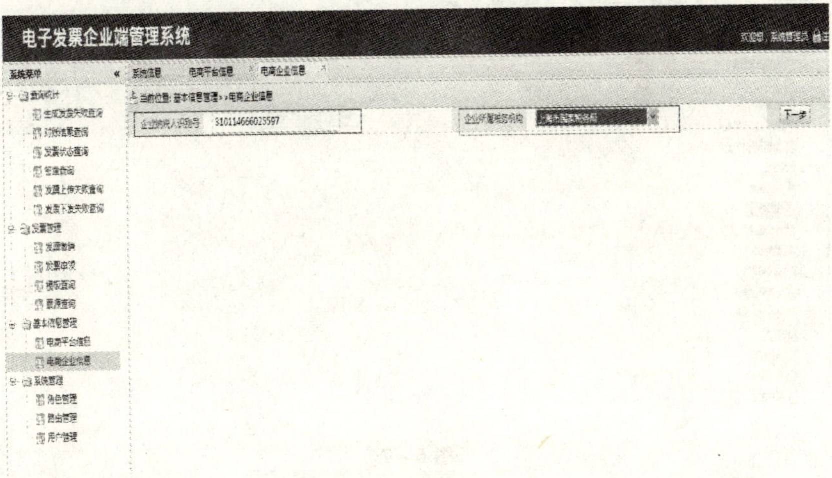

图 6－5

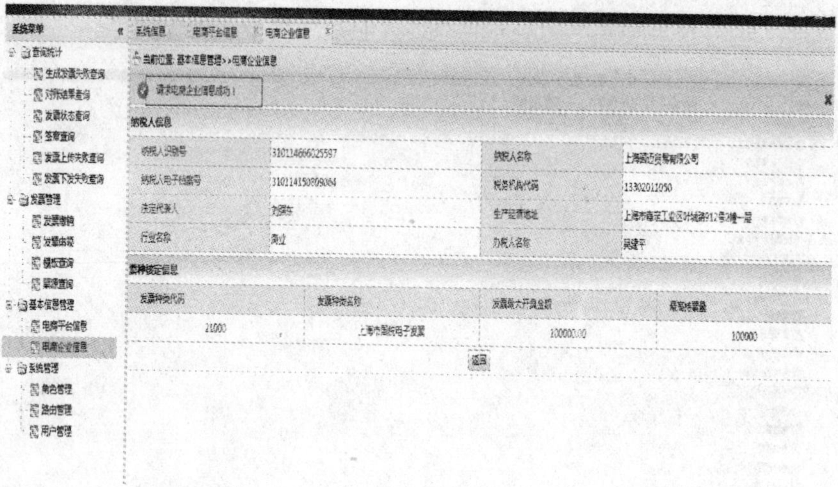

图 6 - 6

3. 发票申领

进入页面点击发票申领，如图 6 - 7。

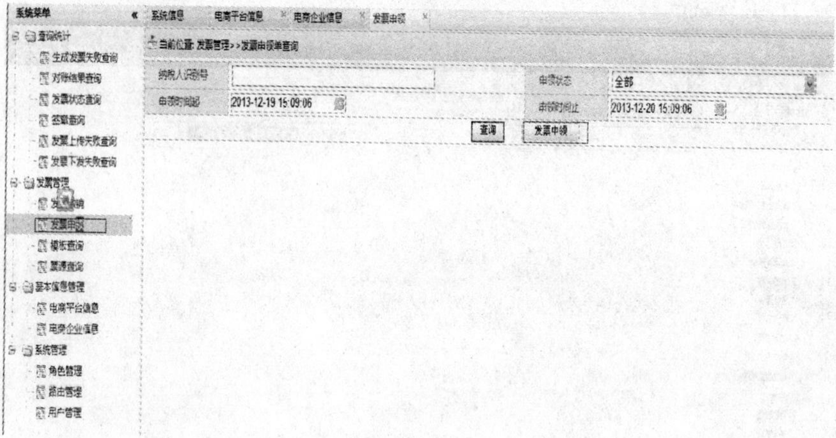

图 6 - 7

输入企业纳税人识别号 310114666025597，并点击下一步，如图 6 - 8。

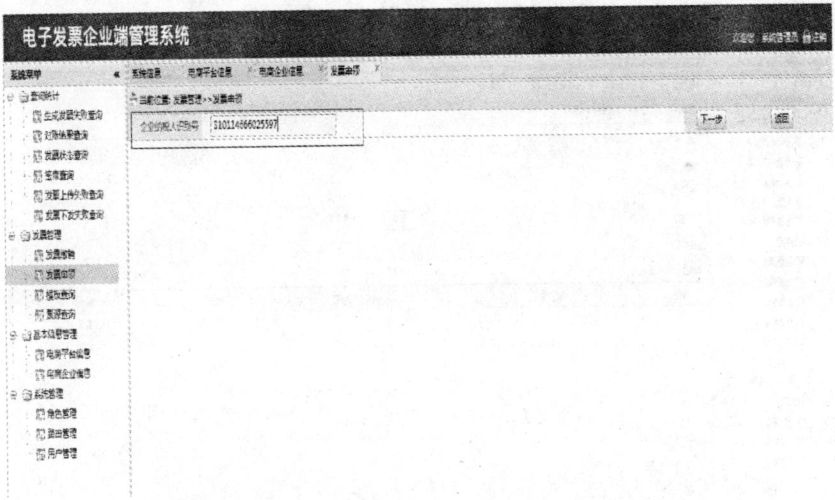

图 6－8

选择发票种类，输入想要申领的份数，并点击确定，如图 6－9。

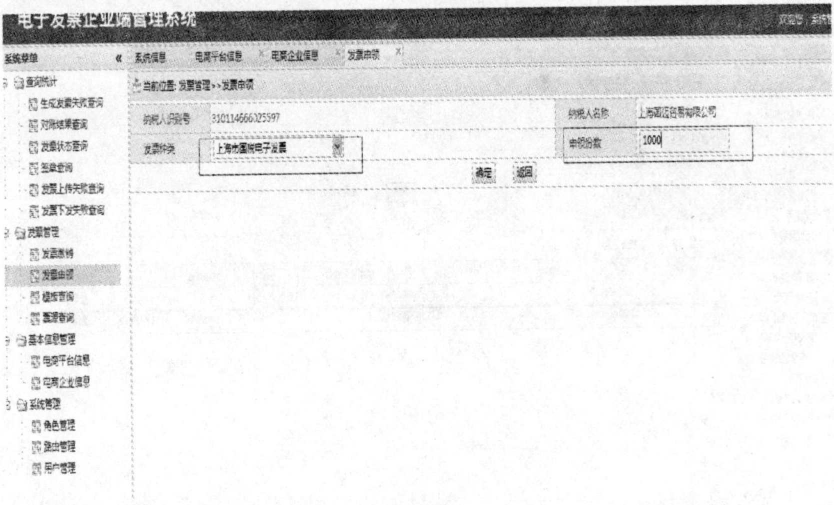

图 6－9

申领成功等待税务局审批，如图 6－10。

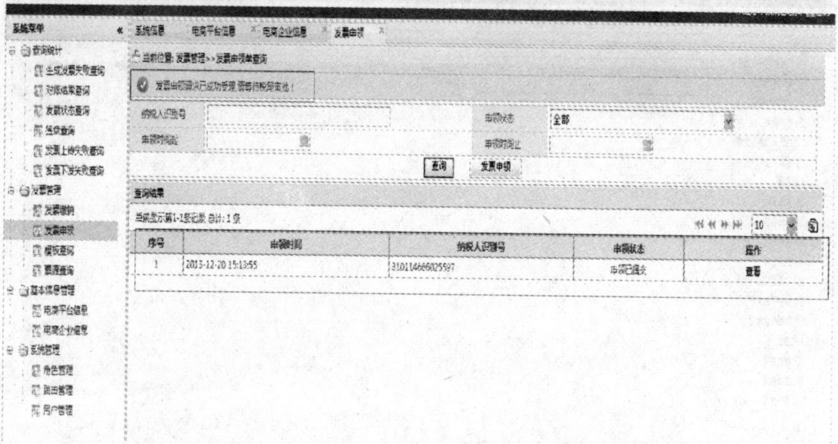

图 6－10

点击查询按钮查看发票审批成功，如图 6－11。

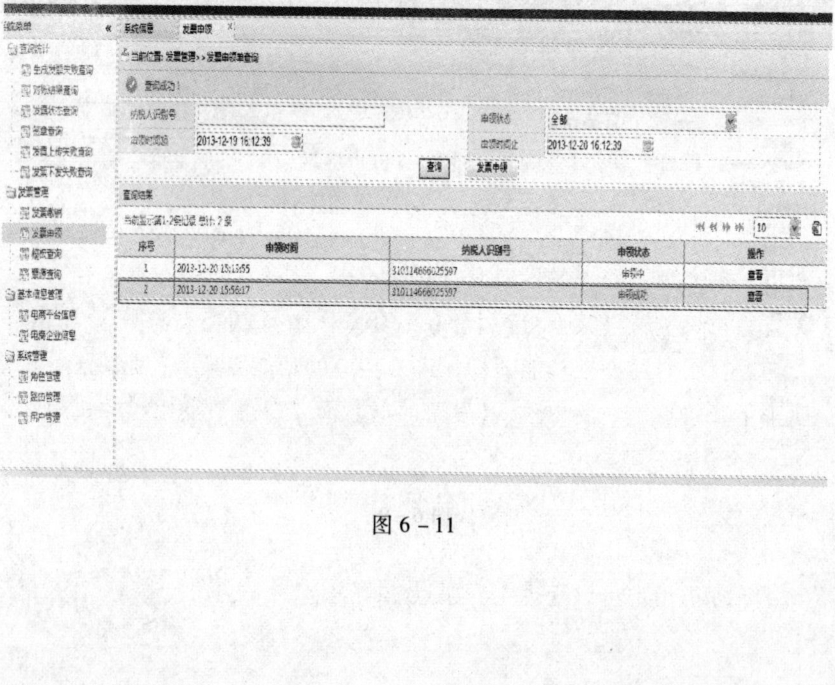

图 6－11

4. 结存查询

结存查询页面见图 6－12。

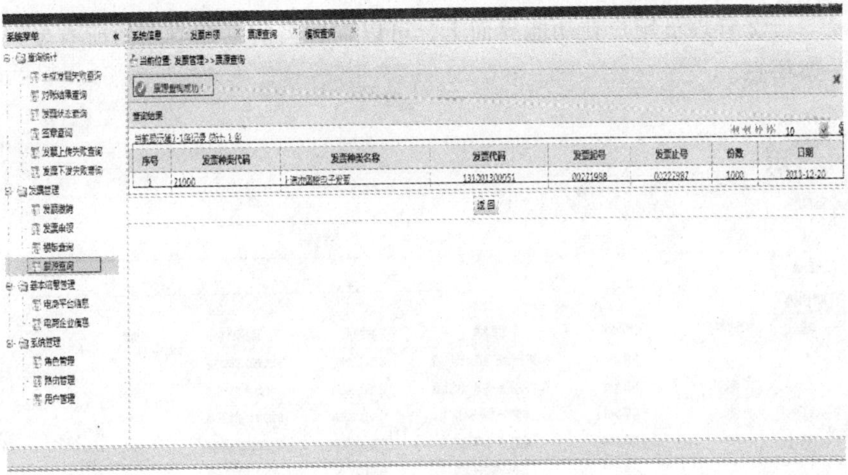

图 6－12

6.3.2　税务局端服务平台

还有的电子发票系统部署于税务端，主要是提供发票管理、发票分配、库存管理、开具查询等功能，下面介绍某应用系统功能模块设计。

登录用户点击系统左侧主菜单的栏中的“ 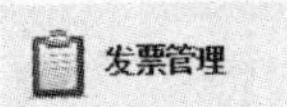

 ”功能菜单，进入发票管理主界面。

用户可进行【发票分配】、【发票回退】、【切换发票段】等相关功能，用户可点击功能图标，进入相应的功能界面。【发票分配】属于主开票点用户的权限，【发票回退】属于分开票点用户的权限。

1. 发票分配

（1）功能描述。管理员用户可以使用本功能，为下属的开票点进行发票分配操作，在各个开票点之间进行电子发票信息调度。

管理员用户可以管理主开票点的相应库存。

（2）操作流程。

①用户点击“发票分配 发票分配”按钮，进入功能界面。

②管理员用户在功能界面上，可以查看当前主开票点的所有发票信息。

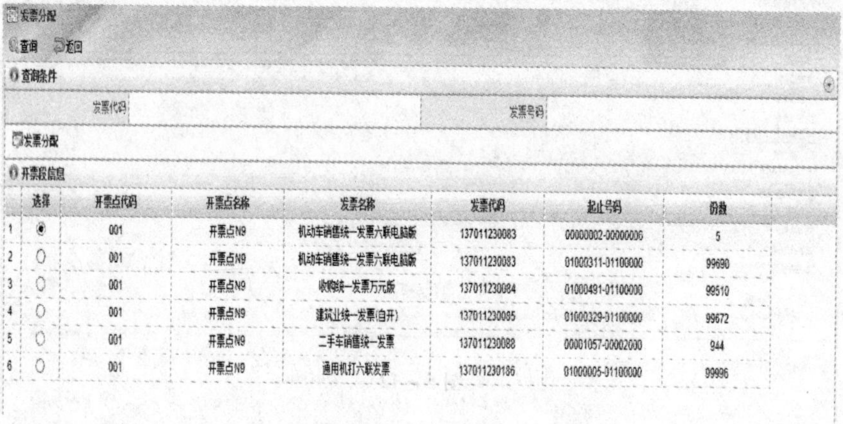

	选择	开票点代码	开票点名称	发票名称	发票代码	起止号码	份数
1	◉	001	开票点N9	机动车销售统一发票六联电脑版	137011230083	00000002-00000006	5
2	○	001	开票点N9	机动车销售统一发票六联电脑版	137011230083	01000311-01100000	99690
3	○	001	开票点N9	收购统一发票万元版	137011230084	01000491-01100000	99510
4	○	001	开票点N9	建筑业统一发票(自开)	137011230085	01000329-01100000	99672
5	○	001	开票点N9	二手车销售统一发票	137011230088	00001057-00002000	944
6	○	001	开票点N9	通用机打六联发票	137011230186	01000005-01100000	99996

图 6－13

③在功能界面上输入“发票代码”、“发票号码”等信息，点击“查询”按钮，可以按条件检索发票库存信息。

④选择一条发票库存信息，点击“发票分配”按钮，向分开票点进行发票分配。

发票分配

开票段信息

	选择	开票点代码	开票点名称	发票名称	发票代码	起止号码	份数
1	◉	001	开票点N9	机动车销售统一发票六联电脑版	137011230083	00000002-00000006	5
2	○	001	开票点N9	机动车销售统一发票六联电脑版	137011230083	01000311-01100000	99690
3	○	001	开票点N9	收购统一发票万元版	137011230084	01000491-01100000	99510
4	○	001	开票点N9	建筑业统一发票(自开)	137011230085	01000329-01100000	99672
5	○	001	开票点N9	二手车销售统一发票	137011230088	00001057-00002000	944
6	○	001	开票点N9	通用机打六联发票	137011230186	01000005-01100000	99996

图 6－14

用户输入发票“发票截止号”或者“份数”信息，系统自动计算要分配的发票数量；选择要将发票分配给的开票点，点击“保存”按钮。

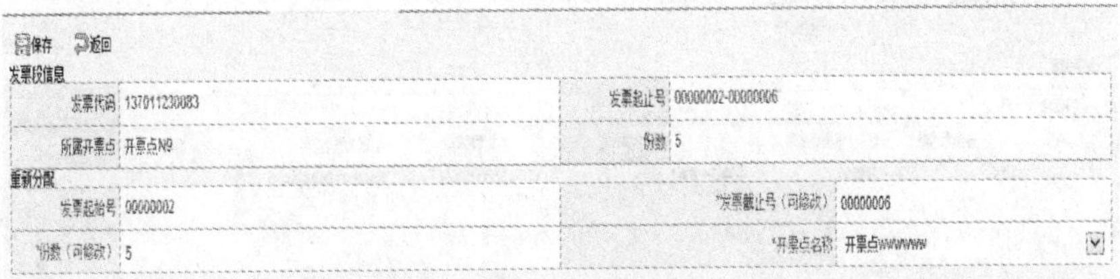

图 6－15

（3）特殊说明。管理员在发票分配时，应确保相应的实物发票与分配的电子发票信息一致。该功能管理员可见。

2. 发票回退

⑴功能描述。操作员用户可以使用本功能，将电子发票信息回退到主开票点。

操作员用户只能回退本开票点的电子发票信息。

（2）操作流程。

①用户点击“发票回退 发票回退”按钮，进入功能界面。

②用户在功能界面上，可以查看所在开票点的所有发票库存信

息，见图 6－16。

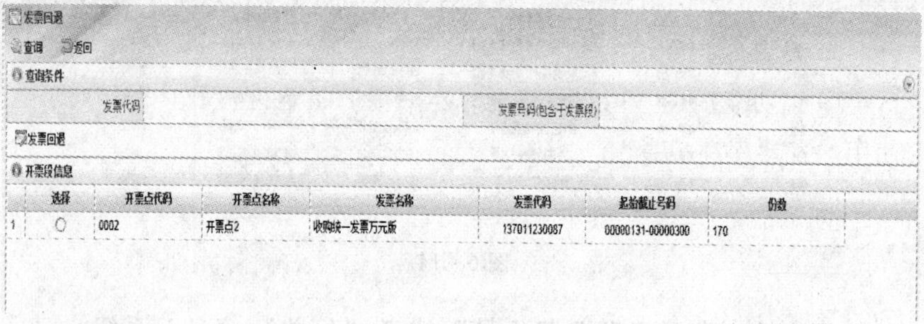

图 6－16

③选择一条发票库存信息，点击“发票回退”按钮，向主开票点进行发票回退，见图 6－17。

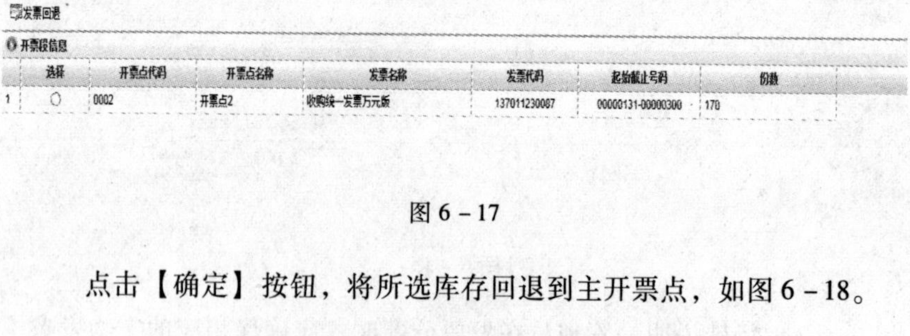

图 6－17

点击【确定】按钮，将所选库存回退到主开票点，如图 6－18。

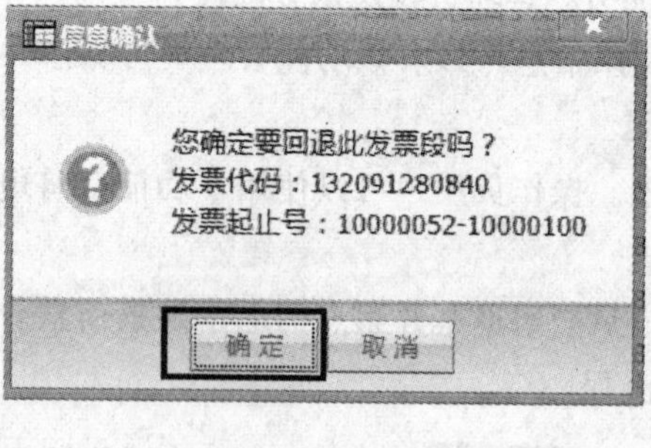

图 6－18

（3）特殊说明。操作员在发票回退时，应确保相应的实物发票与回退的电子发票信息一致。该功能开票员可见。

3. 发票库存管理

（1）功能描述。用户可以通过本功能，指定进行开具操作时所使用的发票库存信息。

（2）操作流程。

①用户点击“发票库存管理 管理当前开票点的发票段信息”按钮，进入功能界面。

②用户在功能界面上，可以查看所在开票点的所有发票库存信息，如图 6－19。

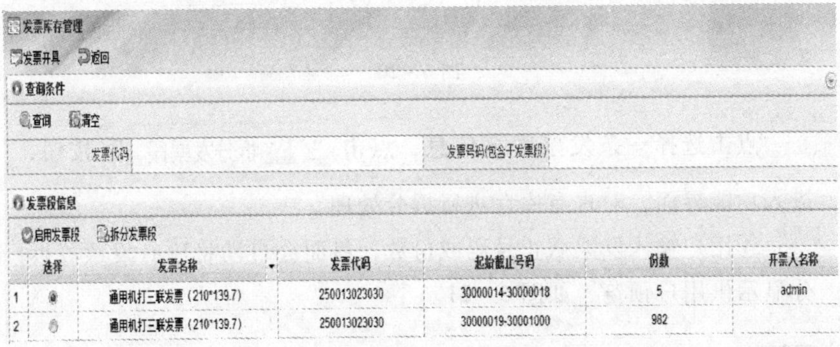

图 6－19

③选择一条发票库存信息，点击“启用开票段”按钮，确认使用该段电子发票库存，如图 6－20。

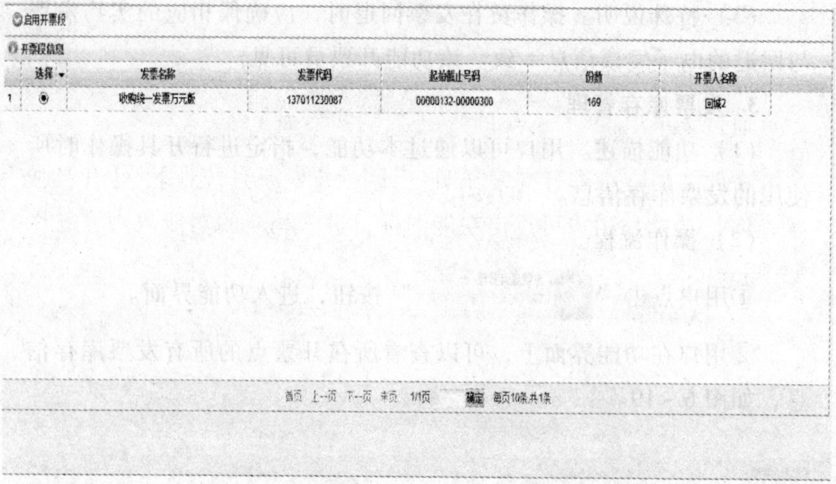

图 6－20

点击选择一条发票库存信息，点击“拆分发票段”按钮，进入功能界面，对现有库存进行拆分处理。

④用户输入发票截止号码或份数，界面会自动将原有发票段拆分显示供用户预览，如图 6－21。

图 6－21

⑤点击“保存”按钮，发票段就可拆分成功。

（3）特殊说明。用户需确保所选用的电子发票库存与正在使用的实物发票号码一致。

4. 查询与统计

通过菜单项“

”进入功能界面。

在此，用户可进行【发票日统计】、【发票月统计】、【开具发票查询】功能，用户可点击功能图标，进入相应的功能界面，见图6－22。

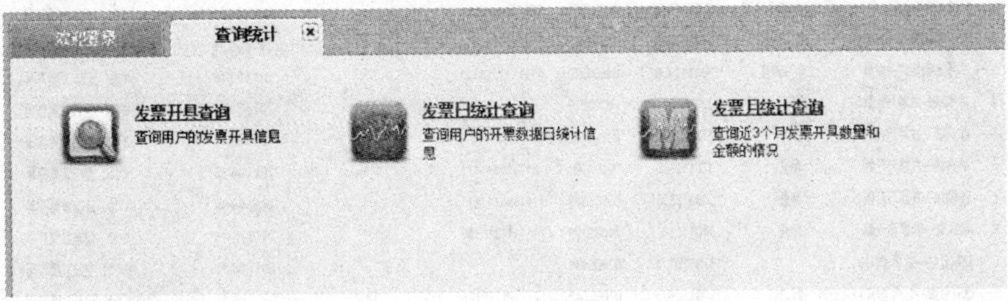

图6－22

（1）发票开具查询。

①功能描述。按条件查询用户的发票开具信息。

查询条件包括：发票代码、发票号码、发票种类、付款方名称、发票状态、开票时间，用户可根据需要自由组合查询条件。

②操作流程。

点击“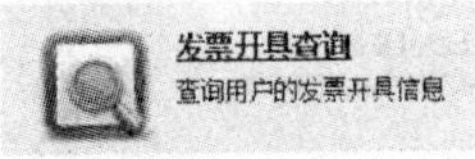

”按钮，进入发票开具查询主页面。

输入查询条件，点击“

”按钮，查询发票数据，如图6－23。

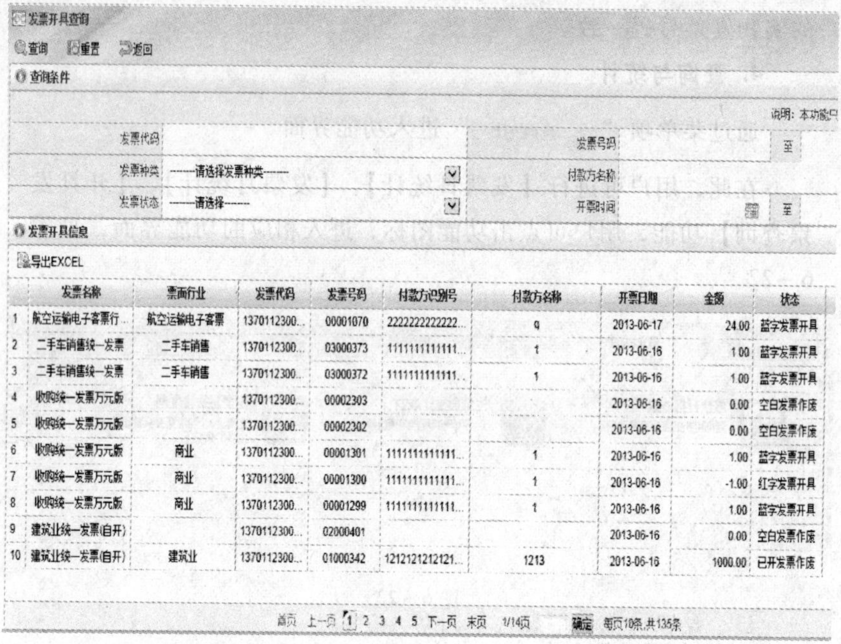

	发票名称	票面行业	发票代码	发票号码	付款方识别号	付款方名称	开票日期	金额	状态
1	航空运输电子客票行...	航空运输电子客票	1370112300...	00001070	2222222222222...	q	2013-06-17	24.00	蓝字发票开具
2	二手车销售统一发票	二手车销售	1370112300...	03000373	1111111111111...	1	2013-06-16	1.00	蓝字发票开具
3	二手车销售统一发票	二手车销售	1370112300...	03000372	1111111111111...	1	2013-06-16	1.00	蓝字发票开具
4	收购统一发票万元版		1370112300...	00002303			2013-06-16	0.00	空白发票作废
5	收购统一发票万元版		1370112300...	00002302			2013-06-16	0.00	空白发票作废
6	收购统一发票万元版	商业	1370112300...	00001301	1111111111111...	1	2013-06-16	1.00	蓝字发票开具
7	收购统一发票万元版	商业	1370112300...	00001300	1111111111111...	1	2013-06-16	-1.00	红字发票开具
8	收购统一发票万元版	商业	1370112300...	00001299	1111111111111...	1	2013-06-16	1.00	蓝字发票开具
9	建筑业统一发票(自开)		1370112300...	02000401			2013-06-16	0.00	空白发票作废
10	建筑业统一发票(自开)	建筑业	1370112300...	01000342	1212121212121...	1213	2013-06-16	1000.00	已开发票作废

图 6－23

（2）发票日统计。

①功能描述。查询用户的开票数据日统计信息。

查询条件包括：发票种类、开票日期。

②操作流程。点击“发票日统计查询 查询用户的开票数据日统计信息”按钮，进入发票日统计查询主页面。输入查询条件，点击“查询”按钮，查询发票日统计数据，见图 6－24。

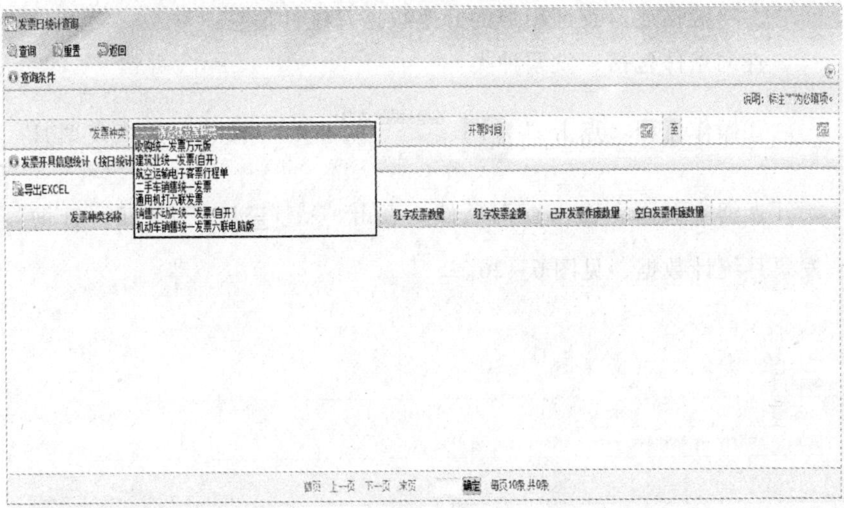

图 6 – 24

显示发票日统计信息，如图 6 – 25。

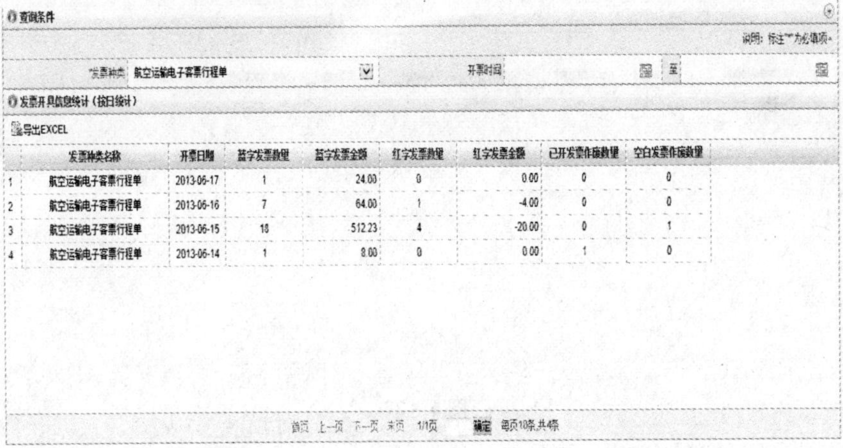

图 6 – 25

（3）发票月统计。

①功能描述。查询用户的开票数据月统计信息。

查询条件包括：发票种类。

②操作流程。点击“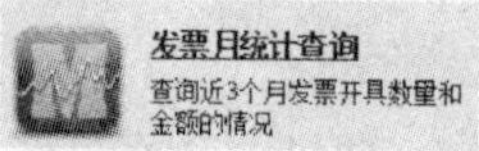

”按钮，进入发票月统计查询主页面。输入查询条件，点击“

”按钮，查询发票月统计数据，见图 6－26。

图 6－26

显示发票月统计信息，见图 6－27。

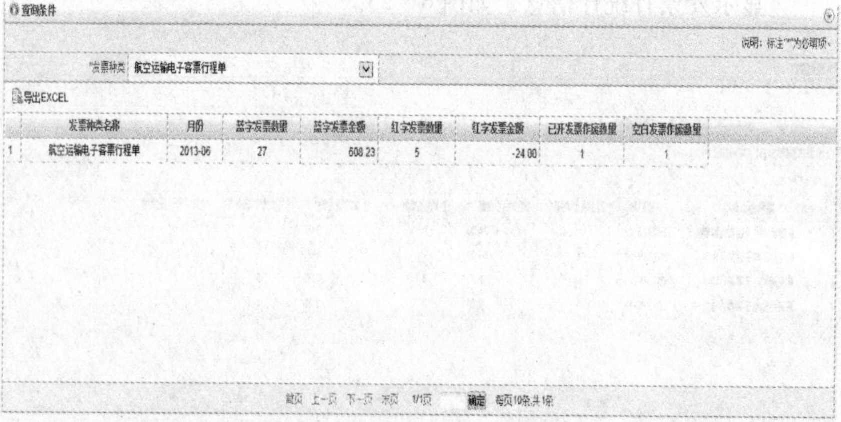

图 6－27

5. 系统维护

登录用户点击系统左侧主菜单栏中的“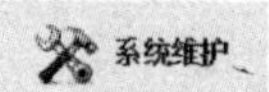

”功能菜单，进入系统维护界面。

在此，用户可进行【纳税人信息维护】、【客户信息维护】、【修改密码】、【开票点维护】、【打印参数维护】、【备注维护】、【开票员维护】等相关功能，用户可点击功能图标，进入相应的功能界面，如图6－28。

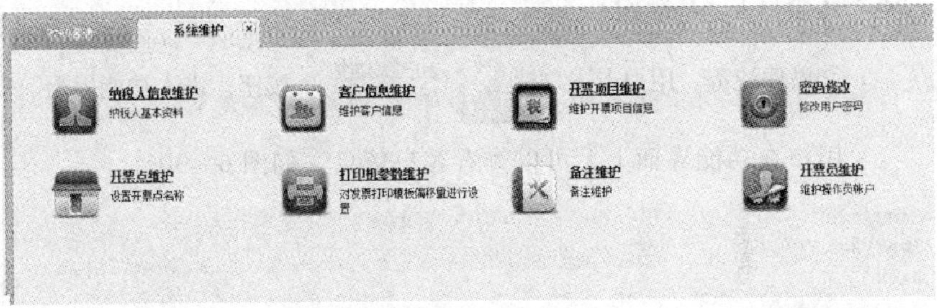

图6－28

(1) 纳税人信息维护。

①功能描述。用户可使用该功能，对本企业常用的基本信息进行维护、管理。可维护信息包括：开户银行、银行账号、经营地址、联系电话等。

②操作流程。用户点击“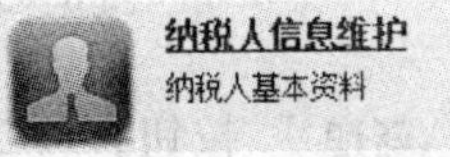”按钮，进入功能界面。

用户在相应的栏目处，输入自己的常用基本信息，如图6－29。

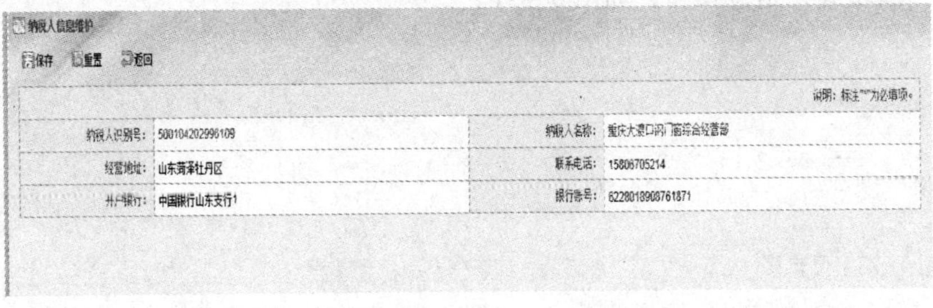

图6－29

（2）客户信息维护

①功能描述。用户可使用该功能，对本单位常用的往来客户资料进行管理。

可维护客户信息包括：客户识别号、客户名称、地址、联系电话、状态（启用/停用）。

②操作流程。用户点击“客户信息维护 维护客户信息”按钮，进入功能界面。

用户在功能界面上，可以查看客户信息，如图 6－30。

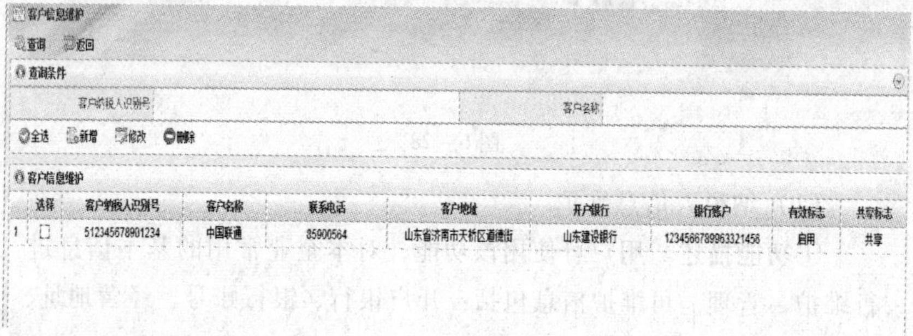

图 6－30

③点击“新增”按钮，可新增加一条客户信息。输入客户识别号、客户名称、地址等信息后，点击“保存”按钮，完成新增客户信息操作，如图 6－31。

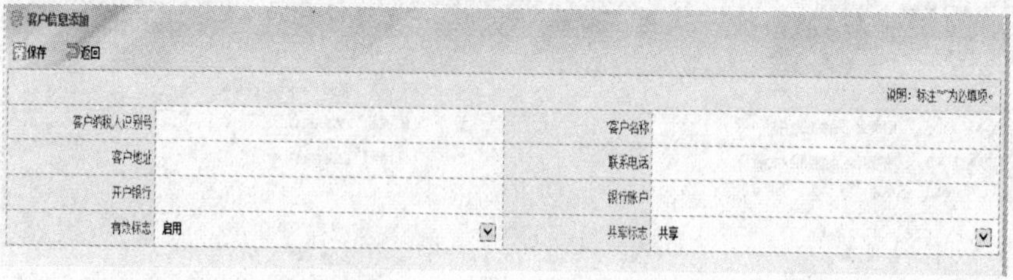

图 6－31

（3）开票点管理。

①功能描述。管理员用户可使用该功能，对本单位下属的开票点进行管理。

本“电子发票开具系统”对纳税人所有的下属开票点，实行平行管理。所有新增的开票点在“开具系统”内部，都隶属于管理员用户所在的主开票点，不再区分上下级关系。

系统默认为纳税人生成一个主开票点，主开票点不可删除，管理员用户可以修改其基本信息。

管理员用户隶属于系统主开票点。

可维护开票点信息包括：开票点名称、联系电话、开票点地址、状态（启用/停用）。

②操作流程。

用户点击“

”按钮，进入功能界面。

用户在功能界面上，可以查看开票点信息，如图 6－32。

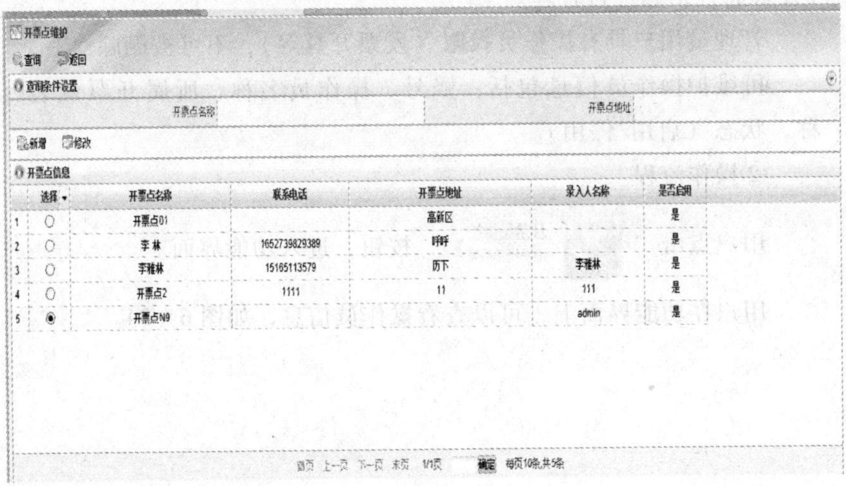

图 6－32

点击“新增”按钮，可新增加一条开票点信息。

输入开票点名称、联系电话、开票点地址等信息后，点击“保存”按钮，完成新增开票点操作，如图6－33。

图6－33

③特别说明。

该功能只开放给管理员使用。管理员用户设定完成后，可以新添加开票员到开票点上。

(4) 开票员管理。

①功能描述。管理员用户可使用该功能，对本单位的操作员（开票员）信息进行管理。

管理员用户具有操作员权限（发票开具等），不可被删除。

可维护操作员信息包括：账号、操作员名称、所属开票点名称、状态（启用/停用）。

②操作流程。

用户点击“开票员维护 维护操作员帐户”按钮，进入功能界面。

用户在功能界面上，可以查看操作员信息，如图6－34。

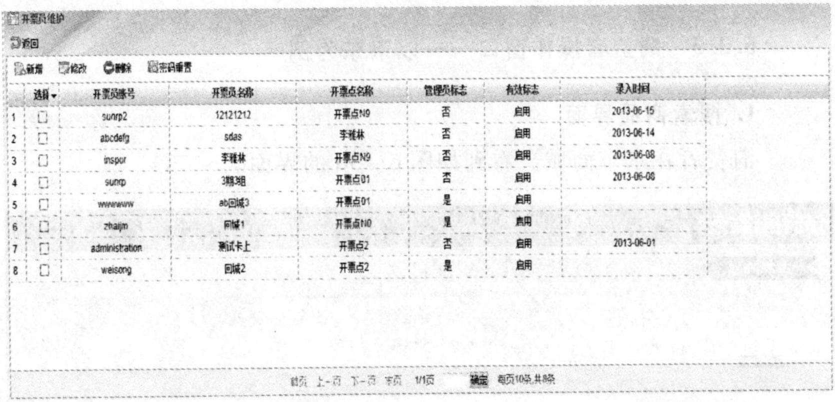

开票员维护

返回

新增　修改　删除　密码重置

	选择	开票员账号	开票员名称	开票点名称	管理员标志	有效标志	录入时间
1	☐	sunrp2	12121212	开票点N9	否	启用	2013-06-15
2	☐	abcdefg	sdas	李稚林	否	启用	2013-06-14
3	☐	inspur	李稚林	开票点N9	否	启用	2013-06-08
4	☐	sunrp	3期3组	开票点01	否	启用	2013-06-08
5	☐	wwwwww	ab回城3	开票点01	是	启用	
6	☐	zhaijm	回城1	开票点N0	是	启用	
7	☐	administration	测试卡上	开票点2	否	启用	2013-06-01
8	☐	weisong	回城2	开票点2	是	启用	

首页 上一页 下一页 末页 1/1页 确定 每页10条,共8条

图 6－34

点击“新增”按钮，可新增加一条操作员信息。

输入账号、操作员名称、开票点名称、状态信息后，点击“保存”按钮，完成新增操作员操作，如图 6－35。

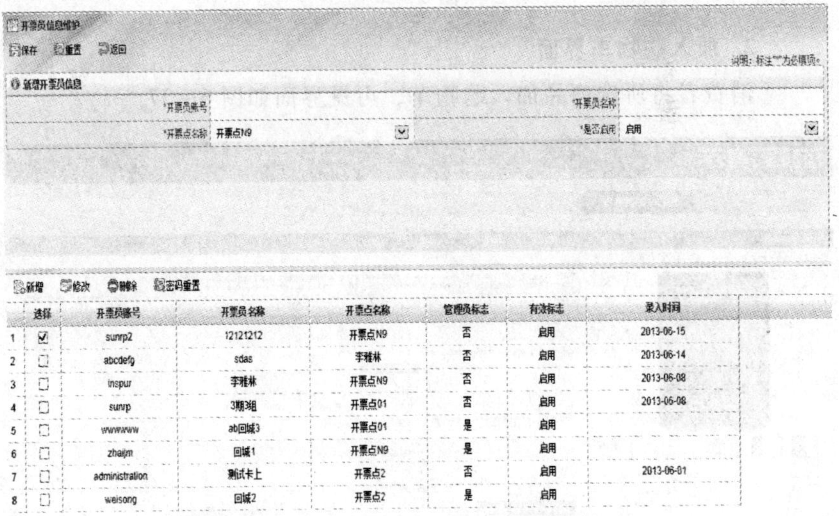

开票员信息维护

保存　重置　返回

说明：标注"*"为必填项。

新增开票员信息

*开票员账号		*开票员名称	
*开票点名称	开票点N9	*是否启用	启用

新增　修改　删除　密码重置

	选择	开票员账号	开票员名称	开票点名称	管理员标志	有效标志	录入时间
1	☑	sunrp2	12121212	开票点N9	否	启用	2013-06-15
2	☐	abcdefg	sdas	李稚林	否	启用	2013-06-14
3	☐	inspur	李稚林	开票点N9	否	启用	2013-06-08
4	☐	sunrp	3期3组	开票点01	否	启用	2013-06-08
5	☐	wwwwww	ab回城3	开票点01	是	启用	
6	☐	zhaijm	回城1	开票点N9	是	启用	
7	☐	administration	测试卡上	开票点2	否	启用	2013-06-01
8	☐	weisong	回城2	开票点2	是	启用	

图 6－35

6.3.3 消费者操作窗口——以京东为例

1. 搜索商品界面

消费者在京东商城会看到如图 6－36 的界面。

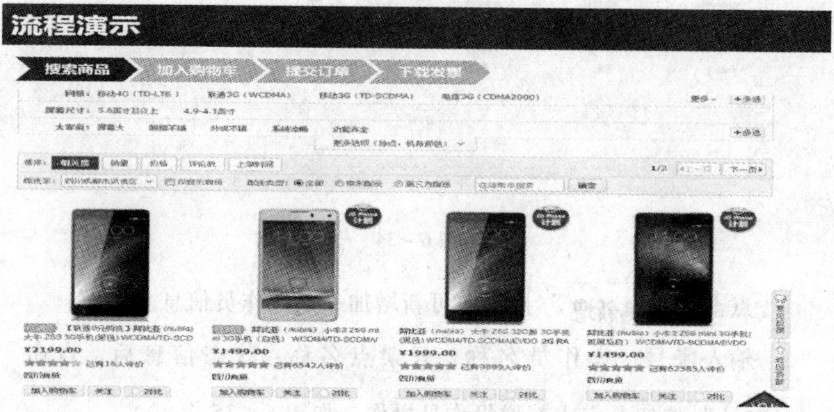

图 6－36

2. 加入购物车界面

消费者将所选商品加入购物车，可见界面如图 6－37。

图 6－37

3. 提交订单界面

消费者提交订单后，可见界面如图 6－38 所示。

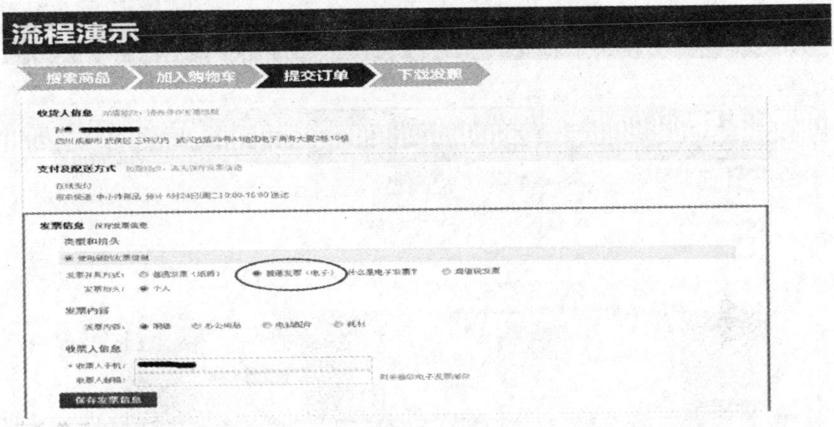

图 6－38

4. 下载发票界面

需要发票的消费者，可以进入下载发标界面，如图 6－39。

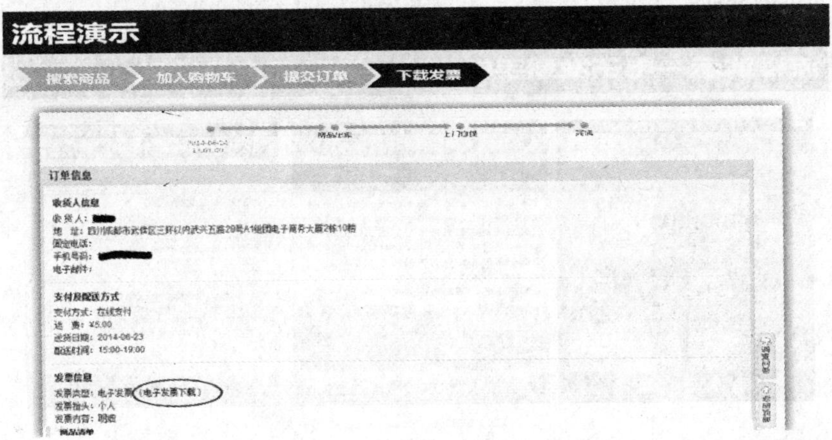

图 6－39

5. 电子发票查询界面

消费者若需要查询发票，可以进入如图 6－40 所示的界面。

图 6－40

6. 电子发票手机查验界面

使用手机软件网购的消费者，在手机上可以见到如图 6－41 所示的界面。

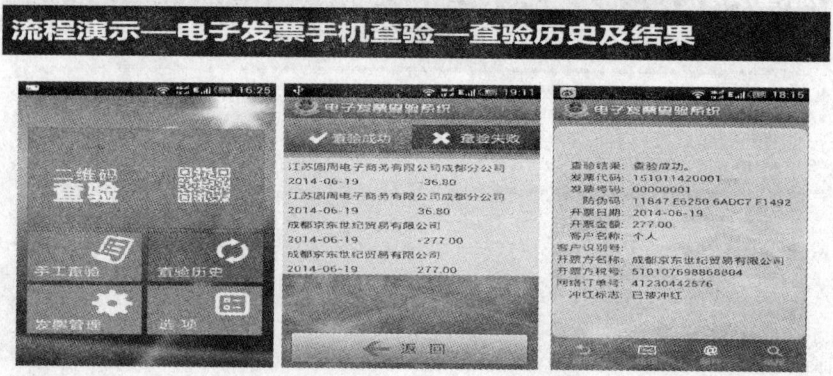

图 6－41

7. 发票下载、查询、查验界面

在手机上下载、查询、查验发票，所得界面如图 6－42 所示。

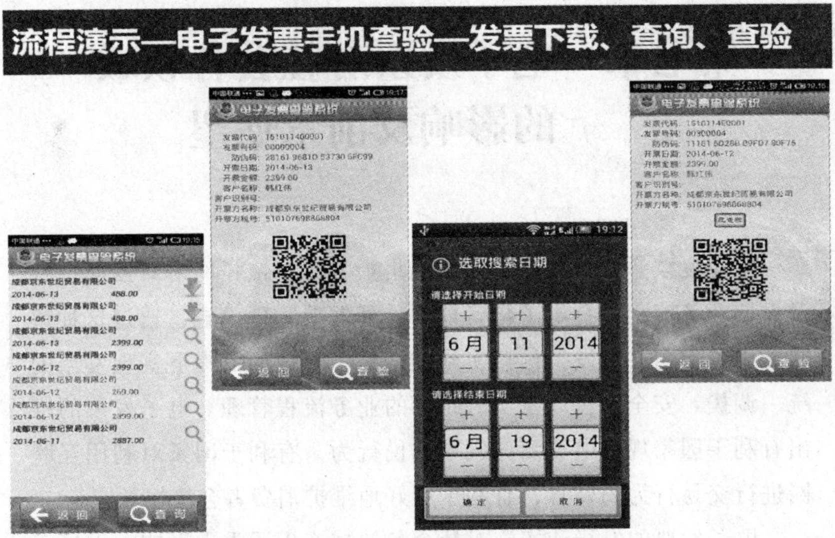

图 6－42

第七章 电子发票对社会各领域的影响及前景展望

电子发票是税务部门采取数据集中方式并依托网络对发票信息及发票业务流程进行电子化管理的一种发票管理模式，通过这种模式使税务部门在对发票信息实施数据集中管理的前提下实现发票的统一调拨、安全发售以及实时跟踪的业务流程管理。电子发票的推出有利于国家规范电子商务领域纳税行为，有利于国家对利用互联网进行交易行为的监管，有利于更好地维护消费者合法权益。

电子发票的发行和实施对社会各领域产生了重大影响，无异于一场发票领域的革命。首先，对国家来说，电子发票是国家治理能力现代化的重要体现；其次，对企业来说，电子发票是企业内控机制建设的重要载体；对理论研究者来说，电子发票是财税界理论研究的崭新课题；最后，对消费者而言，电子发票是消费者权益保护的重要依据。电子发票在电子商务领域的全面推行，对电子商务的发展也会有积极的作用。

7.1 电子发票是国家治理能力现代化的重要体现

习近平总书记指出："国家治理体系和治理能力是一个国家制度和制度执行能力的集中体现。国家治理体系是在党领导下管理国家的制度体系，包括经济、政治、文化、社会、生态文明和党的建设等各领域体制机制、法律法规安排，也就是一整套紧密相连、相互协调的国家制度；国家治理能力则是运用国家制度管理社会各方面事务的能力，包括改革发展稳定、内政外交国防、治党治国治军等各个方面。国家治理体系和治理能力是一个有机整体，相辅相成，有了好的国家治理体系才能提高治理能力，提高国家治理能力才能充分发挥国家治理体系的效能。”党的十八届三中全会之所以把“完善和发展中国特色社会主义制度”与“推进国家治理体系和治理能力现代化”一起设定为全面深化改革的总目标，是因为推进国家治理体系和治理能力现代化，本质上就是为了完善和发展中国特色社会主义制度。电子发票是我国财政税收领域改革创新的一个重要成果，也是国家治理能力现代化在财税领域的重要体现，因此，对电子发票的推广与应用应该予以高度关注。

发票是我国最基本的会计核算凭证。2010 年，国务院通过了《国务院关于修改（中华人民共和国发票管理办法）的决定》，决定由税务机关推广使用网络发票。为进一步规范和加强发票管理，2013 年 4 月 1 日，我国施行了《网络发票管理办法》。网络发票一经“问世”，便得到纳税人和税务机关的高度认可。对于税务机关来说，税务机关利用网络发票能够通过比对纳税人申报信息和发票数据差异，对两份资料进行分析，尽可能防止税收流失，进而提高税务机关税源管控能力。对于纳税人来说，网络发票相对于传统纸质发票在申领、查询、开具等环节更加便利，同时可以提供发票真伪查询，减轻了纳税人的办税负担。目前，我国已有 400 多万户纳税人使用网络发票，并且年开具量接近 40 亿份。网络发票的迅猛发展，是我国税务机关不懈努力的结果，是实现我国税收服务与管理现代化的重要体现。

网络发票的不断发展及取得的积极成果，为接下来电子发票的发展奠定了基础。据统计，目前我国已有 16 个省市自治区试点应用推广电子发票。电子发票独一无二的自身优势，决定其将在提升节能减排效益，降低纳税人成本，强化发票管理等方面发挥举足轻重的作用。从手工发票到网络发票，最终到电子发票，都是我国税收领域寻求改革创新、管理方式变革的结果，与此同时也改变着社会公众的纳税理念和行为方式。总之，电子发票承载了税收服务和管理的创新理念，也在一定程度上推动了税收现代化的进程。

7.1.1 电子发票对税收征管的影响

1. 电子发票有助于完善纳税服务，提升纳税遵从

纳税是由宪法明确赋予公民的一项基本义务，从社会契约的角度来讲，也可以说纳税义务是公民自我赋予的一项义务，是公民对社会和自身的义务。公民希望得到公共服务，也清楚政府提供公共服务需要资金支撑，因此通过契约赋予政府征税的权力，公民也同意承担缴税的义务，为公共服务提供一个长期、稳定的资金来源。因此纳税义务不是政府赋予公民的义务，更不是税务部门赋予公民的义务。

税务部门代表政府执行征税的职能。因此税务部门的核心职能应该是为纳税人提供便利服务，协助纳税人更好地履行纳税义务，以及及时征集税收资金。为纳税人服务包括维护纳税人权利、协助纳税人履行义务和维护公平的市场经济环境。不能只强调纳税人的义务，而忽视纳税人的权利，也不能忽略纳税人履行义务的过程，而应提供必要的帮助。协助纳税人履行纳税义务也就是提高纳税人的纳税遵从度。

纳税人的纳税遵从问题源自于征纳双方的信息不对称，纳税遵从不仅是纳税人办理涉税事项的行为模式，也是纳税人行为决策的结果。理论界认同纳税遵从度与公共服务提供水平、税率、征管水平等因素相关，大多数学者认为，税收征管水平和为纳税人提供服务的水平与纳税遵从度成正相关。而电子发票能较好地改善征纳双方信息不对称的状况，从而加强税收征管水平，提升纳税服务，因此电子发票的推行可以有效地提高纳税人的纳税遵从度。

2. 电子发票有助于税务部门掌握纳税人信息

发票信息是纳税人日常经营的最基本信息。电子发票推广使用后，税务管理部门能及时掌握纳税人的经营、收入、成本费用、往来交易等基本信息。通过电子发票，税务部门对纳税人信息的掌握包含两个方面，一是对单个纳税人信息的掌握，二是对纳税人群体信息的掌握。

对单个纳税人信息的掌握，首先是对纳税人经营信息的日常积累和评估。通过电子发票，把纳税人日常经营的各项交易收入、成本支出都一一记录，通过数据模型分析，就可以较为清晰地了解到该纳税人的整体经营状况。对于纳税人的经营范围、所处的行业地位、上下游供应商和客户情况、整体盈利状况，乃至纳税人的管理水平，都可以通过积累起来的发票信息进行比较准确的评估，进而判断纳税人潜在的税负能力。其次是对纳税人异常信息的及时发现和应对。通过对发票信息的评估，可以判断纳税人正常的经营状况，因此，一旦纳税人出现一些异常的情况，发票信息上可以潜在或明显地反映出来。比如纳税人突然开出大额的发票，远超日常经营的水平，或者突然从一个陌生交易对象处取得大额进项发票，就要考虑其是否存在违规违法行为。通过电子发票能够及时地反映纳税人经营中的异常情况，而设置评估模型的分析系统可以对各种异常情况进行风险提示及预警，税务部门可以据此采取及时的应对措施，一方面可以对疑点进行确认或者排除，对涉税违法行为实现有效的遏制，另一方面，无论疑点是否属实，税务部门的及时应对对纳税人都有较强的威慑力，从而使其调整对税务部门掌握信息程度的判断和心理预期，有助于推动其从根本上提高纳税遵从度。

3. 电子发票有助于优化纳税服务

电子发票对纳税服务的促进，一是体现在使税务部门在掌握相关信息后，可以更好地向纳税人提供优质的服务，简化纳税人的申报流程。二是体现在电子发票可以简化税务部门管理发票的流程，降低纳税人发票使用成本。三是通过电子发票的监督管控流程，有效遏制了涉票违法行为，为纳税人营造公平的市场环境。

7.1.2 电子发票对税收改革的影响

1. 电子发票对个人所得税改革的影响

在电子发票管理体系中，无论是企业还是个人，都可以在电子发票服务平台开立发票使用账户。对于个人用户，电子发票账户不但可以用来查验接受到的发票信息，也可以用来对外开具类似发票的收款凭证。对于个人取得的收入，可以通过电子发票服务平台开具个人收入确认凭证。费用支付方可凭借收入确认凭证进行会计账务处理或者作为档案备查。通过个人收入电子确认凭证，税务部门可以清晰获知该纳税人收入的来源、金额、时间等信息，及时发现多处获得工资薪金所得却未按规定合并纳税的情形。总体而言，通过电子发票可以限制纳税人逃避纳税责任，促使纳税人及时、完整地缴纳个人所得税。

财政部部长楼继伟指出："个人所得税改革的方向是，由目前的分类税制转向综合与分类相结合的税制，在对部分所得项目实行综合计税的同时，将纳税人家庭负担，如赡养人口、按揭贷款等情况计入抵扣因素，更体现税收公平。"无论是分类个人所得税还是综合个人所得税，都涉及收入确认和费用扣除的问题，而电子发票对于收入和费用确认具有明显优势。电子发票全面推行后，将为个人所得税改革提供重要的技术和数据支持。

对于允许列入个人所得税费用扣除项目的，很多学者认为应包括基本扣除、附加扣除和特殊扣除。实际上我国大部分的费用扣除都是由统一的费用标准来确定，无需相关凭证。未来如果在一定范围内实施综合个人所得税制，必将涉及需要凭证确认的费用扣除问题。财政部部长楼继伟就表示[①]，未来“会将纳税人家庭负担，如赡养人口、按揭贷款等情况计入抵扣因素，更体现税收公平”，而电子发票无疑将成为这些费用计入抵扣因素的有效凭证。

2. 电子发票对增值税改革的影响

2011 年，经国务院批准，财政部、国家税务总局联合下发营业税改征增值税试点方案。方案规定，从 2012 年 1 月 1 日起，在上海交通运输业和部分现代服务业开展营业税改征增值税试点。至此，货物劳务税收制度的改革拉开序幕。自 2012 年 8 月 1 日起至 2012 年年底，国务院将扩大营改增试点至 10 省市。至 2013 年 8 月 1 日，“营改增”范围已推广到全国试行。国务院总理李克强 2013 年 12 月 4 日主持召开国务院常务会议，决定从 2014 年 1 月1 日起，将铁路运输和邮政服务业纳入营业税改征增值税试点，至此交通运输业已全部纳入“营改增”范围。自 2014 年 6 月 1 日起，将电信业纳入营业税改征增值税试点范围。“营改增”，有利于减少营业税重复征税；有利于完善和延伸二三产业增值税抵扣链条，促进二三产业融合发展；有利于建立货物和劳务领域的增值税出口退税制度，全面改善我国的出口税收环境等。“营改增”的全面实行，可以实现政府对经济的更有效把握，可以进一步优化和完善税制结构，降低纳税人税收负担，促进社会经济更健康发展。

随着“营改增”推进的范围扩大，更多的行业、纳税人纳入到增值税的管理体系中来，涉及更多的应税劳务和不同的适用税率，面临更复杂的征管环境。电子发票既简化又完善了增值税各流程环节尤其是零售环节的管理，使通过发票信息来控税的目标可以真正地实现。而电子发票采用云平台设计理念进行建设，联网集中平台开具发票，更能适应海量用户同时使用。电子发票系统对纳税人的基本信息把握更全面，对交易链条各环节的信息可以实现全程掌

---

① 中国经济网 http：//finance. ce. cn/rolling/201309/06/t20130906_1329336. shtml.

握，更符合增值税的管理要求。同时电子发票对纳税人端的应用环境要求更低，能有效降低纳税人的成本。总而言之，电子发票可以成为增值税改革最有效的管理工具，能使增值税改革的各项目标更切实地达成。

7.1.3 电子发票对信息化的影响

1. 电子发票有助于提升企业信息化水平

企业的财务会计账簿是记录企业经营管理的最主要资料，会计信息是企业治理最重要的信息支撑。而另一方面，会计信息也是企业与税务相互沟通的基础。但现实中，税务机关对企业账簿的纳税检查存在诸多困难。例如业务复杂的大中型企业，账簿数量繁多，对税务检查人员的个人能力素质要求极高；而大量的小企业，业务简单，甚至不设账簿，税务机关只能采取定额、定率征收的方式。在以纸质凭证为主体的企业账簿管理现状下，税务机关对企业的纳税检查是一件费时耗力的巨大工程。虽然已经有大量的企业选择各种财务软件，但财务软件记录的信息还是需要纸质凭证作为依据，对企业的查账依然摆脱不了在一大堆纸质账簿中逐页翻找的窘境。

电子发票的推行，首先解决了原始凭证是否存在的问题，即会计账簿上的记录是否有发票作为原始凭证作为支撑，其次解决了原始凭证是否真实的问题。税务检查人员通过电子发票管理系统查阅分类会计账簿记录，即可确认企业是否存在涉票违规行为。如果企业安装使用了财务软件，并且按照税务部门提供的电子发票数据接口将电子发票数据导入财务软件，税务检查的工作就更加便捷高效。

通过电子发票，还可以促进原未设账簿的小微企业建立账套。通过电子发票系统可以从电子发票服务平台获取这些企业的相关财务信息等。由电子发票服务平台的相关数据直接生成该企业的账套，不需要企业支付额外的专业财务会计人员成本，处理上只需登录相关网络平台，对信息进行确认或补充即可。这样企业的业务经营行为会更加规范，企业纳税意识也会进一步增强。税务机关对这类企业的管理也更加有效和有序。

企业也可以使用会计电子凭证，在开具或接受电子发票后，直接将发票信息导入财务软件，会计人员在发票信息上进行会计分录处理，直接形成会计电子记账凭证。通过这种方式，企业的会计处理工作得以简化，而税务检查也更加方便。

2. 电子发票有助于完善社会信用体系

通过电子发票的推广与应用，税务部门可以及时掌握纳税人的经营信息。依据电子发票信息并进行有效地评估，可以很大程度改变税企征纳双方信息不对称的状况，提高税务征管的水平和纳税服务的水平。从而更深层次上改变纳税人的判断和预期，促进纳税人提高遵从度，税务部门也可以对纳税人的纳税遵从状况有更客观的评价。通过电子发票系统以及相关的征管、纳税服务水平的提高，可以营造更公平的市场竞争环境和更诚信的纳税氛围。在这种背景下，纳税人的纳税信用评价，将更真实、更具有参考价值。以之作为纳税人的社会信用评价的重要组成指标应该是完全符合要求的。

7.2 电子发票是企业内控机制建设的重要载体

发票是我国企事业单位财务收支的法定凭证、会计核算的原始凭据，也是税务部门稽查管理的重要依据。我国常见的发票主要分为纸质“增值税专用发票”和纸质“普通发票”两大类。二者的区别是，纸质普通发票仅作为一种收付款凭证，而纸质增值税专用发票，不仅具有销售凭证和纳税凭证的双重作用，而且还具有抵扣税款的功能，它是纳税人用于以抵扣增值税税款的重要依据。但是，纸质发票在实际经济运行中存在着诸如易复制、造假，监管难等一系列问题，导致税务部门无法对其实施有效税收监管或监管成本过高，这样客观上就需要发票领域进行变革，即引入更有利于纳税遵从和税收监管的电子发票。在此背景下，从 2011 年起我国进入电子发票时代，中国以票控税模式迈上新的台阶。

7.2.1 纸质发票存在的主要弊端

1. 不适应电子商务的发展需求

电子商务迅猛发展，纸质发票已经无法适应电子商务的发展需求。在电子商务领域，其发展方向是实现“无纸化交易”，纸质发票的滞后发展，势必使电商交易难以追踪，无法适应电商领域税收征管发展需求；其次，电子商务具有跨国性、跨地域性在线交易等特点，同时结算方式（如通过国际信用卡结算）有别于其他交易方式，从征税的角度看，和传统交易方式比较有着本质的不同；第三，电子商务是在瞬间完成的一种快捷的交易方式，纸质发票无法为异地交易者在瞬间提供交易凭证。因此，纸质发票已经无法适应电子商务发展的需求。

2. 印刷、邮寄和管理成本过高

纸质发票在入账过程中还要耗费大量的人工进行比对、整理、入账，人工成本很高。另外使用纸质发票的印刷、运输、储存和材料费用等，随着物价上涨因素，使用成本越来越高。

3. 税收检查难度大

查询纸质发票和在线查询电子发票，二者难、易程度是截然不同的。在日常税收征管活动中，收、付款双方为鉴别和查询纸质发票开具的真实情况，投入人力物力，成本高、工作效率低；倘若收付款双方分别位于不同城市，那么，对纸质发票的检查工作难度将会更大，这将会直接影响到税务机关对涉税发票案件的检查进度和工作效率。在实际经营活动中，纳税人为了逃避纳税责任，采取种种违规手段，诸如违规使用发票，开具阴阳发票、买卖假发票，伪造、转借、转让、虚开、非法代开发票等。这严重扰乱了税收管理秩序，导致了国家税款大量流失。

7.2.2 电子发票在加强企业内控机制建设中的作用

电子发票与纸质发票虽然都具有会计原始凭证的属性，但是，从电子发票的领用、开具、保管、认证、查询、核销等方面，与纸质发票却有着巨大的不同。电子发票的号码采用的是全国统一编码，统一的防伪技术，由税务机关在线统一分配给纳税人使用。纳税人可以通过税务机关的税控管理平台，对电子发票进行在线配号、领购、在线开具、传递发票，并可以实现在线查询、申报等一系列涉税事项，实现完全无纸化的发票管理功能，这是纸质发票所无法企及的。电子发票的领用和开具不需要复杂的工作流程。电子发票有利于改善企业内控环境，加强企业内控监督。

1. 电子发票有利于加强税收征管，提高纳税服务水平

一是电子发票操作简单、方便，透明。电子发票的推广和应用，纳税人可以实时在线领购、在线开具、在线传递发票。电子发票具有操作简单、方便、透明等优点，同时，税务机关不仅可以核查纳税人的在线交易记录，据此推算纳税人申报数据资料的真实性，也能够立刻核实所开具发票的真伪，能有效地避免纸质发票所存在的许多弊端，并能从源头上彻底杜绝假发票的泛滥。

二是电子发票有利于构建全国范围内信息资源共享的发票管理信息系统。纳税人发生涉税业务，可以通过在线开具电子发票，开票信息通过税控管理系统将纳税人的涉税信息直接接入到税务局税控管理平台，纳税人的数据信息能实时传输到税务机关的监管系统，通过电子发票构建的发票管理信息系统可以实现信息采集及时可靠，核税依据准确无误，工作程序简化，征纳双方效率提高等目标。税务机关可以通过电子发票系统，实现对纳税人的全方位监管，提高税务机关的纳税服务水平。

2. 电子发票使各类交易更加透明

一是电子发票与纸质发票具有同等的法律效力。在电子商务全球化快速发展的时代背景下，电子商务本身的跨国性、跨地域性交易特点，势必促使扩大电子发票的适用范围。而电子发票的推广和应用是顺应时代发展的必然选择，也能够很好地适应电子商务交易无纸化、虚拟化等特点。

二是电子发票有助于维护消费者权益。电子发票相比传统纸质发票能够为消费者提供更加方便的服务，也能够避免因传统纸质发票丢失所造成的经济损失，同时，电子发票的应用使各类交易活动更加透明可控，减少纳税人申领、保管、开具和认证、报税、缴销发票等不必要的麻烦，促进电子商务产业的健康发展。

三是电子发票便于监管。电子发票不仅能从源头上遏制企业接受纸质假发票、填开不规范、申报数据失真等问题，而且能保证企业开具发票内容的真实性，最大程度上消除“阴阳发票”和虚假发票等逃避纳税责任现象，促使涉税企业按照真实交易合法纳税，提高税收征管效率，确保国家税收收入的实现。

四是电子发票有助于堵塞税收征管漏洞。鉴于目前纸质发票在实际运行中暴露出的弊端（如发票造假问题等），有必要加快电子发票的推广和使用，以堵塞税收征管方面存在的漏洞。电子发票的开具是借助计算机系统来完成的，这就决定了电子发票的规范化、标准化等特点。由于电子发票采用电子存储方式，比照传统纸质发票的存储和管理模式，使用电子发票可以很大程度地降低企业经营成本。据测算，使用电子发票的成本约为使用纸质发票成本的三十分之一。

五是电子发票有利于提高税收征管服务水平。电子商务交易是一种瞬时的、快捷的交易方式。而电子发票从领取到开具等环节，可以在线实时操作，纳税人领取、开具发票等工作流程非常简单。纳税人只要从电脑终端向税务系统管理平台提出申请，审核通过后，税控管理信息系统会自动提供相关信息，大大节省了纳税人领取、开具发票等相关工作的时间，同时也减少了发生错误的可能。纳税人也不需再到办税服务厅办理业务，减少了出行的交通成本，大幅提升税收征管工作效率，进而提高了税务机关的纳税服务管理水平。

7.3 电子发票是财税界理论研究的崭新课题

电子发票信息可以反映纳税人的基本经营情况；电子发票信息可以描绘行业运营的整体情况；电子发票信息可以反映行业内商品的价格变化趋势；可以反映行业产业链的价值传递和增值过程。通过横向比较，能展示出不同行业的产业特点和发展趋势，通过纵向比较，也可以了解到不同规模的企业其定价策略、成本水平的不同。财税理论研究者能够通过电子发票信息增加对不同行业的了解，也有益于其对税收征管的研究。电子发票信息是反应商品和劳务的流通信息，可以说是构成经济社会的最基本的活动信息，汇集全国商品劳务交易信息的电子发票数据库，将成为财税理论界研究分析中国经济状况最重要的信息资料来源。因此，电子发票已经成为财税界理论研究的崭新课题。发票经历了从纸质发票到网络发票，再到电子发票的历史发展轨迹。

7.3.1 网络发票推广现状

我国网络发票的探索是从 2009 年开始的，前期主要是摸索技术实现的途径和形式等。目前有 47 个省级国、地税局进行了试点，有 283.7 万户纳税人使用，开具网络发票 15.82 亿份，占机打发票约 10%，涵盖工业、商业、建筑安装、房地产、服务业等[①]。通过

---

① 数据来源：新华财经，http://news.xinhuanet.com/fortune/2013-04/02/c_124533478.htm。

在试点区域和行业针对部分纳税人和部分票种实现了网络开具发票，信息实时监控，网上发票的真伪查询；有些地区还实现了采集开票信息与次月申报信息的比对，初步达到了利用开票信息进行控税的目标，取得了较好的效果，这些地区的实践推广经验印证了全国推行网络发票管理是完全可行的。

目前网络发票均为利用网络环境开具纸质发票，开票方利用网络将发票电子信息传输到税务机关，同时将发票信息打印到纸质发票上，受票方接收纸质发票，查验纸质发票信息，发票入账。网络发票在应用中存在诸多问题：纸质发票仍然存在，无法完全取消；假发票难以杜绝，只要存在纸质发票，使用发票的各方获取发票信息的渠道不统一，就会存在纸质发票与网络发票开具电子信息不一致的情况，假发票的现象就无法从根本上完全杜绝；纸质发票无法适应电子商务等新兴行业的需求。总之，要想解决纸质发票管理模式存在的问题，电子发票是必然的选择。

7.3.2 电子发票与网络发票的差异

电子发票是指纸质发票的电子映像和电子记录，它既包含发票票面的电子信息，同时还是纸质发票电子映像的完整复制。电子发票与网络发票的区别和差异，可见表7－1。

表7－1 基于监制发票的网络发票与电子发票的差异[①]

项目	网络发票	电子发票
发票形态	纸质、专用纸张	电子版式文件，可用白纸打印
发票联次	单联，发票联，其他联次为电子信息	一份电子版式文件，保存在电子发票数据库
防伪措施	发票物理防伪与电子信息防伪结合	电子防伪

① 资料来源：陶昭华，“中国电子发票研究”，中国人民大学财政金融学院论文。

续表

项目	网络发票	电子发票
发票查验	发票电子信息保存在网络发票数据库，受票方可通过发票查验鉴别发票信息真伪	电子发票版式文件保存在电子发票数据库，需要时下载打印，随时查验
发票信息一致性	发票电子信息与纸质信息不一致时，需引证其他资料	电子发票版式文件只有一份，完全保证发票信息一致性

7.1.3　网络发票发展为电子发票需要解决的问题

1. 电子发票要实现纸质发票具备的三个特征

纸质发票具有交易凭证、财务凭证、计税凭证的功能。电子发票要取代纸质发票，必须具备纸质发票的相关法律属性以及符合档案管理的基本属性，才能保持其作为法律依据的认可。电子发票要实现纸质发票具备的三个功能，必须满足以下三个特征：信息的同一性，即纸质发票不因对象不同（开票方、受票方、税务机关）显示不同的信息，不会在发票流转的过程中导致信息丢失；完整性，发票完整地记录了所有的征税纳税信息，包括税务机关印制发票时的发票代码、号码、行业等信息，开票方开具发票时的交易信息，受票方的信息；不可否认性，纸质发票通过税务机关的发票监制、开票方签章、受票方确认保证了发票的不可否认性。电子发票必须通过必要的技术手段，实现税务机关、开票方、受票方三者信息的不可否认性。

电子发票要满足以上三个特性，首先，每张电子发票应该是一个可以独立使用的数据文件，而不仅是数据库中的一条数据记录；其次，该数据文件必须是经税务部门认可的平台发出，具有统一规定的样式，且带有税务电子监制签章的版式数据文件；其三，发票开具方能在该数据文件上，按照规定填写相关内容，且所填写的内容必须用其电子签章进行封装，不可否认。上述条件是电子发票取代纸质发票的先决条件。

2. 电子发票版式需要统一标准

电子发票必须是经税务部门认可的平台发出，具有统一规定的样式，且带有税务电子监制签章的版式数据文件。电子发票作为一种会计凭证，在全国范围内有效，因此，必须保证电子发票的统一标准，保证企业开立的电子发票能够相互传输使用，保证所有发票相关方采用不同的软件打开电子发票文件时显示结果相同。这需要由国家主管部门来制订统一标准。

同时，电子发票在设计过程中要充分考虑未来电子发票的发展需求，保证电子发票的完整性、客观性、真实性和可靠性，在保存发票数据的同时，保存发票版式文件，采用数字签名技术，为未来实现电子发票提供技术保障和制度修改的依据。

7.4 电子发票是消费者权益保护的重要依据

发票作为一种购物凭证，是证明消费行为的有力证据，也是消费者获得售后服务、进行消费维权的法律凭证。然而纸质发票由于难保存、易丢失、易造假等诸多弊端，不利于消费者权益保护，而电子发票则具备低能耗、易保存、易辨别真伪等优势，相对于传统纸质发票更有利于消费者权益保护。

进入21世纪以来，我国电子商务快速发展，其交易电子化的特点不仅为电子发票的推广使用创造了条件，也为接下来实体企业推广和应用电子发票起到了先锋示范作用。

中国电子商务研究中心数据显示①，2013年美国网络零售额达2620亿美元，我国已超过美国，成为全球最大的网络交易市场。

① 数据来源：http：//finance. chinanews. com/cj/2014/08 - 06/6462590. shtml。

2013 年，我国网络购物用户规模达到 3.02 亿人，同比增长了 24.7%；我国电子商务交易额突破 10 万亿元，同比增长 26.8%。其中，网络零售市场交易额规模超过 1.85 万亿元，同比增长 41.2%，占社会消费品零售总额的比重达到 7.8%。但由于许多 C2C 个体网店没有工商注册，无实体店经营，经营数据、收支电子化，分布区域广，给税务、工商等“实体化”“属地化”的监管部门工作带来巨大挑战。电子发票的推广和应用既能规范电子商务领域交易，也能为税务机关征税提供客观依据，从而促进电子商务的公平、长远发展。

目前我国多家电商企业已逐步在华北、华东、华南、西南等区域推行电子发票，并有望于 2015 年在全国范围内推广使用，建立与电子工商登记配套的电子商务税收征管体系。在税务部门和电商企业的共同推动下，作为电商征税的重要测算依据，电子发票的使用范围正在逐渐扩大。据统计，京东集团已经开出约 2000 万张电子发票，主要在华北、华东、西南地区推行使用，华南地区电子发票也于 2014 年 9 月率先在广州推出。小米、易迅、东方购物、一号店等多家电商也纷纷上线使用电子发票。但目前电子发票只能在区域内使用，不可在全国范围内跨区域推广使用。

就传统纸质发票而言，首先，其生产需要消耗大量的木材、水等自然资源；其次，需要用特定的防伪油墨和印纸打印纸质发票；第三，纳税人还必须定期到税务机关办理发票领购手续；这样，花费在一张纸质发票上的材料和时间成本就会很高。据统计①，一个年销售百亿元的网购企业，每年纸质发票的印刷打印费超过 500 万元。作为人口大国和经济大国，我国 2013 年全年社会消费品零售总额就达 23.78 万亿元，每年消耗的纸质发票数量巨大，这在无形中增加了社会的经济成本和环境成本。然而，与传统纸质发票相

① 数据来源：http：//business. sohu. com/20140305/n396054028. shtml。

比，电子发票具有低能耗、易保存、易查询、无纸化等优势，有利于税收管理规范化，为我国接下来的税制改革创造了条件。除此之外，消费者通过电子发票的最终数据流向，能够快速准确定位电商企业，进而寻找自己拟选购的商品。因此，尽快建立统一的电子发票标准，赋予电子发票同纸质发票同等的法律效力，推动电子发票在全国范围内推广使用（尽快实现其跨区域流动），无疑是保护消费者合法权益，节约经济、社会和环境成本的最佳选择。

第八章　对我国推进电子发票的政策建议

电子发票的推行，在美国、欧盟、新加坡及我国台湾等地已行之多年。它对电子商务和经济发展的推动作用，已引起各国和各地区的高度重视。如何适应电子商务快速发展的需求，采取先进的发票管理模式，规范电子交易，实现税收的现代化管理，是当前政府部门和有关学者面临的一个极具现实意义的重要课题。纸质发票具有成本高、管理难度大、查询速度慢等缺陷，已不能适应我国电子商务发展的需求，因此，加快电子发票的推广和应用已迫在眉睫。

8.1　推进电子发票立法进程

电子发票不仅能够降低发票的印刷和管理成本，加快电子商务的信息化进程，而且可以有效制约发票的造假行为，打击违规开具发票的不法行为，对于推动电子商务的发展具有十分重要的意义。电子发票的推行，对于发票的信息化管理和加强税收征管工作也十分有利。加快电子发票的立法进程，推动电子发票的试点和扩容，对于电子商业的有序竞争和健康发展意义深远。因此，赋予电子发票与纸质发票同等的法律效力，加快电子发票的立法进程也迫在眉睫。

8.1.1 建立和完善电子商务税收法律制度

1. 税制要素

电子商务对现行税制要素产生了一定的冲击。我国应该加强税收法律法规建设，重新界定并拓展原有的税制要素概念，包括纳税义务人、征税对象、纳税地点、常设机构等，使新的税收概念、条款适用于电子商务，以便对电子商务进行依法征税。

2. 纳税义务人

由于电子商务具备无纸化、虚拟化等特点，使对电子商务纳税义务人的确定比较困难。税务主管部门应该对从事电子商务业务的纳税人进行实名制管理。纳税人在进行电子商务登记手续时，要在办理工商登记之后，在一定期限内到税务局办理税务登记。推行实名制管理后，纳税人应按照税务机关的要求，提供有关电商经营的相关资料，并在登记时提供法人营业执照和居民身份证。税务机关要对相关信息进行登记，并严格审核纳税人提供的有关资料。

3. 纳税地点

电子商务的纳税地点具有一定的流动性和随意性，难以准确确定纳税地点。《中国人民共和国增值税暂行条例》第二十二条增值税纳税地点中规定：“（一）固定业户应当向其机构所在地的主管税务机关申报纳税。总机构和分支机构不在同一县（市）的，应当分别向各自所在地的主管税务机关申报纳税；经国务院财政、税务主管部门或者其他授权的财政、税务机关批准，可以由总机构汇总向总机构所在地的主管税务机关申报纳税”；“（二）固定业户到外县（市）销售货物或者应税劳务，应当向其机构所在地的主管税务机关申请开具外出经营活动税收管理证明，并向其机构所在地的主管税务机关申报纳税；未开具证明的，应当向销售地或者劳务发生地的主管税务机关申报纳税；未向销售地或者劳务发生地的主管税务机关申报纳税的，由其机构所在地的主管税务机关补征税款”；

“（三）非固定业户销售货物或者应税劳务，应当向销售地或者劳务发生地的主管税务机关申报纳税；未向销售地或者劳务发生地的主管税务机关申报纳税的，由其机构所在地或者居住地的主管税务机关补征税款”。这些政策为确定电子商务的纳税地点提供了一定的依据。从《中国人民共和国增值税暂行条例》规定可以看出，电子商务的纳税地点视情况而定。对于网店和实体店同时设立的情况，纳税人应根据两者合计的销售收入在实体店纳税申报时合并申报。但是，如果电子商务纳税人没有固定的机构场所，问题就会变得有些复杂。比较合理的做法是，对没有固定的机构场所的电子商务交易者，如果电子商务交易者（卖方）已经在税务机关进行了税务登记，按照管理便利的原则，电子商务交易者就应该向该税务机关纳税。如果电子商务交易者没有进行税务登记，则应该按照服务器所在地的原则，向服务器所在地的税务机关申报纳税。

4. 税收管辖权制度

我国的电子商务是伴随网络技术的发展应运而生的一种全新的商务活动框架，目前还处于初始探索阶段，需要积极借鉴欧美等发达国家的先进经验。美国是电子商务发展最早国家之一，并已颁布了一系列有关的税收法律法规。1998 年，美国与超过 130 个世界贸易组织成员国达成了保持因特网关税状态至少一年的协议；次年，美国又与世界贸易组织成员国签订了再延长维护因特网零关税状态一年的协议。另外，欧盟也于 1998 年 6 月发布了《关于保护增值税收入和促进电子商务发展的报告》，并与美国就免征电子商务关税问题达成一致。在发展中国家，电子商务刚刚开展尚未起步。发展中国家对国际上电子商务税收政策制定的反应多为密切的关注。具体而言，我国应坚持地域管辖权原则优先，同时坚持居民管辖权原则，从而在电子商务的条件下，最大限度地保障和维护我国的税收权益。

5. 扩展“常设机构”概念

电子商务的发展对原有的常设机构概念形成了一定的冲击。随着电子商务活动的快速发展，常设机构的概念有必要进行一定的扩展，以适应电子商务的发展，更好地协调各国的税收利益。根据OECD的权威解释，对服务器是否应构成常设机构应分情况进行讨论。只要服务器具备一定条件，即可构成常设机构。这些条件主要有：一是电子商务的交易双方通过服务器进行了具有实质性的交易；二是服务器同时具备构成常设机构的三个基本特征。而且OECD还给出了一些排除条款：第一，假设服务器只发挥准备性和辅助性作用，则不能被认为其构成常设机构；第二，网页本身不能构成常设机构；第三，在电子商务中，“如果销售商通过合同付费的方式使用互联网服务器供应商的服务器从事电子商务活动，互联网服务器供应商不能被视为是销售商的常设机构”。这些解释应该为我国所接受并以法律法规的形式固定下来，最大限度地维护税收利益。例如，我国可以规定，对于外国的电子商务企业和个人，只要是通过位于我国境内的服务器从事电子商务活动，不论以何种方式，该服务器均应被认为是在我国设立的常设机构，我国的税务机关有权据此进行征税。

我国电子商务迅速发展，因此无论从法律环境还是经济发展等方面考虑，都应该对与之相关的一系列法律规范进行补充和修订，将电子发票纳入其中，从立法和执法上保证电子发票的推行和应用。从保证产品质量和服务质量角度看，电子发票纳入到消费者权益保护的法律框架下，既能够维护消费者合法权益，也能够促进商品和服务提供者的自律和诚信经营，符合民商法诚实信用的基本原则，有利于建立诚信的经济交往环境，为社会主义市场经济的发展作出贡献。

8.1.2 对税法相关税种的法律制度进行改革和完善

1. 要完善增值税法律制度

我国应在增值税法律制度中，加入一整套针对电子商务的征税办法。在对从事电子商务活动的纳税人征收增值税时，税务机关可以使用税控机的思路，应鼓励纳税人使用税控机，在税法中进一步加大对使用税控机的税收优惠力度，如规定使用税控机可以享受一定的增值税延期纳税以及税收减免等税收优惠，以此来激励从事电子商务活动的纳税人使用税控机，从而保证税款及时足额的缴纳。对于直接电子商务，传统的税控机难有用武之地，但是仍可以按照税控机的思路，研发网上征税软件，要求从事直接电子商务的纳税人必须使用，并在税法中加入一整套针对直接电子商务的征税办法。这样一来，只要是纳税人发生了直接电子商务活动，交易记录都会在网上征税软件中全部保留下来，税务机关就实现了税源监控，从而保证了税款的及时足额征收。另外，应在增值税法中加入有关电子商务跨国交易的规定，规定对于电子商务跨国交易的，务必要经过海关或海关的网络，并由海关代理征收增值税。

2. 要完善印花税法律制度

我国在2005年4月1日起施行《中华人民共和国电子签名法》，其中第三条规定“民事活动中的合同或者其他文件、单证等文书，当事人可以约定使用或者不使用电子签名、数据电文。当事人约定使用电子签名、数据电文的文书，不得仅因为其采用电子签名、数据电文的形式而否定其法律效力”；另外，在印花税法律条例中，以电子形式签订的各类应税凭证的当事人已经被列入印花税的纳税义务人。电子商务的发展使印花税原有的课税对象包括书面合同、产权转移书据和结算凭证等的存在形式都发生了重大变化。因此，我国的税务机关应该进一步完善印花税管理的政策，修订相关法律，明确数据电文的法律地位和法律效力，以适应电子商务发展的新情况。目前，电子技术尚不完善，无法使用其对电子合同进行税收管理，因此可以暂按核定征收或按期汇总缴纳的办法，对电子合同征收印花税。同时，也可考虑暂按电子合同的结算凭证征收印花税。

3. 完善电子商务纳税申报

税务机关应建立网上报税系统。电子商务纳税可以网上申报为主，设立多样化的申报形式。电子商务纳税人需要登录税务机关的纳税申报系统进行纳税申报，并进行电子签章。纳税申报的数据将会被发送到税务机关的数据处理中心。税务机关的数据处理中心进行审核后将受理结果反馈给申报人。如果纳税申报受理成功，有关数据和信息将会被传递到国库和银行数据的交换系统，由银行对税款进行电子划拨，并向纳税义务人发送银行收款单，电子申报完成。

4. 完善针对电子商务的税收征管措施

我国应完善针对电子商务的税收征管措施，在税收的征收、管理、检查环节予以落实。税务机关应建立电子商务税务登记制度，对电子商务的纳税人实行“实名制”管理。推行实名制管理后，纳税人需在工商登记办理完成的一定期限内，到主管税务局办理相关税务登记；另外纳税人设立的银行电子账户也必须在税务机关登记；纳税人还应该按照税务机关的要求提供有关电商经营的相关资料。税务机关不仅要对纳税人的相关信息予以真实准确完整的登记，还要对其提交的相关资料进行严格审核。税务机关在进行税务登记时，要对电子商务纳税人需要缴纳的税种进行准确的界定。

为激励电子商务纳税人主动申报经营所得，税务机关应建立纳税信用评级制度。税务机关可以根据申报纳税情况对纳税人进行信用评级，并将信用评级结果在网上商店中强制显示，为消费者评估网店的信用提供依据。此外，信用评级高的将享受一系列税收优惠措施，而信用评级低的将受到频繁的税务检查和一定的处罚，不仅要补税，还要承担滞纳金和罚款。这种制度不仅能减少税收流失，而且能够起到优胜劣汰的作用，使诚信纳税的网上经营者不断发展壮大，而使逃避纳税的网上经营者难以生存，有效促进电子商务的健康可持续发展。

5. 完善电子商务税务稽查协助制度

电子商务的税务征收和稽查必须加紧税务系统计算机网络体系的建设，形成覆盖全国税务系统的税务系统计算机广域网，逐步实现税务机关与相关部门（财政、金融、外汇、外贸、统计、工商行政管理、质量技术监督管理、海关、公安等部门）以及国内各大第三方电子商务交易平台的网上连接，形成开放型的税务信息化网络体系，并通过纵横交错的管理信息网络实现电子商务信息共享，加强税务机关与相关部门的密切合作，共同监控整个社会资金流向，以便对电子商务税源有效监控，防止税源流失，控制避税和打击各种违法违规的偷逃税款行为。

6. 加强对电子商务税收的征管

(1) 完善电子商务税收法律法规，为税收征管电子化建立配套制度重新界定税收管辖权，可在坚持来源地管辖权与居民管辖权并重的原则下，重新界定“居民”、“常设机构”、“所得来源”、“商品”、“劳务”、“特许权”等与电子商务相关的税收概念的内涵与外延。在国内交易时也可以引入“收入来源地和注册地”双重考虑，以收入来源地和注册地双重考虑来确定管辖地税务机关。

建立专门的电子商务纳税登记制度，要求从事电子商务交易的纳税人必须要向税务机关进行纳税登记。主管税务机关必须对纳税人提供的税务登记资料进行严格审核，接受纳税人的纳税登记请求，赋予每个电子商务纳税人唯一的电子商务税务登记码，并要求纳税人将电子商务税务登记码在其网站上永久展示，不得删除。

使用电子商务交易专用电子发票在一定程度上推动税收电子化进程。电子商务交易隐匿性的特点使计税依据很难确定。税务机关可以监控网络交易电子化发票，开发建立电子商务交易专用电子发票的自动开具认证系统和稽核系统。电子发票自动开具认证系统和稽核系统由税务机关和电子商务中心联合开发设计。在网上交易完成支付时，该系统自动开具电子发票作为网上银行代征代扣税款的依据。该电子发票同时传送到税务机关进行审核备案，审核无误的电子发票同时传送到网上银行供纳税义务人下载。

(2) 构建适应电子商务的新型税收征管模式。首先，建立以网络交易平台为中心的控制“信息流”的税收征管模式。由于自建网站及网站日常维护等费用对于个人经营者来说比较高，所以小型网络零售卖家非常依赖第三方网络交易平台，这种模式的网络交易相比 B2B 和大型 B2C 模式，因其交易主体分散、身份难以认定原因，税收征管难度最大，是解决电子商务税收征管的重点所在。

网络交易平台掌握了其平台上所有网络卖家的基本信息，如身份信息和银行账户信息；并且网络交易平台也实时记录了所有的网络交易信息，如交易内容、交易时间、交易金额，以便收取佣金和手续费。上述这些信息构成了网络交易的完整信息流，也满足了税务机关计税所需的基本信息，如纳税主体、课税对象、应适用的税率、纳税义务发生的时间等。

通过网络交易平台向电子商务交易主体进行征税完全有可操作性、可行性的。具体的方案为：税务机构建立“电子商务征税系统”，由该系统完成税款计算和入库功能。第三方网络交易平台加载“电子商务征税系统”，该系统按照电子商务交易主体工商登记以及税务登记的基本信息来确定纳税主体，并自动采集网络平台上的交易信息，并自动识别电子商务交易应税商品或应税劳务并能按所适用的税种、税目、税率完成税款计算。

其次，建立以银行和第三方支付平台为中心的控制“资金流”的税收征管模式。电子商务交易必然涉及资金流，资金支付过程离不开银行或第三方支付平台的参与。无论是第三方支付平台还是网络银行支付平台都是独立于交易双方的，资金流的经过必然会留下记录，而且记录并不受交易双方左右，这样资金流在理论上是可控的。这也就为我们通过开发“电子商务征税系统”实现电子商务税收的代征代扣提供了可能。该系统的基本开发思路应为：以技术开发与应用为先导，开发自动识别电子商务交易应税商品或应税劳务并能按所适用的税种、税目、税率完成税款计算和扣缴入库的征税系统。

从物流着手，强化实体商品交易电子商务的纳税评估和税务稽查。物流虽然只是商品交易的一个组成部分，但却是商品和服务价值的最终体现。电子商务的购货方众多，在网络环境下很难保证交易活动内容的真实性，但是货物（包括实物货物以及虚拟货物）的流动却是商务活动中的保障，同时也是可以控制的因素。税务机关可以从物流着手，在掌握了物流信息的情况下，对电子商务交易中的实物交割有充分的信息源，这些实物交割的信息可以作为监控纳税人纳税申报真实性，实施纳税评估和税务稽查的重要依据。

8.2 制定电子发票相关标准

电子发票还需要继续普及，并解决“合法报销”和“全国标准统一”的问题。电子发票的研发和推广涉及相关税收征管和财务制度的配套调整，需要及时修改《征管法》、《会计法》和其他税收法律法规，对涉及电子发票的相关内容作修改和完善；完善《发票管理办法》，或者单独制定《电子发票管理办法》，细化电子发票具体使用规定。比如，要明确电子发票的定义，涉及的范围，规定开具资格认定、发票生成、数据传递的工作流程等要素。明确电子发票与传统纸质发票一样，具备合法的效力，可以以此作为扣税和报销的凭证，保障电子发票的入账与报销的应用。在电子发票试点成功的基础上，尽快建设覆盖全国的电子发票系统，将该系统与电子商务交易平台相连接，当发生交易时系统自动开具发票，并将交易信息存储至相应介质，通过这样的方式来实现真正意义的电子发票。税务机关在确保电子发票信息正确生成、可靠存储、查询验证和安全唯一等实现的情况下，在全国各地推广使用。为自建电子商务交易平台和第三方电子商务交易平台提供电子发票开票服务，并逐步将电子发票系统、电子商务纳税人的申报系统与交易平台运营商的代扣代缴系统对接，从而确保纳税申报的及时性和准确性。

目前我国分税制财政体制对电子发票使用存在限制。我国税务管理体制在生产经营过程的流转税管理，一般采用属地管理的原则。电子发票没有固定的物理形态，理论上可以不受地域性质限制，正是由于这一特点，适应了电子商务的发展。在目前的电子商务管理中，电商企业为了适应现行的税务管理规定，不得不采取了某些传统性的经营做法。例如，销售货物的电子商务企业，在各地设置相应的分支网点，负有一定的纳税义务。这一做法部分折射出分税制财政体制下，地方财税部门对税收收入的客观要求。在电子发票的管理和税收政策的制定上，需要结合我国财税体制深化改进的方向，使之具有符合中国财税国情的实际操作性。因此呼吁电子商务流转税进一步向收入来源地课税模式转型，电子商务的税收管辖，以收入来源地和工商注册地双重考虑来确定管辖地税务机关，办理税务登记。对已办理税务登记的电子商务 B2B 和 B2C 的纳税人通过电子商务交易平台从事经营活动的，应当由其办理税务登记的主管税务机关进行税收管辖，其获得的经营收入应当向其办理税务登记的主管税务机关进行申报纳税，管辖地税务机关可向电子商务平台运营商注册地税务机关获取纳税人的相关信息。对未办理税务登记和利用电子商务交易平台进行注册和登记的电子商务 C2C 纳税人，其税收管辖职责应该由交易平台运营商所在地税务机关履行，税收由交易平台运营商代扣代缴，就地入库。通过银行或第三方支付平台对电子订单追踪，自动生成流转税款，实行代扣预缴税款来解决，实现资金流的扣缴、对电子现金支付的自动扣缴、对物流的缴税检查等方式确定电子商务的税收征管模式，把社会诚信公平和国家收入保护作为责任，从根本上解决属地管理原则的分税制无法支持电子商务快速发展的状况。

税务部门要尽快启动电子发票更大范围的推广和建设，并从法规的层面予以规范，适时出台《电子发票管理办法》。制定电子发票的相关标准，还需要做好以下几项工作。

8.2.1　应全面放开企业接收对公可报销电子发票，明确电子发票可作为会计原始凭证

国家发展和改革委员会、财政部、国家税务总局、国家档案局四部委经多方研讨后，联合下发《关于组织开展电子发票及电子会计档案综合试点工作的通知》（发改办高技〔2013〕3044号），《关于同意中国电信、中国联通、中国人保财险开展电子发票及电子会计档案综合试点工作的复函》（发改办高技〔2014〕928号），规定中国电信集团公司、中国联合网络通信集团有限公司、中国人民财产保险股份有限公司可试点接收对公可报销电子发票。因此，建议政策放开，未纳入试点企业可接受对公可报销电子发票入账（目前财政部正在修改《会计档案管理办法》，将符合规定的电子发票、电子资料认定为电子会计档案）。

依据《合同法》和《电子签名法》，电子发票的数据电文完全具备法律证据的效力，因此，电子发票也应该适应作为企业内部管理用的会计凭证的要求，以及企业应对税务查税查账查票的相关要求。因此，税务管理部门可以出台相关规范，明确电子发票可以作为会计原始凭证。企业会计管理实务中，需要纸质凭证的，可以将电子发票相关信息打印输出到纸质凭证上以供使用。纸质凭证可以采用由税务机关规定格式并监督印制的制式凭证，电子发票后台只输出发票内容信息；也可以直接打印输出到空白纸张上，由电子发票后台输出打印格式和内容信息。

因此建议推动其他部门和组织积极使用电子发票。如消费者权益保障部门房地产管理部门、车辆管理部门等，都应协同一致，明确电子发票作为消费凭证、物权凭证的有效性，并在自身相关管理信息系统中接入电子发票信息。

8.2.2 修改对发票印制管理的相关要求

电子发票应用的关键是其可以脱离纸质发票独立存在。电子发票脱离纸质发票而存在，换言之是发票的开具、使用、保存等过程不是以纸质发票存在作为必要条件。电子发票应该具有和纸质发票同样的法律效力，或者更进一步说，在电子发票的管理体系中电子发票的数据电文是发票的最终存在方式，纸质发票只是电子发票输出的书面形式；税务主管部门有权对发票的管理使用等要求进行调整；发票的本质是购销双方的交易关系的证明；税务机关并不需要直接介入发票关系，只需要采集和利用发票信息，并以之来评估发票双方的涉税事项，因此在发票管理过程中，税务机关只对发票信息的真实性、及时性有要求。

电子发票不需要专门印刷，对于采用无纸化会计记账方式的企业或组织结构，以及不需要纸质发票的自然人，发票完全可以电子文件的方式存在。对于需要纸质凭证的，税务部门可以规定好发票的打印格式，由印刷单位按照一般的空白会计凭证的方式印制。纸质凭证只供部分习惯使用纸质凭证的单位使用，本身不负有验证发票真伪的功能。发票真伪直接通过电子发票服务平台查询确定。在这种情况下，发票上套印的发票监制章也没有存在的必要了，发票各联次的管理要求自然也不需要了。同样，发票的号码代码将被电子发票号取代，预先印制的发票号码代码，也改为开票开具完成的同时，由电子发票服务平台系统实时赋予。

目前《发票管理办法》中对以上内容并没有明确的规定，因此需要修正有关法规条文，或者出台新的电子发票管理办法，以适应电子发票的发展。

8.2.3 建立全国电子发票交换的统一平台

《中华人民共和国税收征收管理法》第二十一条规定：“税务

机关是发票的主管机关，负责发票印制、领购、开具、取得、保管、缴销的管理和监督。”即我国现行的纸质发票是由国家税务部门统一印制的。依据《中华人民共和国税收征收管理法》这一规定，只能由国家税务部门统一生成电子发票。因此要制定电子发票的使用规程，首先要建立起一个全国电子发票交换的统一平台。电子发票交换的统一平台作为一个中介站，在企业开展贸易的时候，通过 WEB 界面的方式，买方与卖方直接连上进行交易，可提供实时线上开立、收取发票。电子发票平台的数据库可以备份所有的电子交易记录及相关电子发票凭证。发票数据在线保留若干时间，以供企业、顾客实时查询、下载。电子发票资料至少需要保存 3 到 5 年。万一电子商户的原始电子发票资料丢失、备份数据损坏，可以向电子发票交换中心申请取得原始电子发票资料。

因此，需要加快电子发票的立法进程，明确界定电子发票的法律效力，赋予电子发票在报销上的法律效力，并尽早在全国范围内设立电子发票的统一标准，更好地推动电子发票的应用和普及。

8.3　加快电子发票推广应用

2013 年以来，江苏、北京、上海、浙江等地相继开展了电子发票的试点工作，电子发票的优势已全面显现，包括资源节约、降低成本、消费维权和市场监管等方面。但由于电子发票不具有报销功能，亦不能开具单位抬头，所以在企业报销和政府采购上面还存在很多问题，与此同时给消费者维权也带来一定困难。因此，需尽快建立统一的电子发票标准，在电商行业内大力推广电子发票，这不仅可以促进电商行业的公平竞争和可持续发展，也可以促进社会诚信体系的完善，更好地保护消费者权益。

8.3.1 推广应用电子发票的必要性

1. 推广应用电子发票是我国电子商务业持续快速发展的要求

对纳税人而言，使用纸质发票有查找资料慢、工作流程繁杂、工作效率低、涉税资料不宜长期保存等缺点。现行的纸质发票存在着许多与电子商务发展不相适应的地方，已远远不能满足经济发展的需求。而电子发票虽然与纸质发票都具有会计原始凭证的属性，但是，电子发票与纸质发票在开具、领用、认证、保管、查询和核销等方面却有着巨大的不同。电子发票的号码由税务机关统一分配，并采用全国统一的防伪技术和编码。电子商务纳税人可以通过税务机关的税控管理平台，在线领购、开具、传递和查询电子发票，并进行在线申报等涉税事项，实现现代化和无纸化的发票管理功能。另外，电子发票与纸质发票具有同等的法律效力。这些都是纸质发票不能比及的。在电子商务全球化的今天，电子商务的跨国性、跨地域性交易，促使电子发票的适用范围越来越广。

电子发票的推广和应用，不仅适应电子商务交易虚拟化、无纸化和高效的特点，还有助于为顾客提供更加便捷的服务，维护消费者权益，促进电子商务产业的健康发展。

2. 推广应用电子发票是提高税收征管水平的客观要求

电子商务交易是实时完成的，电子发票的领取和开具，也可以在线实时操作，工作流程非常简单。纳税人只要在电脑终端向税务系统管理平台提出申请，审核通过后，税控管理信息系统会自动提供相关信息，大大节省了纳税人领取、开具发票等相关工作的时间；简化了相关操作流程，同时也减低了错误的可能，进一步提升了税务机关的日常税收征管能力，大大提高了税务机关的纳税服务水平。

由于电子商务具有全球化、快捷化、透明化、无纸化和高效等特点，对传统税收征管工作带来了一定冲击，因此我们应加快电子发票制度来积极应对，通过建立电子发票制度，为未来电子商务的税收征管工作奠定基础。电子发票与纸质发票相比，有利于杜绝税收管理方面的漏洞，防止偷税漏税行为，提高税收管理信息化水平，实现税收征管从以票控税到信息化管控的转变，为税务机关进一步提升管理水平创造条件。

8.3.2 电子发票的推广策略

1. 先试点，再局部，最后全面推广

建立新制度通常采用的方法是先试点，再局部，最后全面推广。在电子发票的推广上也可延续这个思路。我国已在江苏、北京和上海等地展开了电子发票的试点工作。不过如果全国电子发票服务平台建立起来，相关的政策已经出台，满足电子发票推广的要求，则可以考虑在局部范围进行推广。

局部推广过程中，可以采用划线加自愿的方式，对于具备条件和拥有一定规模以上的企业，指令使用，其他企业符合条件的可以自愿使用。对于政府机构等其他单位，应要求必须在电子发票服务平台开户，以接收电子发票。对于个人消费者，建议和鼓励使用，视发展阶段和个人所得税管理的相关政策的配套情况来确定推进节奏。待局部推广形成规模，社会公众普遍接受，则可以加大推广力度，争取全面覆盖。

在推广初期，必然存在电子发票和原有纸质发票并存的阶段，会对发票的接收方带来一定的困扰。首先可能因为企业不了解，不愿接受电子发票。其次是接受了电子发票后，财务会计上不知如何处理。应对的策略一是加大宣传力度，由各级税务机关在相关媒体进行宣传、介绍，充分传播电子发票的优势、方便性和接收使用方法。二是推动相关部门认可和接受电子发票。三是对于企业会计处理应提供操作细则，对企业在两种发票并行期间的会计处理进行规范。四是可以给开具电子发票的企业提供一些规范样式的电子发票输出纸质凭证。

2. 搭建优势服务平台

在电子发票的管理体系中，电子发票服务平台的作用非常重要。对于第三方平台，应具备足够的资金实力、技术实力、服务能力和社会公信力。如目前税务总局选择作为网络发票承建方的电信、联通、移动三大电信运营商，都符合这一要求，还包括提供防伪税控系统的航天信息集团，也是可选的适宜对象。税务管理部门对各电子发票服务平台持中立态度，使用者可自由选择任何一家电子发票服务平台。在面向纳税人和其他发票使用者提供电子发票服务时，各电子发票服务平台公平竞争，通过价格优势、服务优势、渠道优势等各种市场竞争手段吸引使用者。使用者对电子发票服务平台有不满时可以向税务管理部门投诉，还可以另选一家平台。

电子发票服务平台面向使用者提供服务，可以向使用者收取一定费用，而且定价权在平台方。但税务管理部门应约束平台合作方，制定基础服务的限价，并且对只选择基础服务的个人用户，应予以免费。平台可以向使用者提供各种收费增值服务。但这种增值服务，应仅限于利用使用者自身的信息，不得使用其他电子发票用户的信息。并且这种增值服务的内容、收费标准均应在税务机关备案。

3. 完善相关配套政策

完善相关配套政策，促进电子发票的使用。首先是大力宣传，向社会公众和广大纳税人积极宣传电子发票的优势和好处。其次可以推动政府采购优先接受电子发票，并辅以审计方面的要求。第三是面向个人实名用户提供高比例的抽奖奖励，以鼓励个人消费者索要发票。

8.3.3 电子发票推广的重点关注领域

进入“十二五”后，国家发改委联合财政部、国税总局等相关部委多次联合发布通知，明确提出了研究电子发票系统及电子发票管理与服务平台的建设思路，促进电子商务健康快速发展。2013 年 12 月，国家发改委、财政部、国税总局、国家档案局等部委向有关单位联合发布《关于组织开展电子发票及电子会计档案综合试点工作的通知》。通知中要求电子发票试点单位要“推动电子发票的接收及归档保存”“做好电子发票系统与会计核算系统的对接”。综合我国目前各省推广电子发票的实践，结合国际上相关经验，在我国要进一步建设和推广电子发票，能更有效地防范假发票、加强发票管理和税收征管。在推广在线模式的网络发票过程中，应从我国的实际情况出发，重点关注以下几点。

1. 维护电子发票平台的安全

电子发票平台的安全性至关重要。在电子发票管理制度下，纳税人需要通过登录电子发票平台开具发票。如果电子发票平台受到攻击而瘫痪，将会严重影响纳税人的日常经营活动。同时纳税人的发票信息主要记录的是纳税人自身的生产经营情况，对于单个纳税人而言是其重要的商业机密，而大量纳税人的发票信息汇总起来，就成为了一个地区甚至全国的重要经济信息，这就涉及更重大的信息安全问题。因此，较好的解决方法是通过电信运营商的虚拟专网技术，电子发票平台与公众互联网相隔离，由于与公众互联网隔离，并且用户的登录经过了严格的身份认证，因此能极大地屏蔽来自网络的恶意攻击，有效保障了电子发票平台的安全。

2. 确立电子发票的报销功能

电子发票的试点和发行对电商和消费者而言都具有积极的意义。相对电子商务平台来说，电子发票能规范电商的日常运营行为，减少偷税漏税，避免恶性竞争，同时也能节约资源，降低企业成本。相对消费者而言，发票是消费者维权的重要凭证，也是其商业交易的合法凭证。然而，电子发票目前还处在试点阶段，在全国范围内推行还面临很多难题。比如，电子发票虽然可以作为合法的商业交易凭证和保修维权凭证，但暂时还不可用作报销凭证，这使电子发票的功能大打折扣。因此，电子发票全面推行，必须要先迈过报销凭证这一关。

3. 简化电子发票的操作性

电子发票的应用方便快捷、操作简单，才能得到纳税人的接受和拥护。首先，电子发票的操作要适应计算机应用水平不同的纳税人，因此要尽可能简单易操作，符合正常的逻辑思维和使用习惯。同时电子发票平台的效率必须保障，使纳税人在开具发票时感受顺畅快捷。其次，需要考虑纳税人的计算机水平、网络环境和终端状况。电子发票的使用在考虑使用计算机和宽带网络环境开具的同时，还可考虑支持手机开具、无线网络开具、税控机开具等多种终端和网络。三是不增加纳税人的使用成本，尽量避免采用昂贵的特殊设备。专用设备仅供开具发票使用，其使用维护成本也较高，增加了纳税人的负担。

4. 启动电子发票在政府采购领域的试点

我国应尽快推动电子发票在政府采购领域的试点。试点的对象主要是从事政府采购的政府机构和企业。试点电子发票的票种需选择有代表性的一种或几种发票，如“增值税普通发票”进行试点，主要完成以下三个部分的工作：完善电子发票试验平台，对接公共采购服务平台，选择试点省市开始试点。

（1）完善电子发票试验平台的主要任务是，试验大量政府用户使用电子发票的效果。在试点的第一阶段，主要是试验在 B2C 模式和 C2C 模式下的电子发票使用；在试点的第二阶段，将主要是试验在 B2G 模式下的电子发票使用情况。在试点的第一阶段，电子发票的使用对象，主要是电子商务领域的企业和网店；在试点的第二阶段，电子发票的使用对象，将突破电子商务领域，政府机关将作为大用户使用电子发票，同时验证电子发票在政府采购过程、会计记账过程、资产管理过程、商品保修过程的各项使用功能。政府机关将率先垂范大规模使用电子发票，为电子发票在全社会的使用铺路。

（2）我国的政府采购主要通过招标进行，其主体是是行政和事业单位，因此，这些单位在采购完成后，政府采购供应商主要需提供“增值税普通发票”和“地税发票”。而投标完成后，政府采购部门，需给供应商缴纳的“投标费”开具政事业单位收据，属于财政票据范围。因此，在政府采购领域试点使用电子发票，主要涉及“增值税普通发票”、“地税发票”和“财政票据”。发票的使用单位，主要涉及财政局、“政府采购中心”和“政府采购单位”。目前，我国正在试点建立统一的公共采购电子化平台来满足政府采购的需求，因此，电子发票在政府采购领域的试行，必须考虑“全国公共采购电子化平台”和“电子发票试验平台”的对接，同时利用两个平台，试点电子发票。鉴于此，需要系统开发两个平台的系统接口和数据交换机制，同时升级电子发票的各项应用功能，初步构建电子发票生态系统。

（3）我国电子发票在政府采购领域的试点，将选择电子采购交易比较好的省市，如东部沿海省份和经济比较发达的城市进行试点。在企业层面，选择政府采购的主要供应商，如汽车领域、办公领域、IT 领域等的大型供应商进行试点，进一步完善电子发票系统。

5. 加强电子发票的宣传和培训

电子发票相比纸质发票具有很多优点，比如方便快捷、操作简单、透明度高，另外还有数据信息空间小，节约网络和存储空间的特点，能节省认证、报税时间和网络通讯费用。电子发票的推广，涉及广大的纳税人和消费者，税务机关在依法要求纳税人使用电子发票的同时，也应加强宣传，一方面使纳税人了解电子发票对其自身财务管理的规范简便之处，从而更积极主动应用电子发票，另一方面要引导消费者，培养纳税意识，主动索取发票和查验发票，形成重视发票的社会监督氛围。虽然我国个人所得税的月减除标准不断抬高，有更多的人不再需要缴纳个人所得税，但消费者可以通过主动索要发票，督促企业经营者依法纳税，从而培养整个社会的纳税遵从意识。

第九章　京东集团在电子发票管理上的探索

京东是我国最大的自营 B2C 电子商务企业，坚守“正品行货，不卖假货”的底线，营造了 B2C、C2C 和金融等多元电商生态。2013 年京东交易额（GMV）达 1255 亿元，订单量 3.2 亿单。2014 年第三季度，京东实现交易额达 673 亿元，同比增长 111%；净收入 290 亿元，同比增长 61%；订单数达 1.782 亿单，同比增长 119%，其中移动端订单数占总订单量的 29.6%，同比增长了 534%。2014 年，京东在新十年的开局之年，与腾讯战略合作，登陆纳斯达克，全面启动技术创新、渠道下沉、O2O、互联网金融和国际化五大战略。

京东致力于为顾客提供最好的网络消费体验。通过其内容丰富且使用便捷的网站 www.jd.com 以及移动客户端，京东以具竞争力的价格，向消费者提供大量精选的正品，并通过可靠快速的配送服务将产品送到消费者手中。截至 2014 年 9 月底，京东在全国建立了 7 大物流中心，在 39 座城市建立了 118 个仓库，仓储总面积约为 230 万平方米，配送网络覆盖 1855 个行政区县。“最后一公里”解决方案方面，京东拥有 2045 个配送站和 1045 个自提点，京东在 130 个区县实现了 211 服务（上午 11 时前下单，当天送达；晚上 11 时前下单，次日下午 3 时前送达），在 815 个城市提供次日达服务。此外，位于上海的“亚洲一号”现代化物流中心一期正式运营，采用高铁运输货物，大大提升了京东的客户体验。

2013 年 6 月 27 日，京东商城工作人员现场购买了两本图书后，系统开出了一张 PDF 格式、编号为 00000001 的电子发票，我国内地首张电子发票就此诞生。同日，北京市国税局、市地税局等部门发布《关于电子发票应用试点若干事项的公告》，在北京开展第一期电子发票试点。京东商城自营电子商务平台作为首批唯一的试点企业，向北京地区个人消费者销售图书、音像类商品时开具电子发票。用户可在提交订单、填写发票信息时选择“电子发票”选项，输入手机号码和邮箱，订单完成后，可登陆京东个人账户，下载电子发票留存。2013 年 10 月 17 日，京东电子发票二期试点项目顺利上线，正式面向北京地区个人消费者，将电子发票应用范围扩大至自营商品的所有品类。2014 年 6 月 25 日，京东在成都隆重举办了西南区电子发票的上线仪式，见证了京东西南地区首张电子发票的诞生。2014 年 6 月 27 日，实现对试点企业成功开具中国首张对公可报销电子发票，并已电子化方式入账，有效解决了电子发票报销、入账的难题，为电子发票的全面推广扫清了最大障碍，成为中国电子发票推广应用的重要里程碑事件。

截至 2014 年 10 月，京东开通电子发票区域已覆盖 16 个省市，包括如下：

华北区域（2013 年 6 月 27 日上线）：北京市、天津市、河北省、山东市、山西省。

华东区域（2013 年 12 月 28 日上线）：上海市、江苏省、浙江省、安徽省。

西南区域（2014 年 6 月 25 日上线）：四川省、云南省、西藏自治区。

华南区域（2014 年 9 月 15 日上线）：广东省、海南省、广西省、福建省。

此外，华中区域（湖北省、湖南省、河南省、江西省）四省即将于 2014 年 12 月末实现开具电子发票，届时开具范围将覆盖 20 个省市。

京东集团借鉴国际经验积极探索电子发票的发展与应用，业已取得了很多的突破和成绩。同时，电子发票开出后，京东并没有用解决方案构建技术壁垒，而是作为行业领袖分享关键技术和经验。在获知上海市有意开展电子发票试点工作后，京东主动派出技术人员帮助1号店、易迅和东方购物等企业建立电子发票系统，在后台建设、与税务部门系统对接、数据处理等方面倾囊相授。

9.1　京东集团借鉴国际经验积极探索电子发票

为完成电子发票在国内的推广、完善，京东集团组织人力物力，对电子发票领域的国际经验进行了充分考察和研究，剖析其电子平台的运行和规律，总结经验，为京东及我国电子平台的运行提供了有益的借鉴。

9.1.1　境外电子发票平台的运营模式

1. 欧盟电子发票平台的运营模式

欧盟《电子发票指导纲要》于2004年1月1日正式生效实施，自此适用于欧盟内部市场的统一发票开具平台建立起来，极大地促进了从纸质发票向电子化发票的过渡。《电子发票指导纲要》的核心内容包括：电子发票的标准格式及内容；小企业开具发票或小额发票开具按简化程序办理；欧盟成员国税务部门必须独立确认电子发票的有效性；有关客户、第三方自己开具发票时的管理办法；电子发票保存地点和保存方式的规定等。其中，《电子发票指导纲要》将“通过电子方式传递和保存发票”给出了明确的解释：“传递或使发票接受方获得发票的行为，为了数据处理（包括数据压缩）而利用电子设备所进行的存储及数据保存的行为，以及利用线路、无线电传播、光学技术或其他电磁手段的行为。”按照《电子发票指导纲要》的规定，企业可以通过互联网和移动通信设备来传递发票，同时，无论是否发生实际支付款项的行为，企业都可通过互联网和移动通信设备办理发票的兑付手续。

欧盟采用市场化措施开发电子发票平台，欧盟委员会出台电子发票的标准（《Code of Practice on Electronic Invoicing in Europe》），规定了11条核心准则：公平对待、技术中性、商业控制、相互识别、可审计性、可读性、最大选择、均衡性、商业服务提供、公共和私人、法规协调和简化。服务提供商可以开发各种模式、格式的电子发票平台，进行自由竞争。

根据欧洲标准化委员会的统计数据，北欧国家在电子发票应用领域较为领先。同时，据推算，实行电子发票后，最多可节省80%的成本，仅企业对企业（B2B）发票一项，预计欧洲每年可节省达2430亿欧元的发票作业成本。

2. 我国台湾地区电子发票平台的运营模式

台湾地区从2012年起全面推行电子发票，分三阶段实行并逐步淘汰纸本发票。2010年12月18日，由两家超商（统一超商、莱尔富）及全联福利中心等27个店家先行启用；2011年3月，新光三越百货公司及家乐福量贩店成为第二阶段的主打店家；2011年6月，进入第三阶段，扩大实施电子发票。在此段缓冲期间，台湾地区采用电子发票与新的纸本电子发票同时运行模式，其电子发票改革的目的是要最大限度方便广大民众使用、节能环保和降低厂商经营成本。

我国台湾地区电子发票发展，采取“自愿试点、分步推进、政府配合社会”的思路。其中以社会力量为主建设的加值服务中心具有代表性，它是经税务部门核准，采取对外租赁的方式提供电子发票服务，并收取相应费用，纳税人可以通过加值服务中心获得相应加值服务。在电子发票推行的初期，由于各加值服务中心经营发展相对独立，未形成统一的电子发票传输标准，导致各自开具的电子发票无法互相传输应用，客观上阻碍了电子发票的推广和应用。为解决这一问题，更好地推动电子发票的运行与应用，中国台湾当局开发和实施了统一的电子发票平台——“财政部电子发票整合服务平台”，为各加值服务中心（或纳税人）提供开立、传输、交换、储存电子发票及其他相关整合性服务。

台湾地区从事营利事业的单位和个人均使用统一发票，经向主管税务机关申请，纳税人就可以通过互联网或其他电子方式开具、传输或接收电子发票。根据业务类型及开票对象，台湾地区电子发票分为三种模式：营业人与营业人交易用电子发票（B2B）、营业人与非营业人交易用电子发票（B2C）以及营业人与政府机关交易用电子发票（B2G）①。

3. 新加坡电子发票平台的运营模式

新加坡的电子发票工程在2006年启动试点，2008年开始向经营者全面推广应用电子发票系统，并于当年11月实现全面覆盖。新加坡规定所有政府部门及公立学校在发生对外支出时一律只接受电子发票。据统计，受益于该项工程的用户超过了90%，另有超过50%的用户经营效率得到显著提高。新加坡的电子发票开具完全摆脱了纸质，开出的发票都以电子邮件方式传递，大体分为以下步骤：首先是系统生成发票数据，然后以邮件方式发至政府指定的处理器，如果数据处理成功，处理成功的提示信息将会在当天19点前获得；未处理成功的交易到次日早上7点返回未成功信息列表。新加坡电子发票有两种开具方式，一种是在线开具，适用于规模较小的经营户；一种是在线客户端开具，适用于经常有大宗交易的经营户。在线开具发票的平台和客户端都是由政府投资开发，免费供纳税人使用。

---

① 翁楚言：“因地制宜 各具特色——国外及中国台湾地区发票管理经验和启示”，《中国税务》2013年第6期。

9.1.2 境外电子发票应用的主要成绩

1. 全球电子发票的发展成绩

从全球范围来看，预计2014年全球电子发票市场渗透率将超过8%，即400亿张已经实现电子发票，未来全球电子发票市场的增速达到20%，电子发票全球化趋势明显[①]。另外，据统计，全球每年消费者至少接受有2000亿张发票，工商业和政府至少接受1500亿张发票。其中，2012年全球电子发票的渗透率是5%，即全球有175亿张电子发票，全球电子发票年均增长20%。包括B2B、B2G、G2B、B2C等模式。2012年北美电子发票市场复合年均增长率达到23%—25%。支付和采购成为北美电子发票市场的主要推动力，倾向于直接的经营者对经营者（B2B），与拉丁美洲、欧洲相比，第三方网络经营商影响力不大。拉丁美洲电子发票市场中，巴西、墨西哥和智利是领先者。2012年巴西的电子发票市场已经达到饱和状态，但是其他国家的复合年均增长率高达200%。那里立法仍然十分严格，电子发票依靠公共部门推动，服务商承担重要作用，巴西和墨西哥根据电子发票数量和规模实施即时审计。

亚太和非洲电子发票市场中，新加坡、中国香港地区、中国台湾地区、韩国、澳大利亚、新西兰和南非等国家和地区成为领先者，率先开始了企业对消费者（B2C）的电子账单，但是许多国家还没有对B2B进行立法。俄罗斯已经立法支持电子发票，哈萨克斯坦、尼泊尔、新加坡等国家已经强制使用电子发票。欧洲电子发票呈现持续增长态势，其中消费者的电子发票年均增长25%，工商业和政府部门的电子发票年均增长30%。除此之外，欧洲电子发票的市场渗透率也在逐步提高。

---

① 数据来源：http://caijing.chinadaily.com.cn/2014-10/24/content_18798445.htm。

2. 欧盟电子发票的发展成绩

（1）欧盟电子发票的发展。欧盟电子发票实现了无纸化，由企业直接开具电子发票到消费者、企业代开电子发票到消费者，包括大企业之间、中小企业以及微小企业之间的电子发票。

从欧盟整个市场来看，欧盟电子发票市场呈现可持续发展，年均增长30%—35%。2011年，欧盟共开具纸制发票220亿张，不符合税则的电子发票达到47亿张，符合税则的无纸化的电子发票有33亿张，其中直接开具的电子发票19亿张，通过服务提供商开具的电子发票14亿张。完全电子发票的占比达到11%。从企业层面来看，欧盟成员国企业的电子发票使用比例逐步提高。根据欧盟统计局的数据，2007—2010年期间，欧盟27国企业的电子发票使用比例从18%增加到31%，欧元区企业的电子发票使用比例从18%增加到37%，略高于欧盟整体的平均水平。其中，2010年有13个成员国水平高于欧盟整体的平均水平，8个成员国达到欧元区的平均水平，意大利，最高达到56%。

（2）欧盟电子发票的市场渗透率。据统计，欧洲每年消费者至少接受有170亿张发票，企业和政府至少接受160亿张发票。2012年欧洲电子发票在消费者中的渗透率是12%，在工商业和政府中的渗透率是是18%。无论是B2B还是B2C，2007年欧盟的电子发票市场渗透率超过10%的成员国家较少，不超过5个国家，大部分成员国都在3%以下。经过5年之后，到2012年，无论是B2B还是B2C，电子发票市场渗透率超过30%的成员国家较少，但一半以上成员国超过了10%。

（3）欧盟电子发票的发展趋势。从欧盟电子发票的发展趋势来看，包括B2B、B2G、G2B、G2C、B2C等模式在内的电子发票将进一步增长，预计到2020年电子发票的比例将超过60%，而纸制发票的比例将大幅度缩减，预计到2020年比例将下降到10%左右，有的单一企业中电子发票将超过60%以上，并可能成为一流的企业。预计2017年的B2B、B2G领域和2020年的B2C领域，泛欧洲区域的电子发票渗透率将超过50%。从电子发票可接受的格式来看，欧盟电子发票将更多采用影像形式（如PDF），而电子数据交换或可扩展标记语言（EDI/XML）格式将维持相对平稳的比例。

3. 中国台湾地区电子发票的发展成绩

根据台湾地区“财政部”2003年2月的提供台湾全地区发票量进行估算，每年约有24亿张企业间的纸制统一发票。假设企业的纸制发票处理及邮寄成本粗略估算，每张50元台币，则每年企业处理纸制统一发票之总成本将达1200亿元台币。如果企业全面引入电子发票，可节省80%的处理成本。根据台湾地区“经建会”的估算，电子发票制度最终可降低企业经营者80%的发票处理成本，并缩短作业时间从平均两日成为即时送达，估算全面引入电子发票后每年可节省的成本高达960亿元台币。

另外，电子发票在节能环保方面的效益也相当可观。经测算，一年如果节省80亿张纸制发票，就等于少砍8万棵大树，相当于60公顷森林面积。

2010年，我国台湾地区“财政部”制定“全面推动电子发票应用计划”，颁布《消费通路开立电子发票试办作业要点》，积极推动全台发票电子化试点。2010年12月，由两家超商（统一超商、莱尔富）及全联福利中心等27个商家先行启用；2011年3月，新光三越百货公司及家乐福量贩店成为第二阶段的主打商家；2011年6月，扩大实施电子发票至3C连锁店、量贩店业者与宅配业（黑猫宅急便、台湾宅配通等宅配业）。预计到2016年，台湾地区将有四成的发票采用电子发票形式。

9.1.3 京东集团在电子发票领域的积极探索

1. 京东集团积极参与电子发票课题研究

京东集团积极参与了由中央财经领导小组办公室组织的“我国

电子商务领域开展电子发票应用试点研究”企业座谈会，并表示京东商城全力支持电子发票的工作开展，期望参与试点工作。

京东集团还积极参与由中央财经领导小组办公室领导的《电子商务经济促进中国经济转型升级战略》课题研究，并作为课题组成员加入分报告《京东商城电子商务模式及未来发展趋势研究》的研究和撰写工作。

2. 京东集团积极参与电子发票应用试点工作

2013 年年底，国家发改委、财政部、国家税务总局和国家档案局四部委发出通知，在北京、上海和青岛等 8 个城市组织开展电子发票及电子会计档案综合试点工作，重点研究解决电子发票以电子化方式入账问题。作为北京市电子发票接收试点企业、电子发票开具试点企业和电子发票平台技术支持单位，人保财险、京东商城和东港公司在四部委和北京市电子发票应用试点工作联络小组的指导下，以确保电子发票来源可靠、管理可信和长期可用为原则，依托成熟的安全技术方案，实现了电子发票开具、取得、入账、归档和回传的全流程信息化闭环管理，建立了配套标准规范与制度体系，为全国统一制定电子发票及电子会计档案业务和技术标准规范做出了有益探索，为相关制度安排和法律保障提供了决策参考，为在全国范围推广应用电子发票提供了可以借鉴的示范模式。

企业电子会计档案系统与电子发票平台的对接，将会产生良好的经济、社会效益。首先，电子发票由于采取了多项安全技术手段，可以有效避免假发票现象，企业将来源于税务机关电子发票平台的电子发票直接入账，减少了诸多中间环节，可以最大限度保证企业会计信息安全；其次，企业电子会计档案系统与税务机关电子发票平台实现信息化对接，可以免除纸质发票入账时的校验真伪、粘贴装订和仓储物流等环节，在很大程度上会降低企业的经营成本，特别有助于中小企业会计信息化水平的提高；第三，企业电子发票入账信息回传税务机关电子发票平台，便于税务主管部门实施监管，更好地监督企业规范化经营；第四，企业票据档案的电子化方式保存、异地备份模式，不仅可以保证企业档案资料数据的完整与安全，而且有助于企业档案管理使用效率的显著提高。

信息安全问题是电子发票管理的重点，也是政府、企业、消费者等各有关方面最为关心的问题。企业开具的电子发票经税务机关电子发票平台实时或定时传送至发票接收企业的电子发票应用客户端，同时采取数字签名、加密防伪、发票信息锁定和回传数据比对等安全措施，企业信息安全是能够得到完全保障的。

京东商城是 2013 年 6 月 27 日成功开具我国内地第一张电子发票的企业。电子发票平台与电子会计档案系统的成功对接，将进一步助推国内电子发票的推广和应用工作。

3. 构建电子发票系统

（1）电子发票系统业务模型（如图 9－1 所示）。

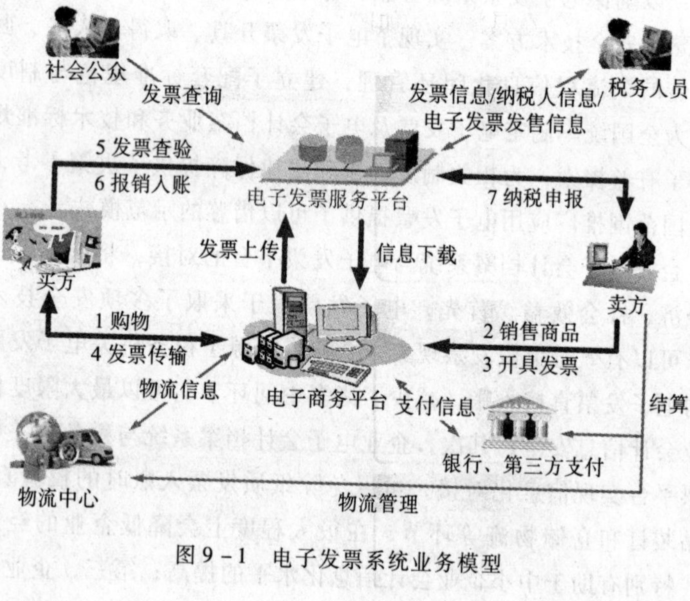

图 9－1 电子发票系统业务模型

（2）电子发票系统架构（如图 9－2）。

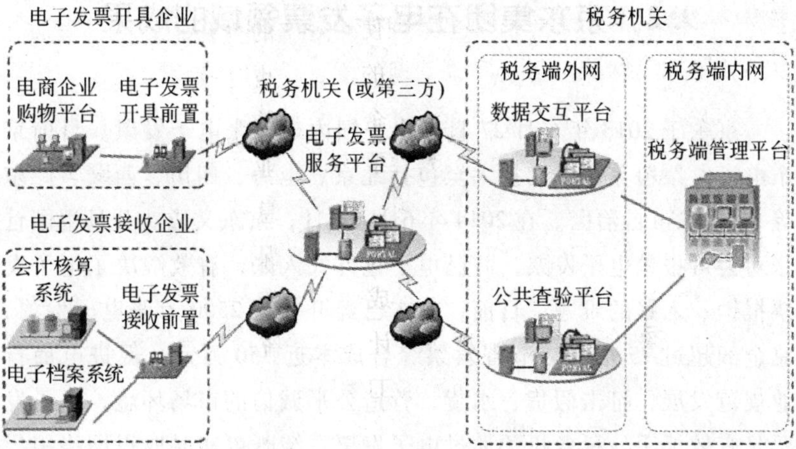

图 9－2　电子发票系统架构

（3）电子发票开具流程（如图 9－3 所示）。

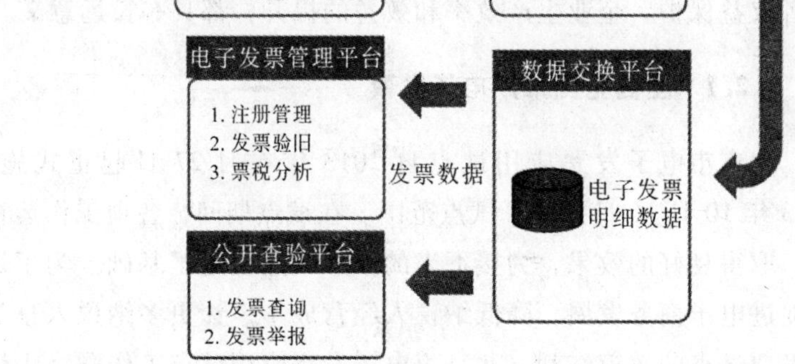

图 9－3　电子发票开具流程

9.2 京东集团在电子发票领域的成果

京东于2013年6月27日开出中国内地首张电子发票。目前京东电子发票覆盖范围已扩大至包括北京、上海、四川、西藏、广东等16个省市自治区。在2014年6月27日，京东又成功开具中国首张对公可报销电子发票，并已电子化方式入账，有效解决了电子发票报销、入账的难题。目前，京东已经开具近2500万张电子发票，总金额超过75亿元，节省发票综合成本近750万元。促进电商行业规范发展，打击假货、水货，营造公平诚信的市场环境，电子发票是有效抓手。税务机关通过电子发票系统既可实时取得网络销售的真实数据，还可通过增值税原理管控上下游供应链管理，制约不规范或违法的进货渠道，并可从根本上制约发票造假售假。电子发票既能成为税务机关征税和稽查的凭证，也成为工商、质检、海关等政府管理部门管理和执法的依据。通过电子发票的推行，可有效约束不诚信商家通过刷单虚卖增加信用等级，维护公平诚信的市场环境，助力解决我国电子商务发展过程中诚信体系建立的难题。此外，电子发票的推行，对国家节能减排、国民经济大数据收集、消费者权益保护、企业生产效率和效益的提升，都具有长远意义。

9.2.1 全国范围推广电子发票

北京市电子发票应用试点自2013年6月27日起正式施行，2013年10月16日扩大了试点范围。在试点期间，各项工作运行顺利，取得良好的效果，为接下来的推广试点奠定了基础。为了进一步促进电子商务发展，降低纳税人经营成本，让更多纳税人享受电子发票试点的政策红利，北京市电子发票应用试点工作联络小组决定自2014年1月1日起开展电子发票应用试点推广，符合条件的纳税人都可以申请加入试点。此次试点推广后，部分有条件的纳税人，可以向北京地区以外的个人消费者开具电子发票，在此政策下，2014 年 7 月 14 日京东面向天津市、河北省、山东省、山西省个人消费者开具电子发票。2013 年 12 月，国家发展和改革委员会、财政部、国家税务总局、国家档案局四部委经多方研讨后，联合下发《关于组织开展电子发票及电子会计档案综合试点工作的通知》，2014 年 6 月 27 日京东与北京市国税局电子发票服务平台、中国人民财产保险股份有限公司正式对接，成功开具中国首张对公可报销电子发票，并以电子化方式入账，对国内电子发票推广具有新的里程碑意义。

2013 年 12 月 28 日，上海圆迈贸易有限公司作为京东的全资子公司，代表京东集团正式面向华东地区个人消费者推广非图书、音像外品类的电子发票。中国电子发票的发展进入了更加广泛的应用阶段。上海区域电子发票的开票范围是销售机构为上海圆迈贸易有限公司的华东区域个人消费用户，不局限于上海市本地，将更大范围地宣传使用用电子发票绿色环保的概念。同时，华东区域个人消费者选择电子发票，将由上海发票服务平台将个人购买的发票信息发送至消费者提供的手机或注册邮箱，有利于消费者更好保管发票和售后维权。2014 年 6 月 23 日京东集团再次推广向华东区域个人消费者开具图书、音像品类商品的电子发票。

2013 年 12 月，京东已第二次向广东省、市、区国税局领导汇报电子发票项目，2014 年 6 月初步审批京东作为第一批试点企业，计划 9 月份初正式面向个人消费者开具电子发票。2014 年 9 月 18 日，京东华南首张电子发票在广州晶东贸易有限公司正式诞生，这是华南地区首张国税系统电子发票。此次电子发票将覆盖广东、广西、福建、海南等省区，至此，京东电子发票覆盖范围已扩大至包括北京等 16 个省市自治区。

2014 年 6 月西安市国税局认定京东为电子发票试点企业，上报陕西省国税局审批具体开票时间。

2014年6月25日，京东在成都隆重举办了西南区电子发票的上线仪式。京东西南区电子发票成功开具，同时也是中国西部地区首张国税系统电子发票。西南区电子发票上线后，京东电子发票覆盖范围扩大至8个省市自治区（北京市、上海市、江苏省、浙江省、安徽省、四川省、云南省、西藏自治区），京东电子发票开具范围和开具数量均已成为全国电子商务企业第一。京东相关技术系统与航天信息承建的成都市电子发票服务平台（http：//182.151.211.198：8000/taxservice）实现了无缝对接，订单完成后，用户除了可在京东查询电子发票外（http：//eiquery.jd.com/initInvoice.html），也可在成都市电子发票服务平台，通过手机客户端扫描二维码或电子发票号码等信息进行查询、打印和下载。以中央电视台新闻频道和四川电视台、成都电视台为首的近百家媒体对此进行跟踪报道，电子发票的推广使用引起社会各界广泛关注，同时赢得一致认可和好评。

在上线仪式上，成都市相关领导不仅对京东积极推行电子发票表示充分肯定，同时也呼吁其他企业积极向京东学习，并指出，电子发票在西南区的推行不仅能够加快西南区电子商务全程信息化，大幅降低发票印制与管理成本，而且可以有效制约违规开具发票、打击发票造假用假行为。同时，也将有利于加强税收征管和发票的信息化管理，推动更为先进的政府管理。

京东西南区电子发票上线项目得到了成都市政府和相关部门的大力支持和细心指导，京东电子发票项目组将坚持技术创新，继续完善电子发票业务，全面保护消费者的切身利益。据统计，截至2014年6月底，京东在全国开具的电子发票已经超过千万份。

2014年9月15日京东集团宣布，京东华南区首张电子发票在全国突破电子发票报销的崭新背景下，于广州晶东贸易有限公司正式诞生，这也是中国华南地区首张国税系统电子发票。此次电子发票将覆盖广东、广西、福建、海南等省区，这对于推动华南区电子商务发展、促进服务业转型升级、改善城市生态环境等都具有重要意义。至此，京东电子发票覆盖范围已扩大至包括北京、天津、河北、山东、山西、上海、江苏、浙江、安徽、四川、云南、西藏、广东、海南、广西、福建16个省市自治区。

此次京东积极上线华南区电子发票项目，将电子发票的认可度和适用范围进一步扩大，广东、广西、海南、福建等地个人消费者均可在京东购买自营商品时选择开具电子发票。京东相关技术系统与航天信息承建的广州市电子发票服务平台（http：//www.12366.gov.cn）实现了无缝对接，订单完成后，用户除了可在京东查询电子发票外（http：//eiquery.jd.com/initInvoice.html），也可在广州市电子发票服务平台，通过手机扫描二维码或电子发票号码等信息进行查询、打印和下载。据统计，2013年广州市企业使用国税局的普通纸质发票约有9亿份。电子发票的推行将加快华南区电子商务全程信息化，大幅降低发票印制与管理成本，有效制约违规开具发票、打击发票造假用假行为。广州国税局指出，广州市电子发票的应用推行正在有计划有步骤地开展，目前，以京东为代表的电商公司已面向个人消费者开具出电子发票，迈出了重要的第一步，接下来还将陆续上线对公司报销电子发票，并探索建设可供全市中小型企业使用的在线开具电子发票公共平台，实现本地中小型企业为个人和本地企业（单位）开票。

9.2.2　推广电子发票产生的经济、环境、社会效益

截至2014年2月中旬，北京市已开出455.74万张电子发票，开票金额15.14亿元，涵盖网上消费的各种品类①。电子发票对于企业、消费者、政府都有重大意义，电子发票的推广应用所产生的

① 数据来源：http：//www.gov.cn/xinwen/2014－03/21/content_2643297.htm。

经济、环境和社会综合效益凸显。

首先，推广电子发票可以为企业节约成本，提高经济效益。据京东集团内部统计显示，电子发票每年为京东节省了数千万元成本，购买纸质发票、聘请专职员工、租赁储存场地、快递产品发票等开支问题得到了根本性解决。其中环境保护方面，电子发票有利于实现低碳环保，节能减排，经济可持续发展。目前，京东每年纸质发票的使用成本超过5000万元，全面应用电子发票后，仅京东一年可节约5亿张纸质发票，相当于300多吨纸张，每年少砍伐约1714棵成年树木，减少近200吨的二氧化碳排放量。如果全国企业推广开电子发票，一年可节约近2000亿张纸质发票，节约纸张约12万吨，每年少砍伐约86万颗成年树木，保护了近3万亩森林和土地，减少近10万吨的二氧化碳排放量。电子发票还可帮助国家获取经济大数据，便于工商监管，促进税务机关信息管税，并可从根本上制约发票造假售假。电子发票还有利于企业提高生产效率，降低经营成本。减少发票打印、分拣、递送、仓储、作废冲红的繁琐劳动。

其次，推广电子发票有利于信息化监管，提供数据支撑。电子发票有助于国家税务部门实现信息化监管，保证各涉税主体尽可能实现税收公平，最大限度防止买卖假发票、虚开发票或不开发票等逃避纳税责任行为发生。例如：基于京东的技术系统与北京市国税局的发票管理系统实现了无缝对接，消费者除了可在京东查询电子发票外，也可在北京市国税局的发票管理系统中查询到相关信息。电子发票信息化的推广普及，可以为政府提供全面可靠的经济统计大数据，为其进行宏观层面的经济发展规划提供可信的数据参考。电子发票为消费者提供维权、报修凭证。电子发票享有同纸质发票同等的法律效力，是用户进行售后维修和维权的有效法律凭据。另外，电子发票还将京东集团数百名专职开发票的员工从原先枯燥、乏味的工作岗位中解放出来，让他们能在更有价值的环节贡献力量，实现自我价值。

另外，推行电子发票减少了纸质发票所消耗的环境资源和社会资源。据估计，如果全面推广电子发票，仅重庆市每年就将节省近2亿元发票印制成本，每年可少砍3.6万多棵树，减少1040吨碳排放[①]。京东下一阶段将联合政府部门进一步推动电子发票试点推广项目，扩大参与电子发票试点企业的范围，推广开具可报销的电子发票并将电子发票开具范围推广至全国；帮助有关部门完善电子发票及电子会计档案相关制度规定和管理办法。京东将积极推动国家有关部门明确电子发票的法律地位，力争早日解决电子发票不能跨地区使用、报销入账等问题。

最后，消费者权益保护方面，电子发票使消费者取得发票更便捷，避免丢失，方便查验，避免了纸质发票丢失无法退货或无法享受售后维修的风险。

① 数据来源：http：//csr. mofcom. gov. cn/article/bp/sps/201410/20141000753196. shtml。

参考文献

[1] 柏志宏："电子发票控税分析"，《中国税务》2009年第10期，第40页。

[2] 包逸生、林高星："从资金流入手应对新型增值税发票虚开案"，《税务研究》2005年第4期，第88—90页。

[3] 蔡金荣主编：《电子商务与税收》，中国税务出版社2000年版。

[4] 曹海生："电子商务税收征管体系研究"，东华大学博士论文，2012年。

[5] 陈校堂："虚开增值税专用发票行为的成因及防范"，《涉外税务》2012年第9期，第71—73页。

[6] 楚文海："中国纳税服务研究"，中国人民大学财金学院博士论文，2009年。

[7] 戴英侠、连一峰、王航：《系统安全与入侵检测》，清华大学出版社2002年版。

[8] 杜龙生："打造发票管理'网上高速公路'"，《中国税务》2010年第2期，第51页。

[9] 范坚："发票管理需要标本兼治"，《中国税务》2004年第8期，第2页。

[10] 范锦飞："SAP平台电子发票处理流程改进及实现"，上海交通大学论文，2012年。

[11] 冯杰南："电子发票的改进、应用及其推广"，《现代商业》2012 年第 32 期，第 65 页。

[12] 甘华鸣编著：《业务流程》，中国国际广播出版社 2002 年版。

[13] 高复先：《信息资源规划——信息化建设基础工程》，清华大学出版社 2002 年版。

[14] 高海威："发票环节税收流失的经济学思考"，《税务研究》2006 年第 7 期，第 54—56 页。

[15] 高莉："从发票虚开环节的前移透视税收制度的缺陷"，《税务研究》2007 年第 11 期，第 74—76 页。

[16] 葛元力："流程再造理论在税收管理领域的应用"，《税务研究》2003 年第 2 期。

[17] 官鸣主编：《管理哲学》，东方出版社 1998 年版。

[18] 郭吉生、黄光平、曾春："加强普通发票管理之浅见"，《中国税务》2009 年第 9 期，第 50 页。

[19] 郭蕾、暴楠："电子发票的发展分析"，《财务与会计》2012 年第 6 期，第 62—63 页。

[20] 郭烈民："树立全新管理观念，构筑高效征管平台"，《深圳税务参考》2003 年第 7 期。

[21] 国家税务总局："中国税务信息化发展战略研究"，2002 年。

[22] 国家税务总局："金税三期工程总体设计概要"。

[23] 国家税务总局科研所课题组："以城市为中心理顺税收网络，强化税收管理"，2003 年。

[24] 黄学铭："对增值税专用发票'抵扣税运行新流径'研究"，国家税务总局科研所研究报告。

[25] 国家税务总局税收科学研究所："新形势下的税收征管工作应注意树立系统综合管理观念"，《税收研究资料》2002 年第 6 期。

[26] 国家税务总局信息中心："金税工程（三期）可行性研究报告"，2002 年。

[27] 国家税务总局信息中心："金税工程（三期）总体技术框架"，2002 年。

[28] 国家税务总局征收管理司编：《新征管法学习读本》，中国税务出版社 2001 年版。

[29] 哈罗德·J. 利维特［美］著：《管理学原理》，四川人民出版社 2000 年版。

[30] 韩进川主编：《税收征管实践与思考》，海天出版社 2001 年版。

[31] 韩晓琴、李哲："运用 Logistic 回归模型加强高收入者纳税遵从的实证研究"，《税务与经济》2012 年第 3 期，第 76—80 页。

[32] 韩晓琴、彭骥鸣："纳税人个性特征与纳税遵从关系的实证研究"，《税务与经济》2013 年第 1 期，第 78—85 页。

[33] 韩雪松、赵瑜："规范普通发票管理"，《中国税务》2010 年第 5 期，第 56—57 页。

[34] 洪鸣、齐卉："电子发票的规范定义探讨"，《中国税务报》2013 年 8 月 7 日。

[35] 侯卉："增值税专用发票监控的反思"，《税务研究》2005 年第 3 期，第 76—77 页。

[36] 呼文峰："如何解决定额发票购票难"，《财税与会计》2002 年第 11 期，第 40 页。

[37] 陶昭华："中国电子发票研究"，中国人民大学博士论文，2013 年。

[38] 黄玉远："推行普通发票控管系统的探索与实践"，《税务研究》2005 年第 6 期，第 70—72 页。

[39] 李敏建："实施电子发票优化纳税服务"，《中国税务》2007 年第 4 期，第 63 页。

[40] 李伟:“中国信息化税收管理发展战略研究”, 中国人民大学财金学院博士论文, 2003 年。

[41] 李文美、陈尊明:“假发票泛滥的原因分析及治理途径”,《税务研究》2006 年第 7 期, 第 57—59 页。

[42] 李振军:“如何判定纳税人是否善意取得虚开的增值税专用发票”,《涉外税务》2001 年第 8 期, 第 70—71 页。

[43] 李志敏、文静华:“一个新的电子发票协议及其公平性分析”,《海军工程大学学报》, 2005 年第 4 期, 第 5—8 页。

[44] 凌晨:“电子发票管理平台在发票管理中的应用”,《湖南税务高等专科学校学报》2010 年第 3 期, 第 20—21、24 页。

[45] 刘军主编:《21 世纪电子商务与税收》, 中国财政经济出版社 2000 年版。

[46] 刘晓伟: “从发票背后印制广告说起”, 《中国税务》2006 年第 3 期, 第 34 页。

[47] 罗伯特·卡普兰 (Robert S. Kaplan) 和戴维·诺顿 (David P. Norton) (美):“闭环式管理: 从战略到运营”,《哈佛商业评论》2008 年二月号。

[48] 马国强:“论个人所得税基本模式”,《税务研究》2013 年第 9 期。

[49] 马国强主编:《税收政策与管理研究文集》, 经济科学出版社 2000 年版。

[50] 内蒙古自治区国税局文件:“关于推行卷式发票网络开具的可行性分析”, 2012 年。

[51] 欧文·E. 休斯 (澳):《公共管理导论》, 中国人民大学出版社 2001 年版。

[52] 皮本固:“网络发票在涉税信息有效监控中的作用”,《税务研究》2008 年第 4 期, 第 82—84 页。

[53] 钱晟主编:《税收管理》, 中国人民大学出版社 1996 年版。

[54] 饶立新、郭勋才："规范负数增值税专用发票管理的对策"，《税务研究》2002 年第 9 期，第 32 页。

[55] 石坚："完善个人所得税费用扣除标准制度的构想"，《中国税务报》2013 年 5 月 15 日，第 5 版。

[56] 史蒂文·科恩、威廉·埃米克［美］著：《新有效公共管理者》，2001 年 11 月出版。

[57] 司马军、桑洪义：《税收征收管理的国际比较》，经济科学出版社 1995 年版。

[58] 斯蒂格利茨（美）（Joseph E. Stiglitz）：《信息经济学：基本原理（Economics of Information：Basic Principles），纪沫、陈工文、李飞跃译，中国金融出版社 2009 年版。

[59] 宋常青、李子胜："非正常'异地发票'问题不容忽视"，《中国税务》2002 年第 1 期，第 37 页。

[60] 宋军、曹建宇："假发票违法犯罪活动屡禁不止的原因及对策探析"，《中国税务》2010 年第 12 期，第 30—31 页。

[61] 苏剑："对'定额控税发票'方案的设想"，《税务与经济（长春税务学院学报）》2001 年第 3 期，第 18—19 页。

[62] 孙国光："集中式税务信息化的理论思考"，中国人民大学硕士论文，2003 年。

[63] 孙蕴素著：《税收管理理论与方法》，中国财政经济出版社 1989 年版。

[64] 孙长玉："加强普通发票管理的途径"，《税务》2000 年第 5 期，第 8 页。

[65] 谭润深、魏灵霞："应加强商业企业增值税专用发票的管理"，《税务》2000 年第 8 期。

[66] 陶昭华、杨燕英、叶春飞："网络发票的完善之路"，《中国税务》2011 年第 7 期，第 52—53 页。

[67] 滕祥志："破解增值税发票管理困局的实践、制度与法

理——以再生资源行业为例”，《税收经济研究》，2013 年第 3 期，第 51—59 页。

[68] 汪跃华、谢少卿、王为民：“卷筒式发票——普通发票家族的新成员”，《中国税务》2002 年第 1 期，第 35 页。

[69] 王祺元：“增值税专用发票十年回眸”，《中国税务》2004 年第 7 期，第 5—11 页。

[70] 王祺元：“增值税专用发票死亡档案”，《中国税务》2004 年第 7 期，第 11—21 页。

[71] 王伟红、乔学瑛、王显振：“对‘非增值税专用发票抵扣凭证’管理的建议”，《税务研究》2009 年第 11 期，第 97 页。

[72] 西安市国家税务局课题组：“三大问题催电子发票出台”，《每周电脑报》2006 年第 16 期，第 32—33 页。

[73] 夏宗华、吕文涛：“防范增值税专用发票犯罪的几点对策”，《税务研究》2001 年第 12 期，第 69 页。

[74] 薛喜泰、王文军、何茂臣：“当前普通发票管理存在的问题及对策”，《税务纵横》2003 年第 12 期，第 147—148 页。

[75] 杨万里：“严格规范普通发票管理”，《税务》2000 年第 6 期。

[76] 叶慧容、洪毓彣、周宣光：“电子发票发展环境政府面之研究”，《管理学报》2005 年第 2 期。

[77] 尹丽杰、敖勇、佟会新：“推广使用税控收款机是加强发票控管的有效途径”，《税务》2000 年第 11 期。

[78] 尹思然：“浅议电子发票对审计工作的影响”，《会计之友》2013 年第 9 期，第 75—76 页。

[79] 詹顺任：“WTO 框架下的电子商务税务问题研究”，复旦大学论文，2009 年。

[80] 张磊：“以票控税模式下普通发票管理中的犯罪认定研究”，吉林大学博士论文，2011 年。

[81] 张文泉："构建社会化管票体系全面加强普通发票管理"，《税务纵横》2003年第12期，第109—110页。

[82] 张阳、邓光裕："单联电子发票应用思路及推广价值探讨"，《财务与会计》2012年第1期，第27—28页。

[83] 张志勇、夏智灵："日本蓝色申报制度的设计及启示"，《税务研究》2013年第4期。

[84] 赵伟："建立发票良性运转机制的设想"，《税务研究》2003年第8期，第68—70页。

[85] 赵伟："建立有效运行机制是加强发票管理的重要途径"，《税务》2002年第5期。

[86] 赵正方、徐燕妮："加强增值税发票管理去除税收征管'顽症'"，《中国税务》2001年第1期，第46—47页。

[87] 郑汀："改革增值税专用发票管理的设想——数字化管理"，《税务研究》2003年第11期，第61—62页。